啓功

# 我的老师启功先生

〔增订本〕

柴剑虹 著

中国大百科全书出版社

图书在版编目（CIP）数据

我的老师启功先生 / 柴剑虹著． -- 北京：中国大百科全书出版社，2022.5

ISBN 978-7-5202-1118-5

I. ①我… II. ①柴… III. ①启功（1912-2005）— 纪念文集 IV. ① K825. 72-53

中国版本图书馆 CIP 数据核字（2022）第 072676 号

出 版 人　刘祚臣
策 划 人　曾　辉
责任编辑　易希瑶　曾　辉
装帧设计　今亮后声・郭维维
责任印制　魏　婷
出版发行　中国大百科全书出版社
地　　址　北京阜成门北大街 17 号
邮政编码　100037
电　　话　010-88390969
网　　址　http://www.ecph.com.cn
印　　刷　中煤（北京）印务有限公司
开　　本　710 毫米 × 1000 毫米　1/16
印　　张　18
字　　数　224 千字
印　　次　2022 年 8 月第 1 版　2022 年 8 月第 1 次印刷
书　　号　ISBN 978-7-5202-1118-5
定　　价　78.00 元

启功在杭州龙井

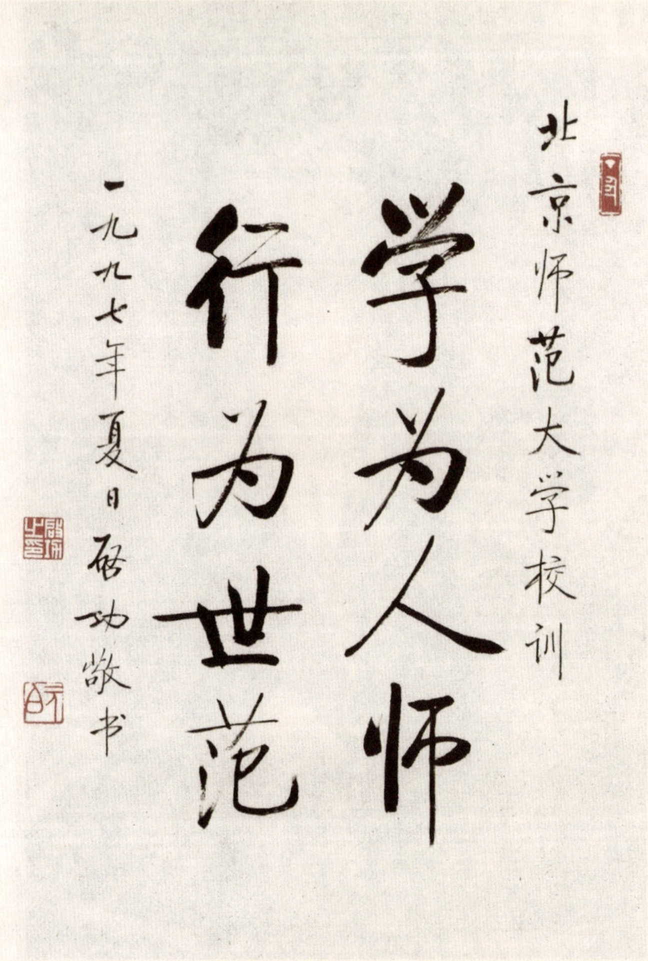


启功手书师大校训（1997 年）

启功与柴剑虹（1984 年）

# 前 言

对于一个学生来讲，最大的幸运莫过于遇到好老师。“好老师”的标准，自然既不是必须十全十美，又会因人因时因地而有所差异，但我以为最根本的应有三条：品行好，学养好，教法好。天底下符合这标准的老师当不在少数，因此许多学子都会有遇上好老师的机会；但是，要得到如启功先生这样的一代名师严父慈母般的数十年如一日的教导和关怀，却需要“缘分”。我今生得有此缘，可谓知足矣！

若干年来，我写过几篇文章，讲述启功先生和我的师生情缘，也试着评介先生的治学精神、方法与成就，幸而得到师友们的认可。因此，一直有友人劝我写出一本关于启功先生的书来，甚至还有出版社寄来出版《启功传》的相关合同，我都没有应承。原因很简单：一是启先生并不赞成，恐有让学生往他脸上“贴金”之嫌；二是我觉得以自己之拙笨，实难表达出先生精神之万一，怕给先生“抹黑”。前者当然是启先生的谦虚谨慎，后者则确非我的多虑，因为这二十多年来，我几乎每月都有几次亲聆启功先生教诲的机会，所见、所闻、所感受到的何止千万，而所能记忆、领会的实在太少。听启先生幽默风趣、充满睿智的讲话是一种真正的享受，除正式听课以外，我不能在先生谈话时作记录，因为那样将大煞风景；我也不善于听后补记，算不上是这般“有心人”；我也想过用录音机，虽然先生也允许却始终没有这样的“氛围”。所以，我只能深深地自责。然而，我现在又终于开始写了，其原因也很简单：近来报刊上写启功先生的文章越来越多，而且还有小册子问世，虽然都是好意，其中也不乏精彩文字，但我和一些友人都觉得仍不免单薄或有道听途说的隔膜之处，实在是委屈了先生。此外，社会上还流传着一些瞎编乱造和错传、传歪了的不实之辞，必须加以纠正。我虽不才，至少还能以一个学生的亲身感受和了解，给读者介绍些实际的情形，这也正是许多关心与尊敬启功先生的朋友所期望的。当然，我只有努力用心写，才能不使大家失望。

现在，新千年的曙光已照亮神州。启功先生健康地和大家一道跨进了21世纪。这是我们这些晚辈学子的幸运，更是国家的幸运！我始终认为，现今各行各业、各层各级在格外重视成千上万中青年“跨世纪人才”并为他们鸣锣开道之时，绝对不可轻视甚至丢弃了同样也跨越了世纪的成千上万的老年专家，正是他们，为后辈的前进提供了智慧，树立了榜样，铺垫了基础，传递了接力棒。大家公认启功先生是“国宝级的人物”，而对“国宝”含义的理解以及如何善待“国宝”，认识并不一致。先生常以“大熊猫”自喻，其中除了风趣和调侃之外，是否还有值得我们深思与反省的内容呢？国之富强，以人才为本；而人气之旺，在于老中青代代相传不致断层，在于尊师爱生传统美德的继承发扬。我们在人才问题上也必须摒弃自私狭隘的功利观，反对形而上学和机械进化论，真正做到实事求是。这也是我写这本小册子时的一个基本思路，期望能与读者诸君相通。书中不妥之处，则敬祈师友和读者指正。

2001年元旦

# 续前言

近几年来，由于自己忙于应对工作杂务及写作上的懈怠，这本书刚写了个开头就停下了，一拖就是四五年。2004 年 7 月，由先生内侄章景怀与我的同学赵仁珪二位仁兄记录整理的《启功口述历史》出版了，我不由地松了一口气，因为本来想写的许多内容在《启功口述历史》中已有反映，不必再重复叙述了；但同时因为前两年先生的身体已不如以前，断断续续的口述难免有不连贯与不能充分表情达意之处，记录整理稿要准确地反映先生特有的风貌实在不易，又加上先生因眼睛患黄斑病变无法审校书稿，所以正如有些比较熟悉先生情况的师友所说，《启功口述历史》中也还有可补正之处。因此，一些朋友仍鼓励我继续写这本书。我本来想在去年 6 月退休后集中精力写，却又不得不应台湾中国文化大学之邀，到那里去开设一学期的敦煌吐鲁番学课程。9 月下旬，到启功先生寓舍去辞行，先生再三叮咛早日回来，话语中饱含关怀之情，眉宇间流露依依不舍之色。我到台北阳明山后，也常常给先生打电话问候起居，电话那头传来先生的声音依然清晰有力，风趣生动，让我开心与放心。10月下旬，突然接友人电话，说先生体衰无气力；我赶快打电话给家中嘱咐妻子去师大红六楼探视。妻子看望先生后来电说："启先生最近是较衰弱，但精神尚好，正在恢复之中。"2005 年元旦，我给先生打电话祝贺新年，传来的声音仍然洪亮，但询问却更加急切："你几儿（时）回来啊？"我告诉先生："1月9日离台，11日回到北京。""那再过十天咱们又可以见面了！"先生的思路十分清晰。这又使我宽慰不少。1月10日，我在香港停留时，联合出版集团的总裁陈万雄先生还催促我赶紧完成这本书的写作。1月13日，我和妻子一道去看望先生，却发现我敬爱的老师已经十分虚弱，心中掠过阵阵不祥之感。过了8天，先生住进了北大医院。经过五个多月与病魔的顽强搏斗，93岁高龄的先生终于摆脱痛苦，驾鹤西行。我这本小书不能于先生健在时面呈座前，造成终身遗憾。现在，我下决心暂且摆脱书局返聘工作之劳，抓紧写作，赶在先生逝世一周年之际将它奉献于先生灵前，请吾师在九天之上披览批正。

2005年12月

# 增订本前言

明年将迎来恩师启功先生110周年诞辰，承蒙中国大百科全书出版社曾辉编审建议我修订部分文字，并增补一些内容后再次印行《我的老师启功先生》一书，作为敬献给的恩师的一朵心花，也可以满足不少读者了解、仰慕、学习启功先生的愿望。2012年，我曾在中华书局出版《高山仰止——论启功》一书，此次本书增补的内容，除了我觉得十分重要应该述及外，尽量不与该书重复，敬请读者鉴谅。

2021年12月

鬱〻長松澗壑生
亦高亦下半〻天青偶然
還和風篁韻如聽琴
臺萬古聲
啟功畫并題

# 目 录

## 附　录　　论文十篇

※ 本书各节前插页的启功黑白照片均系丁珊编辑所摄

# 引子 初识师面

1961年夏，我从杭州一中（杭高）毕业，考上了北京师范大学中文系。当时，系里有不少名教授，如黎锦熙、黄药眠、刘盼遂、陆宗达、钟敬文、李长之、启功、俞敏等，却因种种原因很少给学生讲课。黄药眠先生因每周都坐在我们年级的“文艺理论”课堂听课，所以常见面，但他不与同学们交谈；其他一些教授则恐怕在校园里碰到也不认识。至于启功先生，虽然当时还不满50周岁，讲课的生动活泼、深入浅出在系里已颇有名声，但学生们也难得亲聆其教，我们年级只有个别喜欢书法的同学在晚间听过他偶尔开设的书法讲座。原因很简单，50年代后期的一场政治运动，启功先生被“派入右”，不但被取消了1956年评定的教授资格，连给学生上课的权利也受到了限制。

1963年初夏的一天下午，我们中文系二、三年级学生一道在“新2”（阶梯教室）上诗词格律的“合堂”课，讲课老师正是启功先生。正是在这堂课上，我得以初识师面。

我记得那天天气较热，大教室里坐满了二百多人，更显闷热。启功先生刚走上讲台，就脱掉了外套。他个子不高，胖乎乎的脸上戴着一副眼镜，白衬衣外面套着背带裤，衣袖随便地翻卷着。他一开讲先用纯正的京腔念了几首古诗，再以加重的口气突出句中的古入声字，那抑扬顿

拙的语调马上便吸引了同学们的注意力。诗词的声韵格律，本来是我们这些初学者深感头疼的东西，尤其是四声中的入声及清、浊音的区分，对于我这样熟悉保留有古音的方言的浙、闽、粤同学来讲还稍好些，讲北方话的同学则很难体会，启功先生却以吟诗入手，先给大家以听觉上的生动感受。然后，他又形象地将平、仄声符（——||）在黑板上画成竹竿，用截取竹竿的方式来讲解五、七言诗格律的基本句式，既形象直观，又深入浅出、简明扼要。在讲授中，启功先生妙语连珠，活泼风趣，使同学们茅塞顿开，兴趣倍生，也全然忘却了夏日的炎热。有时学生们看到启功先生不经意地用衣袖去擦脸上的汗水，便报以善意的笑声，课堂气氛十分活跃。当时，我们看着乐呵呵的启功先生，都觉得他是乐天派，竟无人知晓他蒙受的不公正待遇。只是在多年后，我见到启先生为第一届教师节的题词："得天下英才而教育之，一乐也。"才对他的乐，有了新的认识。

从 1963 年冬天开始，师生们开始投入"农村社会主义教育运动"（"四清"），我们年级先到京郊大兴县两个月，后又到河北衡水九个多月，不再照常上课，我们再也没有听启功先生讲课的机会。这第一次（也是本科学习阶段惟一的一次）听先生讲课的情景，却深深地印在我的脑海里，终生难忘。

"文革"浩劫，有着"摘帽右派"与"反动学术权威"双重罪名的启功先生的遭遇自不必细说。起初，我们听说他收藏的古代字画被迫上交了，一些藏书亦岌岌可危。先生对来家里"抄封资修"的学生说："我这里只有'封'而无'资修'。"幸亏四年级有两位出身好的同学彭加瑾、王永敬对先生说："既然你这里只有'封'，就给你封了吧！"他们聪明地将"红卫兵封条"贴在启先生的书柜上，使后来造反者不能再打开抄没，才使这些藏书免遭厄运。（不久之后，彭、王二位也因写了责疑"中央文革"的大字报而被打成了反革命。）多年之后，启先生还念叨着这

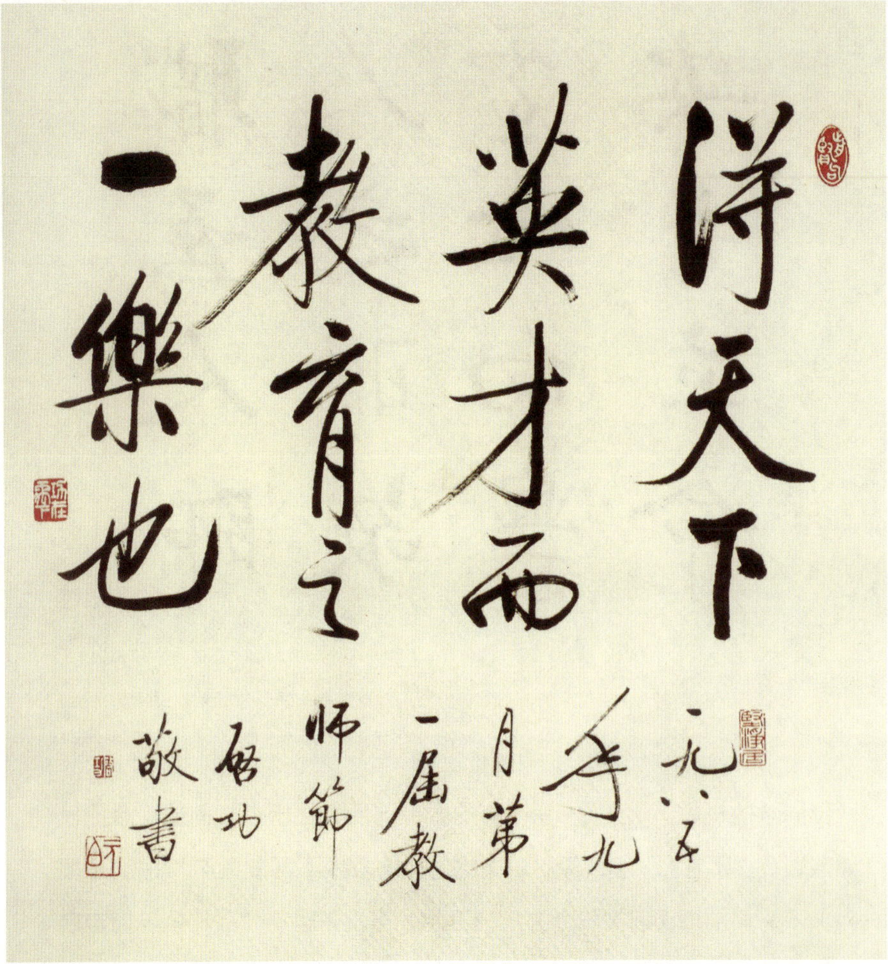


启功题词

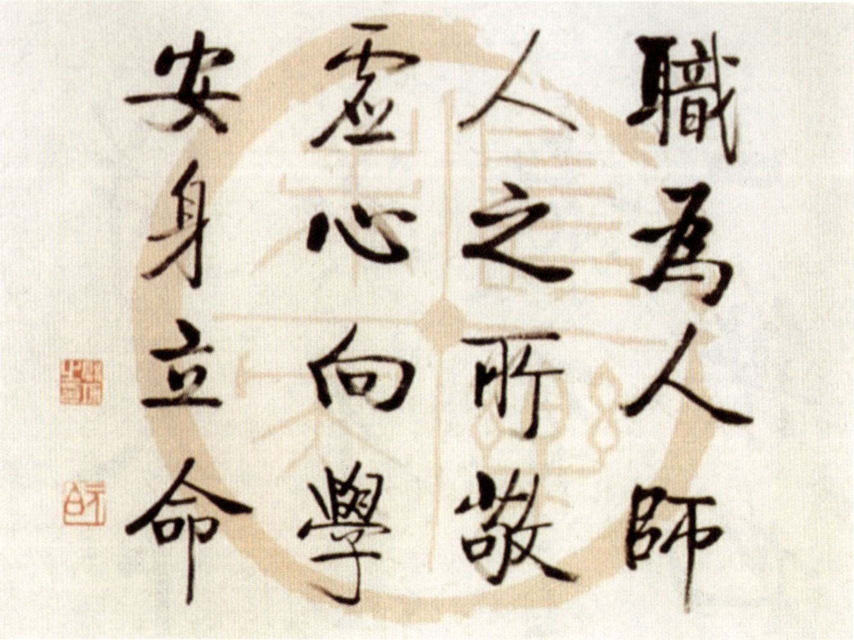

启功座右铭

两位同学的机敏。大约是 1967 年的春节前后，忙于夺权的造反派们已无暇顾及“死老虎”了，像启功先生这样的教授不再被重点“亮相”（批斗）了，只是每天都被责令去打扫卫生。当然，也有“战斗队”指定启功先生抄写大字报的，算是“用其所长”。启功先生对这些都处之泰然。有一天上午，我从西北楼三楼的宿舍出来，经过楼道厕所门口，忽然听到了有些耳熟的京腔：“扫地也有诀窍，先扫四角，再扫中间……”我探头一瞧，原来是启功先生手执拖把正在跟另一位愁容满面的教授（好像是钟敬文先生）打趣。先生身处逆境中的这种达观情绪，又给我留下了难以磨灭的印象。后来我在西北边陲工作的十年中，在工作与生活上碰到种种困难与挫折时，脑海里常映现出启功先生在课堂上吟诗及楼道中的这一幕，在惋惜自己无缘跟随像启功先生这样的老师学习的同时，

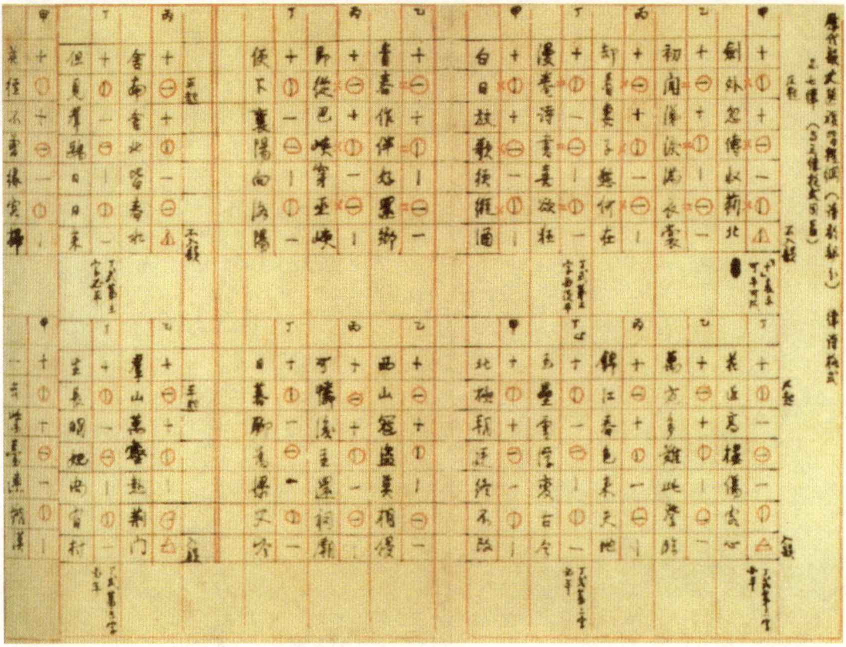

启功早年讲诗文声律时辅导学生用的表格（聂石樵、邓魁英提供）

也更坚定了探索人生真谛的信念。

1978 年夏，高校恢复招收研究生。北师大中文系首批只招中国古代文学专业的硕士生，当时确定的指导教师是郭预衡、聂石樵、韩兆琦三位先生，全国报名参加考试者有 140 多人，十分踊跃。我在新疆应考，后又到北京参加复试，于 1978 年秋回到母校又开始了三年的研究生生活。1979 年初，学校党委下文件改正了启功先生错划“右派”问题，并恢复了他的教授资格。于是，系里才安排他作为研究生导师给我们讲课，之后又成为我们三个选做“唐宋段”论文研究生的指导教师。在初识师面 15 年之后，我庆幸自己又能直接聆听启功先生的教导，续上了师生因缘。

# 师生情缘

## 情同父子恩如山

如前所述，北师大中文系招我们这批研究生时，招生简章所列导师名单里并无启功先生，其原因有二：其一，他当时还是“摘帽右派”，并未恢复二十二年前就已经通过的教授职称；其二，他刚从中华书局参加点校《清史稿》回来，系里还未考虑安排讲课。就在这一年，启功先生以他特有的风趣、大度和幽默，用略带自嘲的口吻自撰了一首《墓志铭》：

> 中学生，副教授。博不精，专不透。名虽扬，实不够。高不成，低不就。瘫趋左，派曾右。面微圆，皮欠厚。妻已亡，并无后。丧犹新，病照旧。六十六，非不寿。八宝山，渐相凑。计平生，谥曰陋。身与名，一齐臭。

寥寥72字，简洁朴实、生动传神地自述了坎坷遭遇，也表达了先生对人生的达观态度。

大概是要“落实政策”吧，中文系安排从1979年4月5日起，启功先生开始为我们这班研究生讲“唐代文学”。历尽劫难，性情未变。启先生讲课仍是那么风趣而透彻。因为教研部门仍按老办法将中国古代文学分成先秦、汉魏、唐宋、元明清四段，让教师各讲一段，学生亦各攻一段。启功先生很不赞成这种“分段教学法”，认为不科学、局限大。他对我们说，几十年来文学史的分期，常常随着历史朝代为标志，某朝某代，什么初盛中晚，前期、中期、后期。其实文学和历史，并非双轨同步。文学家们，并非在某朝“开国”时一齐“下凡”，亡国时一道“殉节”，因此清代袁枚就最反对把唐诗分为“初盛中晚”。先生打比方说，譬如烹鱼，烧头尾和烧中段，从来也没法规定以第几片鳞为界线去切，只是估摸着硬切罢了。而教书又毕竟与烧鱼不同，烧鱼可以裹上面糊用油一炸，断处剖面均被掩盖，更不需血脉相通；教文学则既要在纵的方面讲透它的继承发展关系，又要在横的方面与兄弟艺术品种相关联，一个作家、作品的上下、前后、左右都不是孤立的，要弄清就需要丰富的知识、深入的探索、精炼的选择和扼要的表达。先生还讲了一个故事：从前有一位将军在战场上负伤，胳膊上中了一箭，跑回大本营求医。一位“外科医师”将露在皮肤上的箭杆锯掉后对将军说：“我的任务完成了，剩在肌肉里的箭镞你找内科大夫去治吧！”这个幽默而夸张的小故事，让我们在哈哈大笑中领会了先生反对机械分段的道理。先生常说：“没有吃过猪肉，难道还没有见过猪跑？”他便将自己的课起名为“猪跑学”。启功先生在给我们讲课时，不仅常常有意突破“唐宋”这个小框框，还常常突破“文学史”这个大框框，深受大家欢迎。5月17日，系里安排的“唐代文学”课讲完后，启先生又在5月24日、31日加讲了八股文和古诗词作法，然后由郭预衡先生接着讲宋代文学。启先生感到言犹未尽，到秋季，又主动提出每星期到我们宿舍来讲一次课，可以更灵活、自由。于是，在我们狭小的宿舍里，他又为我们讲了明清诗文和《书目答问》等。和十六年前我第一次听先生讲课一样，启先生讲得还是那么生动风趣，那么淋漓透彻。正是这些轻松的杂谈、对话式的授课，开拓了我们的学术视野，丰富了我们的专业知识。不仅如此，那时在宿舍讲完课，先生便当场为一位同学写一幅字。先生在宿舍总共讲了七次，我是1980年初先生第七次讲课后赐予墨宝的。先生书赠我的是他论苏东坡词的一首绝句：

潮来万里有情风，浩瀚通明是长公。
无数新声传妙绪，不徒铁板大江东。

我们这头一批研究生共九人，当时被人们戏称为“中文九子”。启先生总共在宿舍写了几幅字，我现在已经记不清了，反正还有几位同学没有拿到，我只记得其中一位是吕伯涛兄，当时很是遗憾了一阵。当然后来都已“补赐”，皆大欢喜了。

第四学期开始不久，我与另两位同学被分在做“唐宋段”学位论文，就由启功、邓魁英两位先生来指导。为了给撰写论文做准备，我在读书之余也试着练习写些短文章，呈给两位老师批改。如《骆宾王散论》请邓先生批改，而与西域有关的文章则呈启先生过目。我写了一篇论元代维吾尔族散曲家贯云石的长文，启先生看后觉得可以发表，但内容尚需补充，文字还应提炼，就又专门让我阅读陈垣老校长《元西域人华化考》一书，练习用文言文写相关的读书心得体会，写成后请他阅示。1980年初，我写了一篇与少数民族乐舞有关的《胡旋舞散论》请启先生指点，先生看后说：“我不懂舞蹈，介绍个老师指点你吧。”他提笔给北大阴法鲁教授写了封信，把我的文章连信一道寄给了阴先生。不久，我就接到阴先生的来信，约我去他家面谈。阴先生不仅对我的习作提出了修改意见，还介绍我认识了文化部艺术研究院舞蹈研究所的王克芬老师，并将我的文章推荐给《舞蹈艺术》发表，还让我到舞蹈所听吴晓邦先生讲课，以后我参加编撰《中国大百科全书·音乐舞蹈卷》、撰写整理与研究敦煌舞谱残卷的文章等，均缘起于此。

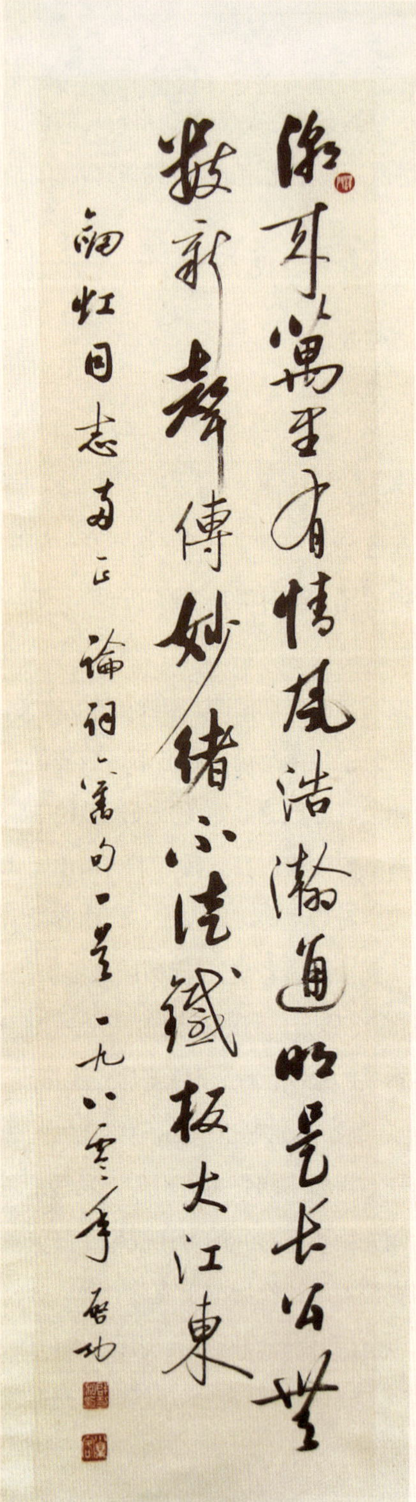

启功手书论词绝句条幅（1980 年）

我1966年夏北京师大中文系本科毕业，志愿到新疆工作，从1968年初夏到1978年深秋，在天山北麓的乌鲁木齐市教了十年书，对祖国的西北边陲有些切身的体验，所以选择唐代岑参的边塞诗研究作为硕士论文的题目。启先生对此十分支持，指示我在做岑参边塞诗注释的基础上写论文。大概是在1980年4月，我先试着写了一篇不到4千字的短文《“瀚海”辨》。因为是平生第一次写考证文章，心里没底，就呈请启功先生批改。不料先生看后颇为夸奖，要我再“打磨”一下去发表。就在当年8月，我特地回到新疆，到天山南北的库车、轮台、库尔勒、吉木萨尔等地做了一次实地考察，拍了一些照片，除修改了《“瀚海”辨》之外，又撰写了考辨岑参诗中若干地名的文章。启功先生看了文章和照片，甚为高兴，马上提笔给中华书局的傅璇琮先生写了一封信，将我的文章推荐给创办不久的《学林漫录》辑刊发表：

璇琮老兄：

兹补呈文稿三篇，一为金文略说，乃俞敏先生作。另二为柴剑虹同志作，皆关于岑参之事，附照片三页。柴在新疆工作有年，此照片乃其今夏自拍者。三稿请审阅，何处可用，请随意处理。如不适用，退稿无妨。柴文尤望赐以指正，此人为高材研究生，公曾于讲学时见之者。俞文似太古，渠亦未谆嘱代投，此弟为《漫录》拉稿耳，备用而已。拙稿廿首不够《文史》水平，《文史》当另以《耳食录》补白，请转告吴兄。

弟 功 上　九日

信中提及的俞敏先生是中文系的教授，著名的语言学家，也是我读本科时教古代汉语的老师，我做研究生时旁听他教的古梵文课，写贯云石文章时也曾向他请教过语言学上的问题。当时我并不知道，正是启功

启功与柴剑虹（1989 年）

启功与柴剑虹夫人（2002 年）

先生的这封信及他推荐的拙作，促成了我与中华书局的因缘。

第五学期，系里要古典文学教研室进一步确定各位研究生硕士论文的指导教师。当时，我希望能由启功先生来指导我做论文；但“唐宋段”的另两位同学也很想要在启功先生名下指导，系里让我“发扬风格”。记得有一天从学校主楼出来，启功先生与我边走边谈心，他讲：“你是党员，又是班长，既要服从组织安排，又要照顾同学情绪，我相信你一定可以在邓先生指导下做好论文。至于课外时间，我仍衷心欢迎你多来我家闲聊。”我当然没有不同想法。在这之前，我已经是启先生小乘巷寓舍的常客，而先生这一句话，则更加深了我与启功先生的师生情缘。

启功先生与师母没有子女，师母已在 1975 年初病逝。当时，先生一人住在西直门内小乘巷 86 号他内弟家中一间小平房里。那是一间十分简陋的小屋，总共不过十一二平米大小，白纸糊的小窗户，顶棚上已布满窟窿，土夯地面也凹凸不平。临窗有一张条桌，靠墙安着床，剩下的空间便只够摆两把椅子，书与纸只好插空堆着。1979 年秋我第一次踏进启功先生这间陋室时，望着眼前的景象，不但惊讶得半晌说不出话来，而且从心头升起浓重的悲哀：一位全国第一流的文史专家与书画家，竟住在这样的房子里，甚至还比不上我刚到新疆工作时与人合住的简易宿舍！倒是启功先生笑着对我说：“我这里还不错吧？晴天可听麻雀争吵，耗子奔跑，雨天接漏有叮当的水声，只是查书不便，多来个客人没处坐，实在对不住了。”

当时，到小乘巷拜访启功先生的人已经不少，虽然还远未达到后来在师大小红楼那样宾客盈门、高朋满座的地步，但因房间太小，有时同时来两三个人就很不方便了。后来有一位在海军工作、跟启功先生学书画的朋友实在看不过去，就找部下帮忙将陋室一隔为二，虽然里间更为局促，却有了调剂来客的余地。随着先生在书画界的影响与日俱增，加之先生有求必应的好脾气，登门求字、求教的常常络绎不绝，有时

华君武漫画《大熊猫病了》

闹得终日不得安宁。先生自嘲地说：“我成了动物园里供人参观的大熊猫了！”启功先生自 70 年代起就患有严重的心脏病及颈椎病、气管炎，小屋潮湿，天气一变就易犯病。我真切地记得有一次去小乘巷，看见院门上贴着一张白纸，上面是启功先生写的 16 个字：“熊猫病了，谢绝参观。如敲门窗，罚款一元。”我赶紧进院子推开小屋的门进去，先生正躺在床上，满面病容，不住地咳嗽。先生见我进屋，还说：“你没有敲门，所以不必罚款了。”就在此时，先生还不忘幽默，真让人辛酸而又感动。先生的居住条件一直到我们研究生毕业离校后才逐步得到改善。

从 1979 年秋到 1981 年秋研究生毕业，我几乎每月要去小乘巷先生住处三四次，无论是带着学业上的问题求教，还是陪先生待客及闲谈，抑或听先生讲说诗文书画，耳濡目染，其间领受的教益何止千百，师生间的感情也逐渐加深。1981 年夏，我的硕士论文写好后，除交给邓魁英先生审读外，启先生破例挤出时间来通读了一遍，给我具体的指

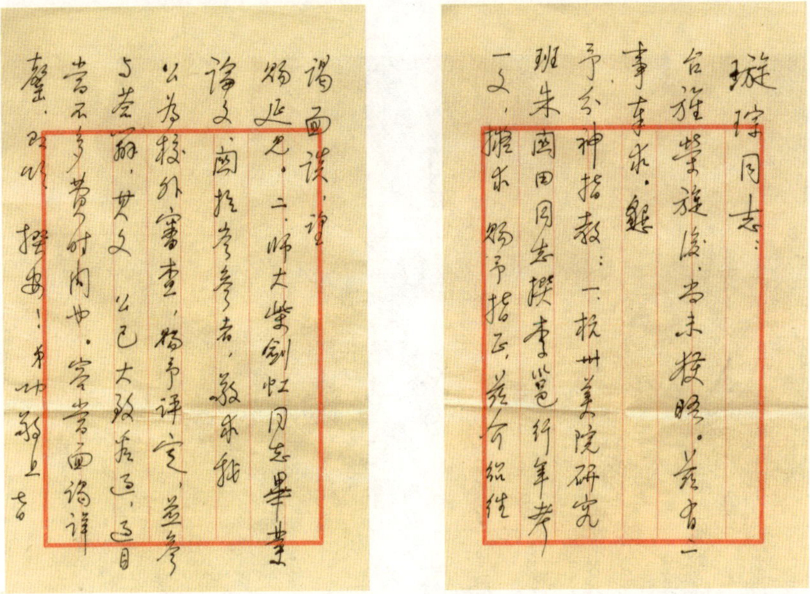

启功给傅璇琮的信（1980 年）

点与鼓励。他特意请时任中华书局副总编的傅璇琮先生来担任我的学位论文的校外答辩委员，为此又给傅先生写了一封信：

璇琮同志：

台旌荣旋后，尚未获晤。兹有二事奉求，恳予分神指教：一、杭州美院研究班朱关田同志撰李邕行年考一文，拟求赐予指正，兹介绍往谒面谈，望赐延见。二、师大柴剑虹同志毕业论文关于岑参者，敬求我公为校外审查，赐予评定，并参与答辩，其文公已大致看过，过目当不多费时间也。容当面谒详罄。即颂

撰安！

弟 功敬上　七日

启功在故宫为柴剑虹答疑（1982 年）

答辩前一天，启先生又特地关照我答辩时要注意哪些问题；答辩时，由邓先生介绍我的学习情况，启先生宣读答辩结论。论文答辩顺利通过后，我又一次面临工作分配问题。师大一些老师希望我留校任教，但因为我们这一届同学本市生员多，外地生员留校有困难，我表示愿意回新疆工作。启功先生经过周到考虑，认为我还是留京较好。在我的一位本科时老同学帮我落实了一个留京指标后，启先生特地向中华书局推荐我。他对我说："书局主办的《学林漫录》二集已经发表了你的文章，傅璇琮先生又参加了你的论文答辩，已经对你有所了解，到书局也有利于你继续做学问。"他又意味深长地说："我对中华是有感情的，中华是我的第二个家呀！"这样，我在 1981 年 11 月进了中华书局，开始了自己的编辑生涯。

我进书局工作 20 多年来，启功先生仍无微不至地关心着我的工作、

启功所送画作镜框（1984年）

学习与生活。刚到书局时，还没有集体宿舍，我和盛冬铃、陈抗二位合住王府井36号办公楼五层的一个小房间，生活不很方便，先生常常打电话来叫我一起到饭馆改善伙食，顺便聊聊在书局的工作感受。1982年1月中，先生要带领一些在校研究生参观故宫，还特地提前通知我也随队观看。参观时，有些文物我们看不太明白，他就坐下来细细为大家讲解。最让我感动的是在1984年夏我结婚时，启先生事先特地为我们画了一幅朱竹，亲自装在一个石膏制花边的镜框里，在7月18日那一天，已经72岁的先生，坐着当时任丰台区委书记的陈昊苏同志的车，从城西开到城东南的蒲黄榆，亲自端着沉甸甸的镜框，带着昊苏同志，一步步爬楼梯送到我居住的六楼宿舍里。当先生看到我们宿舍没有煤气罐，还用煤油炉做饭时，便对昊苏同志说："蒲黄榆属丰台区管吧？你这个父母官是否帮助解决一下煤气罐啊？"质朴的昊苏同志连忙解释说：

“这煤气罐可不归区里管啊！”二十多年来，此情此景，常在我脑海中浮现，永远不会磨灭，我也难以用言语来表达自己的感激之情。

多年来，我也仍常常去师大红六楼看望启先生，有时因出差在外或工作忙有十天半月见不到先生，心中便怅然若失。2003 年“非典”肆虐之前，我每次去红六楼，除了看先生待客写字或闲聊外，启先生就会拿出他写的文稿或写诗的小本子来，读给我听，而且常常留我在家中一起午餐，边吃边聊，十分愉快。有一次先生正在写扇面，用一个像绣花工具似的特殊的绷子将褶皱的扇面夹住绷平，才好往上写字。我是第一次见先生这样写字，便请先生也为我书写一幅。先生便为我在扇面上写了唐代虞世南的诗句：“皎皎戈霜动，耿耿剑虹浮。天山冬夏雪，交河南北流。”诗中正巧嵌合着我的名字，又是写新疆的景色，由先生写了赐我，真是格外有意义。有一回，我踏进启先生的客厅，他刚写得一副

启功赠柴剑虹扇面

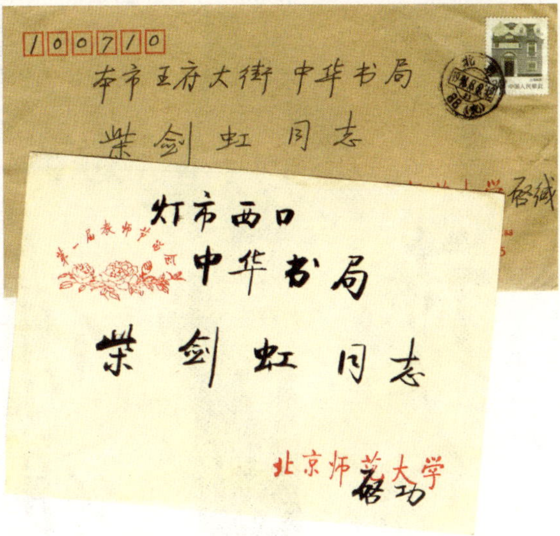


启功致柴剑虹信信封

集江子屏、汪容甫先生文中句的对联：“地负海涵渊渟嶽峙，桃花渌水秋月春风。”便问我：“这联如何？”我说：“好！”“好就给你吧。”拿着先生赐予的墨宝，我真是喜出望外。又有一次，启先生写完这样一副对联：“佛祖传心如指月，诗人得句在闻钟。”他自己觉得比较满意，见我带着相机，便站在桌前一手拿一联说：“来，照一张！”先生窗台边常年摆着“谢绝照相”的牌子，但只要我带去的客人想和先生合影，他总是高兴允诺。可是房内光线差，有的就用闪光灯，对先生的眼睛不好，这样反而让我觉得十分对不住先生，有时只好提前告诉客人千万别提出照相要求，当一回“恶人”。

1986 年，书局评审职称，我和陈抗、盛冬铃三人作为“文革”后第一批硕士，且工作过十余年，申报副编审时均获全票通过（我作为评定小组工作人员知晓投票结果），但是有几位北大本科一毕业就到书局工作的编辑未获通过，有评委违反纪律将投票结果先透露出去，于是引

来，照一张！（1996 年）

发了一阵小小的地震——那几位同志联合起来向局领导提意见，大概是按照论资排辈的惯例，我们三人“局龄”少，不该超越他们。当时书局以李侃先生为总编的新班子刚组建不久，为了“维护稳定团结”，李侃先生便找我谈话，说决定重新投票，希望我能“让一让”，并不要将原投票情况告诉陈、盛二位。与此同时，傅璇琮先生还专门到师大请启功先生做我的工作，先生不表态。之后启先生对我说：“我是完全相信你会正确对待此事的，但作为老师要劝自己的学生别晋升职称，那怎么可以呢？”我从先生的话语中，听出了他对学生的殷切期盼。1993年，当我获得国务院颁发的“有特殊贡献的专家津贴”证书时，启先生非常高兴，还专门请我去“撮一顿”表示祝贺。1997年，书局一个副总经理向我转达了一位版协领导的意思，希望调我去做线装书局的负责人。我表示自己已年过五十，不适合再做领导，还是留在中华做一个普通的编辑为好。当我把自己的想法告诉启先生时，他也表示赞成，并仔细地为我陈说利弊。我开玩笑地对先生说：“您当年对老校长说‘少无宦情’，我现在可是‘老无宦心’。”先生大乐。多年来，每当自己在学习、工作或生活中遇上问题、碰到困难时，总能从先生处得到指导、帮助与安慰。我从心底里体会到了“师生情同父子”！启功先生大我父亲半岁，望着眼前慈祥和蔼的先生，我常常想到自己的父亲。因为父亲早年在外地工作的缘故，我从读小学起就不在父母身边，中学快毕业时父亲刚调回杭州，不久我又到北京上大学，大学毕业后又远赴新疆。屈指算来，父子相聚的日子甚少。这个缺憾，如今却在老师身上得到了弥补，这兴许也是命运的安排吧。80年代中，我父亲来北京小住时，到小红楼看望启先生，两位老人畅叙兴浓，合影留念，先生知道我父亲有时也到广州我弟弟、妹妹家小住，还特意挥笔写了一首《题董香光画册》的诗相赠：

启功与柴剑虹一家（2002 年）

“文革”后第一届研究生看望启功（2004 年）

柴剑虹父亲在启功所赠书法条幅前（1991 年）

启功与柴剑虹父亲（1989 年）

五岭奇峰几万重，云程俯首瞰芙蓉。

墨缘似与华亭约，一日羊城两度逢。

记得80年代初的一天，我在启先生家聊天，时近中午，启先生说：“今天咱们坐公共车去远处吃饭如何？”于是，我们就从铁狮子坟乘22路公共汽车到西单路口的一家饭馆午餐，顺便到附近的中国书店转转。汽车的拥挤使身体略胖的先生不胜其苦，而车上居然无人给先生让座更让我内心酸楚。回到小红楼后，先生翻开他的写诗稿本，给我念他前不久做的《鹧鸪天·乘公共汽车》词，念到“变个驴皮影戏人”一句，先生哈哈大笑。我说：“启先生，大家都说您是真正的乐天派。”不料这时先生突然严肃地对我说：“我内心的痛苦，又有谁知晓？”这话使我受到极大的震撼，也引导我逐渐地去认识启先生的家世与遭遇，了解他的内心世界。

启功画作

# 身世回首

## 『何必温习烦恼』

启功先生的身世，是外界谈论甚多的一个话题，有种种传说，而先生自己却很少谈及。所以在《启功口述历史》出版之后，仍有必要介绍一些我知道的情况。

大约是在1972年，先生在年满花甲之时，曾写下一首《沁园春·自叙》，词云：

检点平生，往日全非，百事无聊。计幼时孤露，中年坎坷，如今渐老，幻想俱抛。半世生涯，教书卖画，不过闲吹乞食箫。谁似我，真有名无实，饭桶脓包。　偶然弄些蹊跷，像博学多闻见解超。笑左翻右找，东拼西凑，繁繁琐琐，絮絮叨叨。这样文章，人人会作，惭愧篇篇稿费高。从此后，定收摊歇业，再不胡抄。

词中除先生特有的自谦、幽默外，也流露出对身世回顾的悲凉心绪。1979年秋，我第一次到西直门内小乘巷先生住所时，就看见房内东墙上挂着他手书的这首词，末三句已改为："收拾起，一孤堆拉杂，敬待摧烧。"启先生告诉我，这是因为他的一位当时刚上小学的内侄孙

启功 11 岁时与祖父（左）、姑祖丈合影

启功与母亲、姑母（前右）、妻子（前左）合影

女王悦看懂了末一句，朝他喊："照样胡抄！"于是有此一改。

正因为我看到"幼时孤露"的词句，所以从不敢贸然问先生的身世，怕会引起他的伤感。当然，我很早就知道他本姓爱新觉罗，是清朝皇室嫡系后裔，而具体情况并不清楚。1991年元月，我应邀访问香港中华书局，期间时任香港商务印书馆的总经理陈万雄先生送我一册刚出版不久的《名家翰墨·台静农启功专号》，刊有先生自己（署名"珠申"）写的《启功简历》，前两段为：

> 一九一二年　启功，字元伯，亦作元白，又曾号苑北，书斋曾名简靖堂、坚净居。满洲族人。一九一二年七月生于北京。入家塾前，祖父授读蒙书，五岁入家塾。
>
> 一九二四年　十二岁，入小学，后升入中学，由于算术英语不及格，未毕业。同时从贾羲民、吴镜汀先生学画。从戴绥之先生读经史书，学作诗文。

1997年，中华书局要出版先生的《汉语现象论稿》，为此先生专门用钢笔在一张稿纸上写了一段简历，让我交给该书的责任编辑陈抗兄，前面几句是：

> 启功，字元伯，满族，满姓爱新觉罗。1912年生于北京。曾读小学，中学未卒业。从戴绥之先生（姜福）学诗、古文辞，又从贾羲民先生（尔鲁）、吴镜汀先生（熙曾）学画。后受业于陈援菴先生（垣），获闻学术流别和考证之学。

我曾问先生为何平时不愿用"爱新觉罗"为姓，先生讲得很直率："姓名本是符号，叫阿猫阿狗、甲乙丙丁都无妨，可偏偏有人很在意它

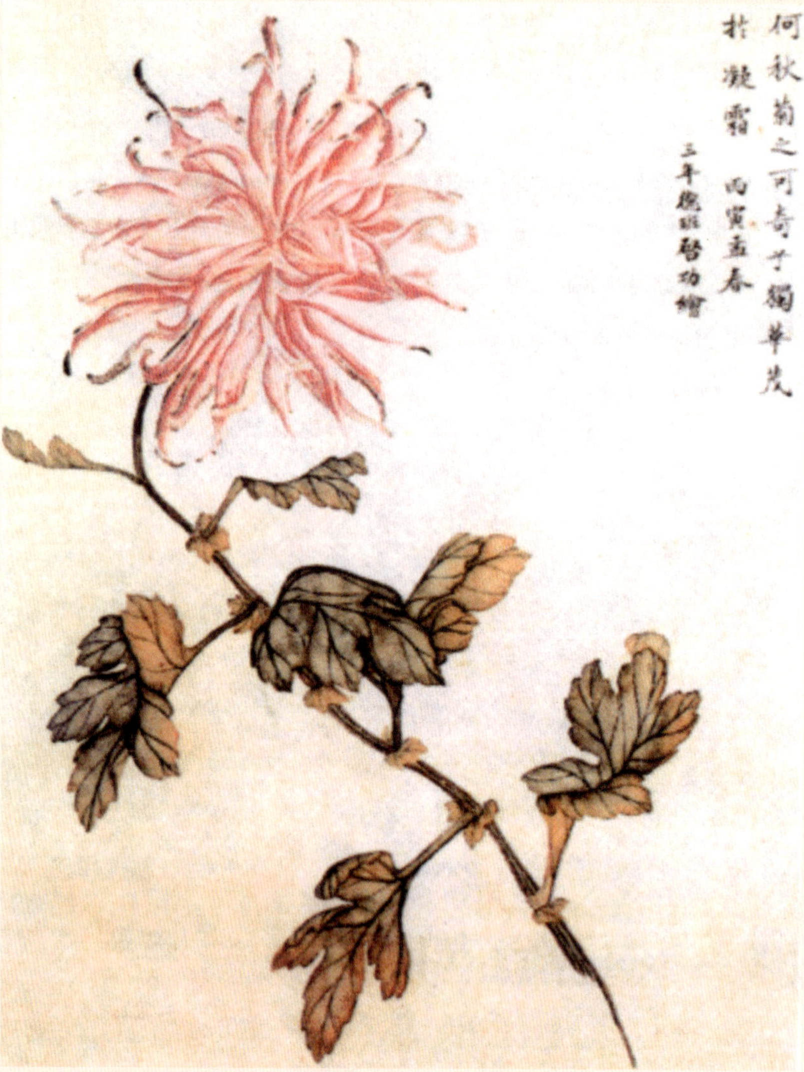


启功少年时的画作（1926）

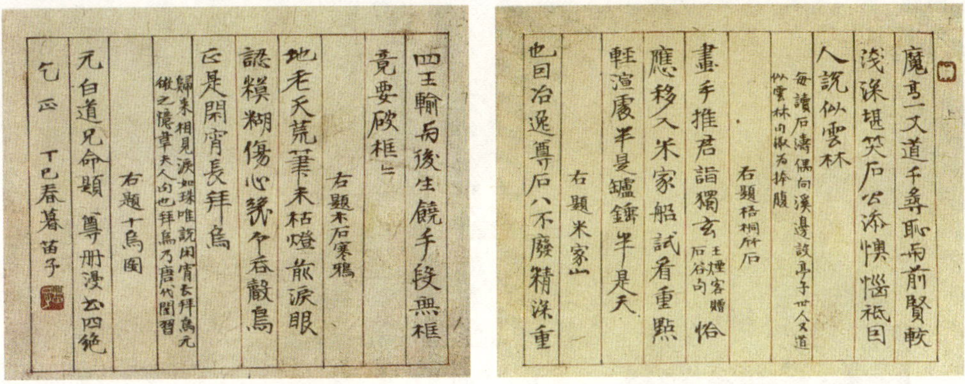

黄苗子为启功旧作所写题跋

的某种含义或色彩，如爱新觉罗，成了望族贵裔的象征，带上政治色彩。更有人荣乃自炫身世，辱则隐姓埋名，甚至不承认他自己是满族，这就更无聊了。我出生于民国元年，清朝已亡，连‘遗少’的资格都不配，干嘛要往上凑呢？”“爱新”译成汉语即“金”，但让爱新觉罗氏全改姓金是袁世凯规定的，出于对窃国大盗的痛恨，启功先生的祖父在临终前嘱咐他决不能姓金。先生在中华书局点校《清史稿》时，有人寄信来写“金启功收”，先生即在信封上写了“查无此人”四字，让传达室退回。另外也有人误写成了“经启功”，先生看了则哈哈一乐。

当然，启功先生并不忌讳与友人谈自己的家世（参见本节后所附我梳理的“启功家世表”）。他曾在论著中郑重而简略地介绍过自己的本家祖上：“先祖讳毓隆，字绍岑，别署覞秋庵主。吾家系出和亲王（讳弘昼，高宗胞弟）。先曾祖讳溥良，字玉岑。光绪庚辰翰林，官至礼部尚书，察哈尔都统。先祖为光绪甲午翰林，以侍读学士放四川主考（光绪壬寅）。署国子监祭酒，授翰林院学士，放安徽学政（光绪甲辰）。停科举，撤学政，补内阁学士兼侍郎衔。宣统辛亥改官制，转典礼院学士。生于同治壬申，卒于民国壬戌。遗稿编为《覞秋庵遗集》六卷。”先生特别说明曾祖、祖父均通过科举考试取得官职，本质上还是文人学士。

启功画作《窥园图》（1933 年）

窺園圖
癸酉冬日寫似援盦世丈雅令
啟功
元伯學

先生珍藏了曾祖与祖父画的若干幅扇面，曾经取出来让我鉴赏，从中也可看出先生书画艺术的家学渊源。大概从90年代初开始，就有人热衷于要写先生的传记，或希望先生自己写自传。对此，先生一概谢绝了。我问先生“为什么？”先生回答六个字：“何必温习烦恼？”后来，劝写者锲而不舍，又说之以“为保存珍贵历史资料”的理由，先生遂同意先用录音机录下他的谈话再整理。他也曾叫我拿录音机去，可去了若干次，均因他家里访客盈门而告吹。一直到2003年末，才由我的研究生同学赵仁珪教授将此事办成。因仁珪兄的住所离先生住的红六楼只有百步之遥，得以于夜深人静之时，在先生内侄章景怀兄的协助下记录并整理先生的讲述，这才有了2004年7月出版的《启功口述历史》。书中记述了先生对身世及相关史迹的回忆，弥足珍贵，读者也可从中去体会先生的坎坷经历与思想情感，本书就不再赘述了。

在我的记忆里，他多次跟我讲起过这样几件事，大概可以为《启功口述历史》作些补正。

因为我有在新疆工作的经历，先生曾不止一次地以自家情形为例，跟我讲民族融合的问题。从他外祖家系的蒙古血缘，讲到外高祖赛尚阿的子女与守护新疆边防的关系。赛尚阿的二儿子担任过驻伊犁的统领，死于勾结沙俄的阿古柏叛乱。师大曾经有一位历史学教授要把边疆分裂分子勾结阿古柏的叛乱歌颂为“反清回民起义”写入书中，先生非常生气，认为这是关系维护国家统一的大是大非问题，绝不能站在狭隘的民族主义立场来认识。记得有一次先生给本科学生上课，一开头就说：“有人以为‘杂种’是很厉害的骂人的话，其实却是中华民族大融合的事实。我祖父是满族，外祖母、祖母都是蒙古族，我就是杂种。在座诸位仔细想想，不仅满人，即便汉族人，可有纯之又纯的吗？”同学们在笑声中不但感受到了先生率真的感情，也领会到了中华民族大融合的历史趋势。2002年夏天，我带儿子回新疆，第一次去伊犁，在参观林则

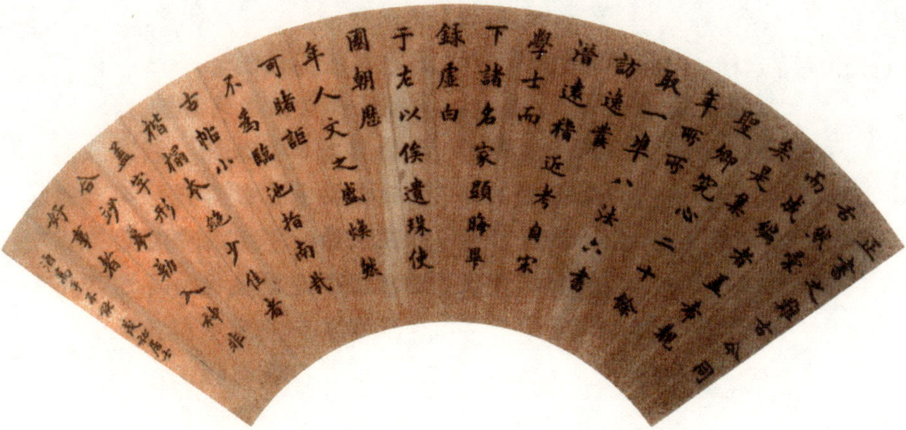

启功曾祖父溥良所写扇面

徐纪念馆时，看到展板上写着清代历任驻守新疆边防的大臣名单，其中就有先生外高祖的亲属。回来报告先生，先生十分高兴。我几次去法国访问，都专门拜望了寓居巴黎的左宗棠的曾孙左景权教授，回来向先生谈及左教授的景况，说左先生后悔 1985 年未能应邀到新疆去开会，失去了亲临边陲凭吊先祖业绩的机会。对此，先生也颇为感慨。先生说："左氏经略西北，功过是非至今尚未论定，但'左公柳'生长不息，当是对左公最好的纪念了。"

启先生几次从他曾祖父的辞职谈及光绪帝的死因。曾祖溥良，光绪末年任礼部尚书，当时慈禧太后因患痢疾而病危，溥良是主管礼仪与祭祀的官员，必须守在慈禧下榻的乐寿堂外，因而得以亲见太监奉老佛爷之命将一碗酸奶（满语"塌腊"）送往瀛台，命被软禁在那里的光绪服用，随即先宣布了光绪的死讯，接着宣告慈禧归天。究竟是怎么一回事，谁也说不准，谁也不敢说清。为了避祸，溥良在主持哀礼之后，即马上主动辞去礼部尚书的官职，外放为察哈尔都统了。启先生说他曾祖居家养老时，曾对孙女恒季华（即先生姑母）讲起光绪的死因，尚心有余悸。姑母在家里讲起此事，在先生儿时的心里引起极大的震撼。多年之后，先生写了这样一首《贺新郎·咏史》词：

古史从头看。几千年，兴亡成败，眼花缭乱。多少王侯多少贼，早已全都完蛋。尽成了，灰尘一片。大本糊涂流水帐，电子机，难得从头算。竟自有，若干卷。　书中人物千千万。细分来，寿终天命，少于一半。试问其馀哪里去？脖子被人切断。还使劲，龂龂争辩。檐下飞蚊生自灭，不曾知，何故团团转。谁参透，这公案。

词中自然包含了对封建王朝残酷的宫廷斗争的认识，已经从感性上升到了理性的高度。

启功先生是1912年7月26日（农历六月十三）出生的，其时已是民国元年。清廷灭亡之前，先生的曾祖、祖父都已经居家为民，大家庭已经式微。先生一岁时，父亲恒同因病去世，小家庭更是陷入悲苦之境。四岁时，祖父第一回带他去易县看望居住在那里的曾祖。先生回忆说："我记得在离开北京时，我问祖父：'今儿个我几岁啦？'祖父说：'壬哥啊，你四岁了。'这话我一直清楚地记得。因为我生在壬子年，所以小名就叫壬哥。"此后先生又去过易县几次，还学会了说当地的方言。先生十岁时，曾祖在大年三十去世，这也在先生幼小的心灵里留下了深刻的印记。

先生曾给我讲过这样一件事：1966年夏秋之交"红卫兵运动"兴起之初，在"横扫一切牛鬼蛇神"的号令下，有人放出话来说北师大的前身辅仁大学原是教会学校，解放前国民党员多，是"黑窝子"。"小将"们便挨家挨户去"揪国民党的残渣余孽"，自然也查到先生头上。先生便对前来的"小将"说："你们问我是不是国民党员，问得好啊！那时国民党嫌弃我的出身，认为我是封建王朝的孝子贤孙，根本没有资格加入，所以从不搭理我。倒是共产党不嫌弃我，还让我改造思想，为人民服务。就凭这一条，我也该感谢共产党！”几句话，说得那些斗志昂扬的“小将”们无话可说，赶紧撤退了。

前些年，世风又为之一变，有些人又开始到处炫耀自己的“高贵血统”了，先生对此颇不以为然。大概是1989年前后，某些热心人要筹划举办一个“爱新觉罗氏书画展”，颇有宣扬皇裔贵胄文化修养的意思，当然就来向先生征集作品。其实，先生早已申明，他出生于民国元年（1912），清朝已经灭亡，他既非遗老遗少，也决不以皇族自居，所以谢绝参与此展，并且写了两首诗表明自己的态度，诗题为“族人作书画，犹以姓氏相矜，徵书同展，拈此辞之”，诗云：

闻道乌衣燕，新雏话旧家。谁知王逸少，曾不署琅琊。

半臂残袍袖，何堪共作场。不须呼鲍老，久已自郎当。

前者，先生巧妙地运用了唐人刘禹锡《乌衣巷》诗“旧时王谢堂前燕，飞入寻常百姓家”的典故，表明自己乃“寻常百姓”的身份；而且以“书圣”王羲之并不以“琅琊王氏”自署来劝勉“爱新觉罗氏”族人。后者则化用宋人杨亿嘲讽演员舞袖郎当的《傀儡》诗诗意（杨诗云：“鲍老当筵笑郭郎，笑他舞袖太郎当。若教鲍老当筵舞，转教郎当舞袖长。”），自嘲“半臂残袖”“久已郎当”，毫无忝列作场的兴趣。无论是身处逆境还是顺境，启功先生都不以姓氏出身相隐讳或标榜，正说明了他自尊自立的人格精神。

还有另一种因素让启先生对一些以爱新觉罗氏自居者不以为然。先生几次提起，1957年他被“派入右”后，有些“爱新觉罗本家”，都离他远远的，唯恐沾边受牵连，有的干脆不承认与先生有什么关系，甚至不承认自己是满族人。可是80年代之后，政治气候变了，随着启先生在书画界、学术界名声大振，认亲攀戚者也与日俱增，有的跑来套近乎，有的还到处以先生亲属的名义散布消息，使先生十分不安。先生说："我一岁失去父亲，靠祖父、母亲、姑姑抚育成人，也有一些朋友伸出援助之手。我自幸有几位恩师，而对我影响最大的恩师就是陈老校长。被打成右派后，我和夫人章宝琛相依为命，内弟一家一直对我不错，使我在章家有栖身立命之处。除此以外，我哪来那么多的亲戚啊？"其实，启先生对满族与中国其他兄弟民族的交流与融合十分赞许，对满族为祖国进步做出的贡献也充满了自豪感。1983 年 5 月，启先生曾随九三学社中央组织的智力支边团到西北几省访问，所到之处，都热情颂扬各少数民族对中华文化做出的巨大贡献，宣传民族大团结的重要意义。当年 6 月 4 日，他应邀在乌鲁木齐市的自治区政府礼堂作演讲，以丰富的事例生动地说明了各民族文化对中华民族传统文化的形成与发展做出的贡献，受到听众的热烈欢迎。当时，经我事先联络，在乌鲁木齐工作的北师大中文系校友，也特地和先生聚会座谈，先生还写了若干幅书作赠给校友们。2001 年底，我陪南开大学化工学院的院长关乃佳教授去拜望启先生，当我介绍关乃佳也是满族人，属瓜尔佳氏，现在已经是南开大学年轻有为的女教授时，启先生格外高兴，连连对关乃佳说："我真为您成为科学家做出贡献而高兴！您为咱们'品种'也争了气啊！"先生和关教授合影留念时，眉宇间都溢出真心的欢愉之情。这才是真正的民族自豪感的流露，和那些狭隘的民族情绪及家族观念是泾渭分明的。

启先生在北京画院被打成右派的根本原因，基本上已经在《启功口述历史》中讲清楚；而画院那位"左派"领导当时给先生加的罪名，除了对先生评徐燕荪画引用"一枝红杏出墙来"诗句的曲解外，还抓住先生为叶恭绰先生起草的讲话稿中对简化汉字提出的意见，便下结论说："简化字是国务院公布的，反对简化字就是反对国务院，就是右

启功与关乃佳

派！”因为90年代中有一阵子“国家语委”下令，限时将北京一些饭店宾馆的繁体字匾牌（除国家领导人题写的外），都要改成简体字，启先生所题也在被改之列。我感到十分不解，先生遂告诉我1957年时他被扣上的“反对简化字”这条罪名。启先生被打成右派后，也被迫写过检查。前些年，有人打电话给启先生：“你57年的检查在我手中，你拿字来换！”先生很平静地回答：“用这个办法来强要我的字，我不会答应。若你想用此做什么文章，悉听尊便。”先生逝世后，又有人在网上拍卖“启功1957年10月17日检查”文稿，实在也是钱迷心窍，毫无道德可言了。

启功先生经常跟我们谈起“派入右”后的“帽子三步曲”：戴帽——摘帽——改正。1959年11月，因为“态度好”，北师大党组织便宣布摘掉了启先生头上的“右派帽子”。其实，本来这“右派言论”的罪名是在北京画院被扣上的，当时连师大中文系的党组织和许多老师都感到有些奇怪，因为先生一贯和气、谨慎，从没有听说他有什么“反党反社会主义的言论”。（据侯刚老师最近查北京师大有关档案核实：启先生1957年在画院被打成右派，回校后“正式定性”，于“1958年初，被

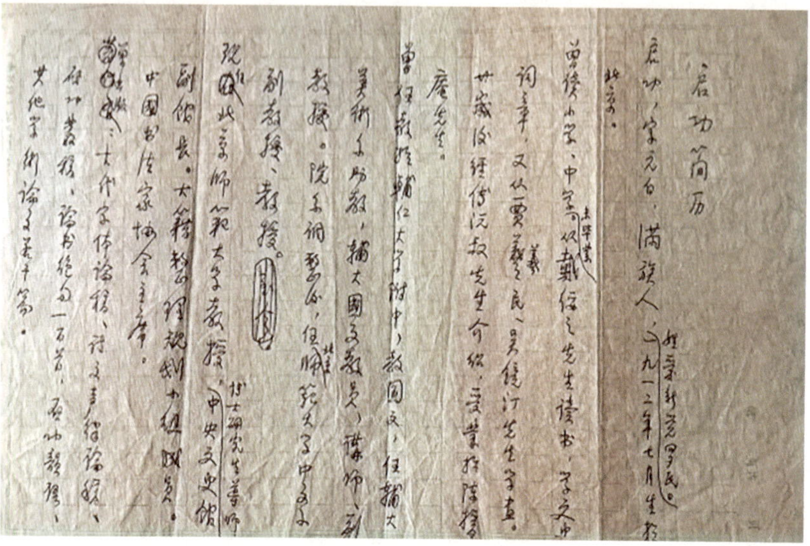

启功自书简历

划为右派分子。按第五类处理，取消中国画刊编委，九三学社北京市分社委员职务。由四级副教授降为五级副教授。”）启先生回系里后，仍和大家和睦相处。所以很快便为他摘了“帽子”。但是，先生对此并未沾沾自喜，而是有十分清醒的认识：摘了“帽子”后的身份是“摘帽右派”（一个偏正结构的词组），是“敌我矛盾按人民内部矛盾处理”，所以仍然是控制使用的对象。“文革”结束之后，1977 年先生结束了在中华书局点校《清史稿》的工作回到师大。不久，在胡耀邦同志的极力推动下，在全国范围内掀起落实政策的高潮。1979 年元月下旬，在师大党委为启先生“改正”之事给北京市委打报告后，中文系党组织找启功先生谈了一次话，告诉他：“经全面复查，你没有反党反社会主义的右派言行，因此予以改正。”当时又有了一个新名词：“改正右派”（仍然是偏正词组，主要成分还是“右派”）。因为“文革”时期曾流传着一句名言——“帽子拿在群众手里”，潜台词是“如果你不老实，随时再可以给你扣上”

（师大的“改正报告”中即还有“发动本单位群众讨论”的字句）。帽子的三步曲仍可以循环往复，照常进行。所以，先生对此还是心有余悸的。在这之前，早启先生一步“改正右派”的傅璇琮先生给先生写了两封信，告诉先生自己的问题已解决，并转去山东大学王仲犖教授的一封信，对启先生是否落实政策表示关切。先生过若干天后回函，披露了自己“转以喜极而无言”的心境，信中有这样两段话：

> 春节前，弟系领导来，告以弟事亦解决，“没有右派言论”，予以改正。校党委已批准，由弟签字后呈报市委，批下即算生效。待遇由五级恢复为四级。地厚天高，雷霆雨露，转觉绵薄无可报称耳。凭空忽添三十元，书店、画店、碑帖店均无物可售。血压过高，已不敢饮酒，身老体衰，更无复温柔乡可住。如所补过多，则只有捐献以供现代化之需矣。
>
> “年寿有时而尽，荣乐止乎其身，二者必至之常期，未若文章之无穷”。曹子桓之语，最为坦率，亦真理也。尚望时赐策励，以为四化添砖添瓦，添螺丝钉也。

从 1957 年到 1979 年，从四十五岁的盛年到接近古稀，一生中最有精力、最能出成果的二十多年被“雷霆”震碎，现在虽喜沐“雨露”阳光，却不但已身老体衰，而且最关心自己的母亲、姑姑、妻子，恩重如山的陈垣老校长都已撒手尘寰，再也见不到今天的拨乱反正，启先生心里的酸楚实在是难以倾诉的。尽管如此，启先生仍在信中通过引用曹丕《典论·论文》中的句子，表达了要抓紧时间从事学术著述，为祖国四化建设多做贡献的愿望。

许多人即便是知道一点启功先生的经历，对他乐观、达观精神的理解也往往是较为表面的，以为多半是天生的性格使然。这二十多年来，

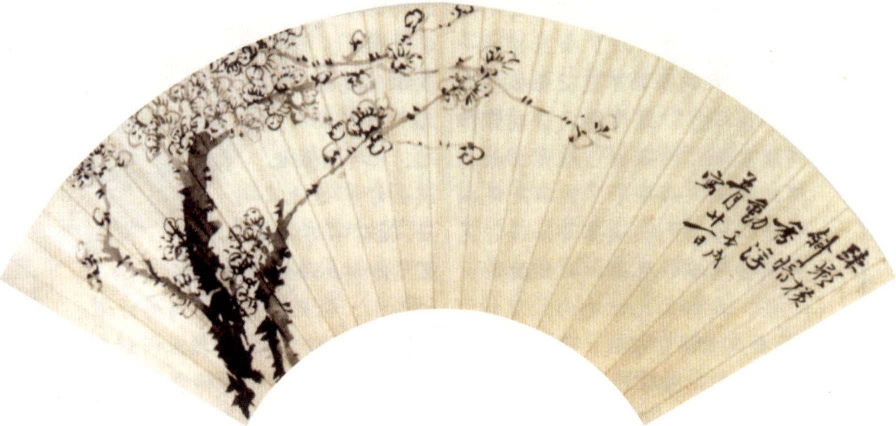

启功祖父毓隆所绘扇面

我与先生相处久了，几乎无话不谈，才逐渐认识到这种精神既来自生活的磨砺，更源于对自身、对人生、对周围事物乃至整个世界的正确认识。正如前面所述先生对我说："我内心的痛苦，又有谁知晓呢？"我在受到极大的震撼之余，逐渐地认识到：一位达观的智者，他的内心世界是最丰富的，在喜怒哀乐的冲击下，在是非情感激荡的浪潮里，百感交集，千折不回，方能创造出通达明澈的心境。启先生有一首《踏莎行》词，是他自题于照片背面的：

昔日孩提，如今老大。年年摄影墙头挂。看来究竟我为谁，千差万别堪惊诧。　　貌自多般，像惟一霎。故吾从此全抛下。开门撒手逐风飞，由人顶礼由人骂。

这笑骂由人的洒脱不是从天上掉下来的，细细体味，先生在强调了人生"千差万别"的"多般"变化之后，表达了正确、客观、辩证地评价人生的深刻哲理。

## 【附】啟功家世表

| 本家 | 外家 |
| --- | --- |
| **九世祖**<br>愛新覺羅·胤禛（雍正） | **蒙古**<br>阿魯特氏(成吉思汗祖系） |
| **八世祖**<br>愛新覺羅·弘晝(雍正第五子、和親王） | ↓ |
| **七世祖**<br>永璧（弘晝第五子、和親王） | ↓ |
| **六世祖**<br>綿循（和郡王） | ↓ |
| **太高祖**<br>奕亨（輔國將軍） | **外太高祖**<br>景輝（理藩院主事） |
| **高祖**<br>載崇（一等輔國將軍） | **外高祖**<br>賽尚阿（首席軍機大臣） |
| **曾祖**<br>溥良（禮部尚書，廣東、江蘇學政） | **外曾祖**<br>崇綱（駐藏幫辦大臣） |
| **祖父**<br>毓隆（典禮院學士、安徽學政） | **外祖父**<br>克昌∽鄭親王格格 |
| **父親**<br>恒同 | **母親**<br>克連珍 |

**啟功∽（妻子）章宝琛**

# 师恩难忘

## 从中学生到大学教师

启功先生童年时接受的是家庭与私塾的教育，打下了良好的家学修养与国学基础。因家境困难，他到十二岁时才插班进入北京汇文学校的附属小学念书，十四岁升入位于崇文门内船板胡同的汇文中学。先生曾多次对我说起，他虽然在汇文中学读了五年，却没有毕业便辍学了，原因有三：一是想早点工作，减轻母亲与姑姑的负担；二是原先没有学过英语和数学，学得吃力，又无兴趣，考不及格也不想再补考了；三是当时课下正师从戴姜福先生学古文，兴趣甚浓，干脆肄业以集中精力。我记得好像是 1991 年春，汇文中学要举行建校 110 周年的校庆活动，想请启功先生做“校友嘉宾”参加庆典“光临指导”，先生赶忙谢绝，说：“我很惭愧没有拿到汇文中学的毕业证，不够资格，你们还是请校友邓力群同志吧！”这当然是启先生的谦虚与风趣，而实际上，当时启功的作文水平得到全年级同学们的公认，汇文高中商科 1931 级的级史即是他所作。兹录该级史全文如下（新式标点系笔者所加）：

唯岁在上章敦祥元英之际，汇文学校辛未年刊，剞劂在即，高级三年征记，爰为是文。曰：大哉庠序之教也！三代以还，虽时危世替，未见废弛。盖美俗之成，惟赖吉士表率；英才之育，尤为国政导源。然小学始教，要在广施；而大学专攻，非能遍及。是以进德之基，深造之本，舍中学其焉归？入学既久，效已可睹，成兹九仞之山，端为一篑之积，则高级三年，诚难忽视也。故于教，则三育并施；于学则四维互励。教学相长，颇有可述者焉。若夫颐志典坟，驰情词赋，经史子集，追缅古人，沟通万国，迻译殊音，每有佳章妙制，莫不丰采彬彬，嘉名所系，首属乎文。至若新进文明，物质是尚，骎骎列强，恃此而振。藉彼流传，补我放失。执柯伐柯，取则不远。故今日穷理之学，尤为当世所望。至于商科，货殖是究。鸱夷用越，阳翟得秦。谁曰居积可鄙，庶与管仲同功。东西志士，强国有计。妙策所由，端为经济。功也不才，忝参一席。窃希孟子之言，通功易事；逃名域中，了无高冀。此三科中，数十百人，奇才杰出者，不可胜计，而成绩因之斐然可观矣。每见课馀之暇，三五相聚于藏书之室，切磋琢磨，同德共勉，为五年率，攘攘熙熙。相观而善，暇则或为制陈当务之文，或作坚白纵横之辩，或出滑稽梯突之言，或好嬉笑怒骂之论，往往有微旨深意，寓于其间。凡此四者，求之刊志，高级三年，亦备之矣。而体育一端，尤甚精进，于此季中，报记口传，有碑载道，凡彼高才，众人共识，何劳鄙人再为缕赘哉！或曰：方今世之学校也，颓风陋习，多失教育之本旨者，子校其有之乎？予曰：何谓也？曰：予闻今之治学者，唯利是趋，唯弊是营。岁月忽忽，而泄泄以误少年；父兄谆谆，而藐藐以负重托。作怪民为先导，听众论如蝇声。遂过失而助之长，见善举而损其成。营饰其表，意在多金之获；支离其说，专蔽善性之明。教者吝延饱学，滥竽皆为奇货；学者不钦正道，纨绮犹是高风。甚者日高坚卧，谬托南阳之士；月明走马，公为濮上之行。酒食争逐以为长，歌舞倡和以为课。竞习顽强，雅名磊落。翻覆算权谋，阴险能蛊惑，群儿善讼，举国若狂，傲逸盘游，诟遗遐迩。教育之弊，乃若是乎？予笑而应之，曰：君将为今学之董狐耶？前所云云，亦或不谬，然吾校固无是也。惟勉钦明德，期我同人共奋图之。启功拜志。

由此文可见，当时身为中学生的启功的文学修养及对新式学科教育利弊的清醒认识，也看出他对母校良好学风的推崇。

启功先生对学生时代的师友，一直怀有深厚的感情，几十年之后，他还常常回忆起一些老师讲课的情景，描述某某同学的声容笑貌。至于能与有的老同学半个多世纪后重逢，先生认为那是人生最快乐的事了。当然，先生常常念于口、系于心的，还是他所崇敬的几位恩师。从先生15岁那年正式拜贾羲民先生为师学习绘画开始，他先后师从的老师还有吴镜汀、戴遂之（姜福）、溥心畬、齐白石等；而令先生最铭感于心的，当然要首推我们北师大的老校长陈垣（援菴）先生。师恩难忘。缅怀这些老师的文字，详见先生的《启功口述历史》与一些纪念文章。先生将义卖书画作品的收入，以陈校长的书斋名设立“励耘奖学助学金”的事迹，也早已在学界传为佳话。这些本来都无须我再来赘述，但是因为社会上还有一些并不准确的流传，所以我在这里要做些补充说明。

为募集“励耘奖学学助学基金”，1990年年底，荣智健等先生帮助启先生在香港举办书画义卖展。当时荣宝斋（香港）有限公司内部印行了一册《启功书画展留影》，启先生亲撰此书前言，对办展募款设立基金的过程有详细的说明，足以攻破后来的种种流言蜚语。因为此文未公开发表，亦未收入《启功丛稿》，故在此征引全文如下：

三年前一个夜晚，几位挚友在我家偶然谈起为先师励耘书屋主人陈垣先生募集奖学助学基金事，我想以拙作书画作为向赞助人奉呈的纪念品，他们都非常赞同，并表示鼓励，愿予以大力协助。

当时香港霍英东博士由于关心祖国文化教育事业，慨然捐赠巨款，为我们北京师范大学建起专供教学的大楼。最近已经建成，署额为“英东教育楼”。霍博士为酬劳我校为建楼尽力的一行有关同仁，特邀到港参观、休养，我也在被邀之列。因乘便将拙书一百件、拙画十件随携到港，作一展览。

今年夏日，我因事到港，首先遇到老朋友荣智健先生，蒙他多方热情款待，并谈到募集基金的事，承他提示办理方案，并予以具体赞助。同时荣宝斋香港公司的顾问王大山先生慨然承担一切从介绍、经管到布置、收支诸般展出事务。这时前后，还有许多位在港的新旧相识好友，无不愿大力支援，共襄义举。不及备列芳名，只好在此统表衷心的谢忱！至于霍英东博士对祖国、我校及此项义举的盛情，更是难以尽述的。

这次展览，首先是为求教。贱齿虽然日增，但还希望有所长进。这些拙作，如承方家指教，我所受益，已是无限的。至于各方友好赞助基金，我奉呈的拙作，只是纪念性的微物。笔墨所值，轻等微尘；而赞助高谊，重同山岳。有友喜向我称“你的书画行情”如何如何，不但使我惭愧万分，也实在不符合实际性质的。

最后应该再提一次的，是荣宝斋香港公司鉴于这次募捐所得，启功既全数献作教育事业上的基金，北京师范大学也表示决不另作他项使用，因而也慨然不收任何手续费用。特此谨向这次分神助力的各位同仁，表示至诚的感谢！

公元一九九零年十一月，启功谨识

启功与恩师陈垣

启功先生曾多次向我诉说在他从中学生到大学教授的成长过程中，老校长起到的三大关键作用——第一，不以“学历”度人，而以真才实学用人。启功先生虽然连高中毕业文凭都未拿到，但经大学者傅增湘先生推荐，又实际考察后证得“启功写、作俱佳”的结论，陈校长便破格聘他为中学、大学教师。事实证明这是有眼光之举。第二，身传言教，教他如何立身做人、怎样教书育人。在民族危亡的关键时刻，老校长大义凛然，发扬爱国精神，教导启功先生坚守教育阵地，弘扬优秀传统文化。在课堂教学上，老校长亲自示范，开导启功先生掌握与运用最重要的基本原则与方法，先生从而成为最受学生欢迎与拥戴的老师。第三，老校长在“文革”浩劫最困难的时期，仍寄希望于未来，不忘指点治学门径，鼓励启功先生总结治学心得，撰写学术著作。立德、立身、立言，三者不可或缺。于是，先生历尽磨难不气馁，虽九死而犹未悔，使我们看到了一位在繁重的体力劳动之余仍在教学生书法的启功，看到了一位在陋室病榻的昏暗灯光下探索汉语现象规律与诗文声律奥秘的启功，看到了一位乐观、通达、勤奋的启功！

启功先生在谈话和文章里多次强调：从 1934 年 9 月安排他到辅仁教中学生开始，陈垣老校长叮嘱他最多的是作为教学原则的“上课须知”——实际上也是基本的“为师之道”。在 70 年的教师生涯里，启先生始终把它们视作教书育人的灵魂而忠实贯彻。几十年中我自己所亲历的许许多多事情，都让我亲身体会到启功先生对陈垣老校长的教导是铭记在心，努力去实践的。

2001 年，为了纪念老校长逝世 30 周年，我的学友、时任北师大广东省校友会会长的吕伯涛同学向启功先生报告：要为老校长在师大校园和新会家乡竖立塑像。先生听了非常高兴，当即表示他要亲自撰写塑像赞文。当时，先生眼睛的黄斑病变已日趋严重，视力模糊，无法挥毫写毛笔字。一天，先生给我打电话说：“老校长像赞已经写得，你快点来取，用传真给伯涛发过去。”我赶到红六楼先生家中，先生取出一个大信封，上面写着“陈垣校长遗像碑文”；又从信封里取出两页用硬笔写满字的稿纸——正是我请人为他印的专用大格子稿纸，第一页首行写着：“陈垣校长遗像传赞　受业启功敬撰”，全文如下：

> 陈垣（1880—1971）字援菴，广东新会人。清末廪生，见清政腐败，有革命思想。曾拟学法律，见当时时疫流行，愤志学医，创办光华医学校，同时创办报刊，宣传革命。后在北京办平民中学，并以革命报人身份当选众议院议员，复任教育部次长，又以次长代总长。其后历任北京大学及燕京大学研究所国学门导师。英华先生创办辅仁大学，被聘为校长。解放后为更多更专贯彻教育事业加入中国共产党。院系调整后仍任北京师范大学校长以至病故。赞曰：清季生员，志存革命。学法学医，教育为重。面向标杆，史学居前。亿万青年，品学当先。夙兴夜寐，苦其心志。身处洪流，不颠不踬。世纪新天，师大百年。励耘教泽，永世绵延。

除修改的文字部分，其他字都尽量工整地写在格子之内。在第二页稿纸背面，先生还亲自手绘了陈校长像碑的示意图与落款格式，可见先生为此所付出的心血。

关于戴姜福先生，我在此也要补充一点。启功先生曾多次谈到不仅自己的古文功底得益于戴姜福老师的教导，而且一生的学术探究与教学都受到戴老师独具个性的学术思想与因材施教的教学方法的影响。记得有一次我陪法国汉学家戴廷杰先生（Pierre-Henri Durand）去看望启先生，我讲到戴廷杰先生正在编撰《戴名世年谱》，而戴先生提及安徽桐城新发现的《戴氏宗谱》中有《南山公传》，叙及因戴名世“居南山，

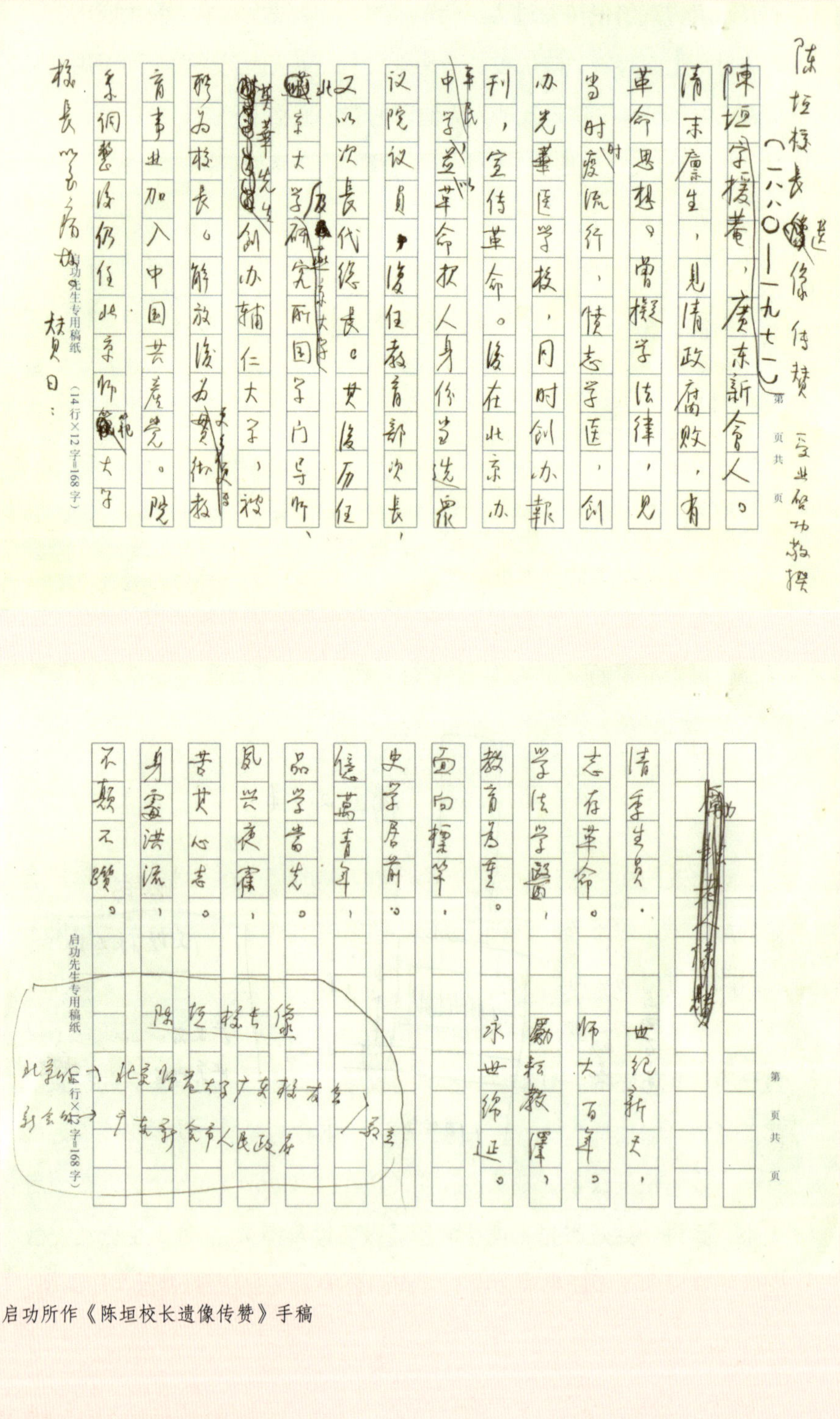
陈垣校长遗像传赞

受业启功敬撰

陳垣字援菴，廣東新會人。（一八八〇—一九七一）清末廩生，見清政腐敗，有革命思想。曾擬學法律，見當時疫流行，憤志學醫，創辦光華醫學校，同時創辦報刊，宣傳革命。後在北京辦中學，並以革命人身份當選眾議院議員，後任教育部次長，又以次長代總長。其後歷任北京大學研究所國學門導師，與英華先生創辦輔仁大學，被聘為校長。解放後為學術教育事業加入中國共產黨。院系調整後仍任北京師範大學校長以至逝世。

贊曰：

清季生員，世紀新人，志存革命，學法學醫，教育為重，面向操筆，史學居前，德蒿青年，品學當先，苦其心志，夙興夜寐，身當洪流，不顛不躓。師大百年，勵耘教澤，永世綿延。

陈垣校长像

北京师范大学广东校友会

广东新会市人民政府

启功所作《陈垣校长遗像传赞》手稿

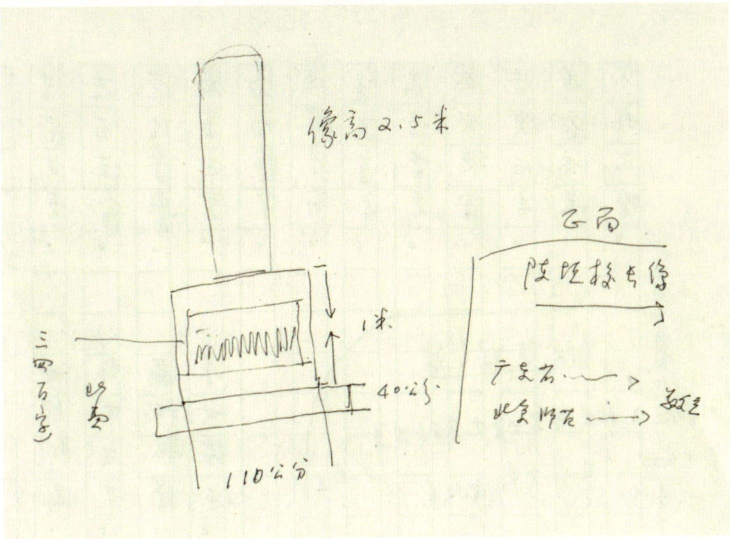


启功手绘陈垣塑像示意草图

人又号之曰‘南山先生’”。启先生沉吟片刻说：“我的老师戴绥之先生是江苏吴县人，可他别号‘山枝’，看来很可能也是南山支系，因避祸而移居的。”我原先觉得这可能只是推测，尚需旁证。启先生去世后，我协助章景怀为先生收藏的制艺时文类书籍编目，发现其中有戴姜福先生所著《大学直说》《论语类编》的合刻本，书首即刊有民国时挂名“内务部主事”的曹岳峻撰写的戴氏生平事略状，上面明确提及戴氏原籍“系为皖之休宁”。休宁是清前期大文字学家戴震故里，应与戴名世先祖同为徽州婺源戴氏之后；又休宁紧临黄山，绥之别号“山枝”，可谓一语双关。北伐战争后，戴姜福先生在北京教赵尔丰（1845—1911，晚清驻藏大臣）和曹夔一两家的孙辈赵守俨、曹岳峻读书。曹岳峻在内务部挂的闲职，有时间跟戴先生读古文；而启功则因喜爱古文，也在汇文下课后到曹家“附读”。曹岳峻写戴先生生平事略，肯定有所依据，也许是曹岳峻祖父辈所述或戴老师亲口所讲，启先生当时虽不一定知道，但后来收藏此书，一定读过这篇生平事略状，应该是有印象的。这次编目时，发现了启功先生还一直收藏着戴姜福先生校录的《谐声谱》，可见他对这位古文老师的感念。

先生在辅仁教学期间，与同事及学生的关系都很和谐。他曾讲自己最早结识的辅仁教员，是大自己十岁的台静农与大自己四岁的牟润孙二位先生。有关他和这两位先生的交往，需略作些补充。

台静农先生，是 1929 年秋辅仁大学建校之初即被陈垣校长聘为讲师的；启先生 1934 年入辅仁中学教书，因与台脾气与爱好相投而成为挚友，过往甚密。而台静农先生在《北平辅仁旧事》一文中讲他于“九一八事变”次年就离开辅仁南下，“从此离开了辅大”。据他发表的简历讲是 1932 年 12 月离开的，那么，启先生和他相识，当在启先生进辅仁之前。1984 年，他在《有关西山逸士二三事》一文中回忆说：30 年代中，他到恭王府后花园去参加溥心畬先生邀集的赏西府海棠聚会，正是“由吾友启元白兄陪我们几个朋友去的”（见《龙坡杂文》，生活·读书·新知三联书店，2002 年，第 81 页），似可为证。而台先生离开辅仁后，二人仍常有来往。启先生也曾经在文章中提及抗战爆发后，他和其他几位朋友到车站送台先生的情景。1987 年，台先生又在《始经丧乱》一文中记述：卢沟桥事变后二十几天，日军进入北京城，某日“中午我与苑北兄同醉在魏建功家，苑北擅书画，信笔为我画了一幅荒城寒鸦图，象征了这一历史古都的劫运。今已事隔半世纪，偶一展视，当年国忘之痛犹依稀于萧疏澹墨中。”（《龙坡杂文》，第 112 页。）苑北者，即启功先生之号也，与先生之字“元白”谐音。1946 年台先生应邀赴台湾大学任教，两位老友遂天各一方，难通音问。1989 年 8 月，启功先生的部分诗作编为《启功韵语》在北京师大出版社出版，就托一位赴台的朋友带给台静农先生。台先生看了这些诗，高兴地说：“他还是那么淘气啊！”台先生特地临写了苏东坡的《黄州寒食诗》

台静农在台北寓所

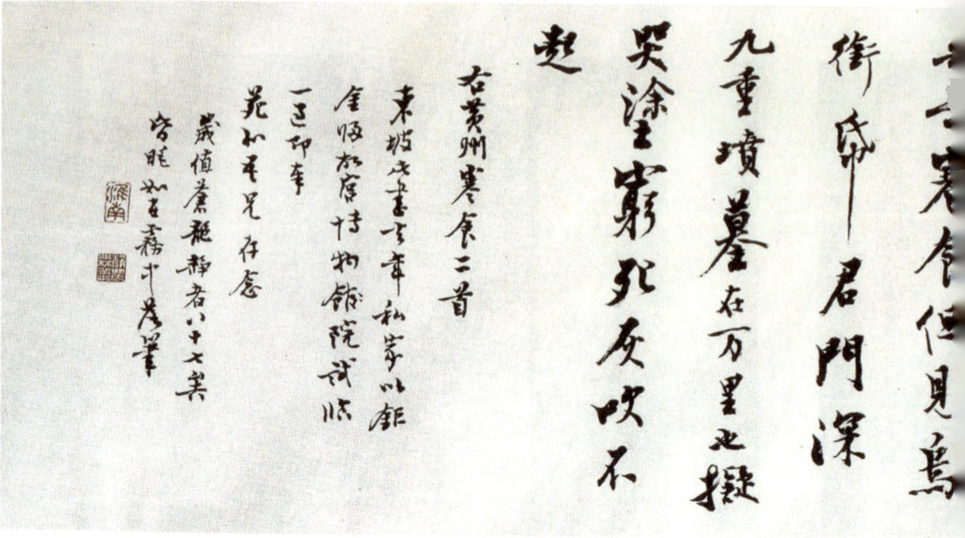


台静农书赠苏轼诗

二首托朋友送交启功先生，并跋曰：“东坡此书，去年私家以巨金归故宫博物院，试临一过即奉苑北吾兄存念。岁值苍龙，静者八十七矣，昏眊如在雾中落笔。”苏诗抒客居悲情，中有“坟墓在万里”之叹，启功先生读了，深以为忧。后又在卷后题诗一首云：

> 剸犀笔势倪鸿宝，踵武才学台龙坡。
> 写得眉山绝世句，虹光腾上九霄多。

并跋曰：“静翁书直逼晚明诸贤，沈雄郁勃，尤近倪鸿宝，好写前代名句，所选皆意致精深，何啻六经注我，拈于卷尾，宁负丰干之过。启功敬识。”第二年春天，因病住院的台先生又托友人带给启先生他新出版的论文集、法书集等，题字落款均写的是“永念”；启先生看了，知道台先生病情严重，感觉心里沉甸甸的，好似压了大石头。启先生遂又在台先生所书杜甫《秋兴八首》长卷后题七绝一首：

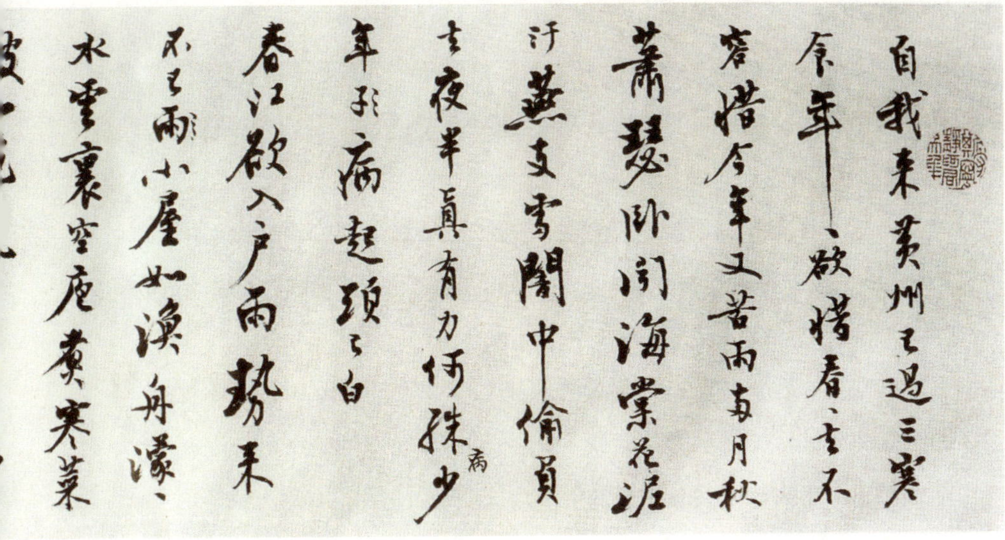

杜陵乡思系孤舟，秋菊何时插满头。

识得中华天地大，海堧一寸亦神州！

先生对友人乡思的理解与慰藉，对神州一统之期盼，跃然纸上。

1990年6月，启功先生到香港访问，经许礼平先生与台北的一位陈姓书法篆刻家联系，在6月7日那一天，终于拨通了台静农先生的电话，两位大师急切地互诉思念之情，当时情景催人泪下。时隔多日，启先生回到北京后，还多次对我说：“台先生末了在电话中喊：你快点来吧，再晚就见不着了！”言语中闪烁着泪光。先生讲：听电话中台先生的声音气力尚足，祈盼能够恢复。第二年，为庆台翁九十大寿，香港《名家翰墨》月刊要在12月推出“台静农、启功专号”，启先生为此在10月间撰写了《平生风义兼师友》一文，抒写两人的友情，并祈愿龙坡翁“疾病速愈，福寿绵长”。不料就在11月9日，正当专号付印之际，台先生却驾鹤西行了！两岸阻隔，使四十多年前的别离成为永诀，情何以堪！

众所周知，启功先生对台湾宝岛感情深挚。先生因书画鉴定与创作的深厚功力，年轻时即被故宫博物院聘为专门委员。故宫珍藏的古代书画经眼甚多，犹如熟识的老朋友一般，一日不见，如隔三秋。1949年后，因有许多书画已被运到台湾，数十载无缘再见，自然思念不已。1980年中秋节的赏月晚会上，先生曾当场赋《怀台湾同胞》七绝一首，挥毫成幅，赠给台湾友人。

启先生在台湾的师友，除台静农先生外，还有郑骞（因百）先生，是启功先生读汇文中学时的老师，长启先生六岁；王静芝先生，是启先生教辅仁大学大一国文时结识的学生，只小启先生四岁。启先生平时聊天，常常充满感情地提起这些师友。我记得大概是在1982年吧，有一次我到师大去看望启先生，刚进先生家门，他便招呼我说："我给你看一样东西。"说着，就进里屋拿出一帧大照片来。我一瞧，正是美髯公张大千先生彩色的标准像。先生高兴地说："大千先生还记得我，特地题了字托人带来的。"第二年春天，传来大千先生去世的消息。大约正在此时，四川要召开苏轼学术研讨会，我们书局文学编辑室的刘尚荣先生赴会前托我请启功先生为会议题词，先生不假思索便挥笔写下六言四句：

香山不辞世故，青莲肯溷江湖。
天仙地仙太俗，真人惟我髯苏。

我记得很清楚，当时此赞并不是题写在苏轼的画像上的，可后来编入《启功韵语》时，冠题为《东坡像赞》，是否也和大千先生的那帧照片有关，包含了对这位大胡子朋友的赞美呢？后来，就有了时任台北故宫博物院秦孝仪院长来函邀请启功先生访台之事。因先生已年迈八旬，当时访台要在香港中转，又必须到中华旅行社排队办换证等手续，令老弱病残者不胜体力，所以许多人都劝先生缓行，当时先生却因有机会再

启功在香港与台静农通电话（1990 年 6 月 7 日）

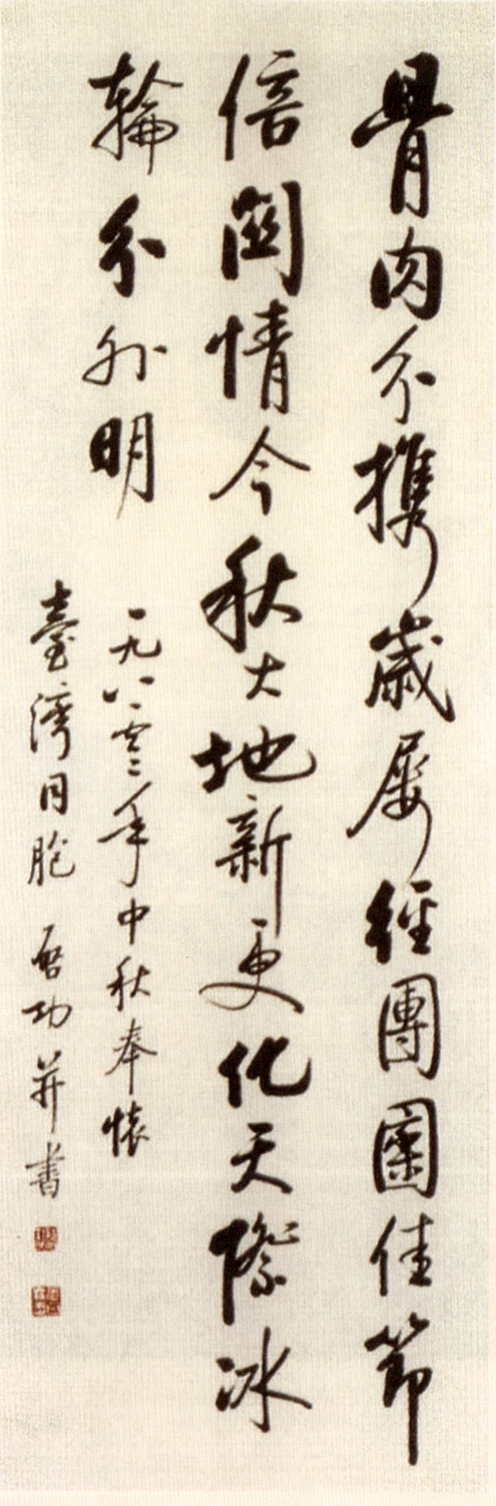


启功所作《中秋怀台湾同胞》诗（1980 年）

睹故宫书画珍品及和新朋老友会面而十分兴奋，认为有内侄章景怀陪同应该没有问题，所以积极办理相关手续，准备行装。不料由于台湾方面人为的因素，台北来了一纸公函，告知："章景怀访台不被批准。"章景怀作为先生家属，又无任何"政治背景"，不被批准实在莫名其妙，分明是有人为启功先生访台设置障碍。事后，秦孝仪院长来电致歉，晚年的启功先生为此抱憾不已，台湾宝岛也失去了一次亲近国学与书画大师的机会。

另如牟润孙先生，当年既是和启先生一道去参加西府海棠聚会的好友，也是同在辅仁任教的陈老校长的得意门生。启先生很钦佩他有侠义风度。台先生因"左倾"、抗日被日本宪兵关押时，他一大早先赶到启先生住处关照启先生别去台家，以免被特务盯上。当时启先生刚起床，正在刷牙。而牟先生自己却不顾危险去探望台先生。牟先生后来到香港任教，也曾担任过全国政协委员。1982年春，启先生访问香港，在相隔三十多年后，先生得以与老友牟先生"重晤于香江"，曾喜而赋诗二首。诗云：

早岁虬髯意气豪，市楼谈吐静群嚣。
卅年屣履回尘迹，一帙文章压海涛。

把臂国门头共白，掬膺时事目无蒿。
励耘著籍人馀几？敢附青云效羽毛！

既高度赞许了牟先生的风度与文章，也表达了对著籍陈垣校长门下诸友的深切怀念。牟先生经学造诣很深，我们当研究生时，启先生还专门请他来为我们讲课。听说牟先生晚年因一笔退休金被骗失，在香港的生活比较清苦，启先生曾几次托人捎去港币，表示对老友的关切之情。

陈垣与得意门生启功、刘乃和、柴德赓（右）

牟先生去世后不久，有一天我陪启先生到位于西四的同和居吃饭，碰见牟老的弟弟牟小东先生，小东先生见了启先生号啕大哭，启先生默然无言。待小东先生离开，启先生感慨地对我说："死后恸哭已与死者无益，要在生前善待该有多好！"善待亲友，善待师生，善待自己并不相识而有求于己者，乃至善待有过错而尚有改正之心者，这就是启先生做人的一条准则。有些看了《启功口述历史》中关于柴德赓先生回忆文字的读者，感觉字里行间仿佛流露出启先生对德赓先生的有微词贬义。这恐怕是因记录整理的误差造成的误解。启功先生对同是陈老校长得意弟子的柴德赓、刘乃和先生均有深厚的感情。刘乃和教授为学术贡献一生，老年始组织家庭转而离异，启先生虽当面说其"活该"，而背地里却为她的"过于天真"而叹息。我从未听见启先生讲过他和柴德赓先生有什么芥蒂。1983 年 8 月，我在兰州参加敦煌学术研讨会，有一天午餐时，赵俪生教授将我叫到一旁，问我是否柴德赓先生的公子，我说不是，很遗憾也没有见过德赓先生。回京后，我将此事禀告启先生，先生感慨地对我说："因为你和德赓都是浙江人，赵先生念及友人，故有此问。柴

陈垣与启功、刘乃和、柴德赓

先生是老校长最看重和喜欢的学生，也是我的好友。他为人真率，后来被排挤出师大到苏州任教，“文革”中又惨遭迫害，后来却因被宣布‘解放’，过于激动而猝死，实在是可惜呀！”后来启先生也曾多次谈到对德赓先生的怀念。柴德赓先生早在 30 年代末、40 年代初就曾几次赋诗高度赞扬启先生在书画创作与碑帖研究上的成就，如：

独羡启侯笔墨新，疏林怪石自精神。
若从艺苑论功力，画外倪黄有几人！

据王静芝先生回忆，他在辅仁国文系一年级上学时，就是经由柴德赓先生介绍才成为启先生的书画弟子的。启先生也曾在《次韵青峰吴门见怀之作》一诗中将自己和青峰（柴德赓之字）的关系比作唐代的元（稹）、白（居易），并称道柴的著作可藏之名山，期盼“何日灵岩陪腊屐，枫江春水鉴鸥盟。”这是先生难忘师恩、珍重同门友情最好的证明。

# 夫妻情深

## ——《痛心篇》和《赌赢歌》

启功先生与夫人章宝琛恩爱情深，早已在社会上传为佳话，为人称道，这在《启功口述历史》中也有不少叙说。我在师大中文系读本科时不可能有机会去拜望师母，而 1978 年考研究生回系里时，师母已仙逝三年多了，无缘得见慈颜。但我在启先生身边，却常常能感受到他对爱妻的深情怀念。三十年来，启先生时时刻刻体现出的对夫人的真情挚爱，始终使我感觉到师母并未逝去，而是一直在关注着先生一点一滴的生活。

南开大学著名教授来新夏先生是启功先生 40 年代初在辅仁大学教过的老学生，他曾在 2005 年 5 月 4 日发表于《老年时报》的一篇短文中这样描述过师母：

> 元白先生和夫人数十年夫妻间感情甚笃，真称得上是相濡以沫。启师母是位非常贤淑的女性，终日默默不语地侍奉老人，操劳家务，对元白先生的照顾尤为周到，说她无微不至，极为恰当。她对学生也都优礼有加，从没有师母架子，有时还给我们倒杯茶水。我们都心中不安而逊谢不遑，但启师母仅仅微微表示一丝笑意。启师母在我们师生间交谈时从不参与和插

启功与赵朴初

言，即使元白先生有时对师母开个小玩笑，想把她拉进谈话圈里来，师母也只是报之以微笑。

来先生对我讲他已记不清吃过多少顿师母亲自做的饭，虽常常是粗茶便餐，依然十分可口，也足见她的贤惠与对启先生的体贴之情。

有一次，赵朴初居士在西四广济寺请刚病愈出院的启功先生吃斋饭，我叨陪末座。朴老谈起诗词创作，语重心长地对我说："你的老师了不起啊，要收集保护好他的作品，不要像我似的，不少找不着了！"他又说："启功先生最感人的作品是他的《痛心篇》。"

《痛心篇》，是启功先生1971—1975年在妻子章宝琛病重时与逝世后所作，共二十首，可谓字字血泪、句句情真意切。兹录其中几首：

结婚四十年，从来无吵闹。白头老夫妻，相爱如年少。
相依四十年，半贫半多病。虽然两个人，只有一条命。
今日你先死，此事坏亦好。免得我死时，把你急坏了。
枯骨八宝山，孤魂小乘巷。你且待两年，咱们一处葬。
老妻病榻苦呻吟，寸截回肠粉碎心。
四十二年轻易过，如今始解惜分阴。
君今撒手一身轻，剩我拖泥带水行。
不管灵魂有无有，此心终不负双星。
只有肉心一颗，每日尖刀碎割。
难逢司命天神，恳求我死她活。
爹爹久已长眠，姐姐今又千古。
未知我骨成灰，能否共斯抔土。

（先胞姑讳季华，不嫁，与先母同抚功成立，卒葬八宝山公墓，先妻骨灰即埋于穴旁，功自幼呼胞姑为爹。）

1977年，先生的好友唐长孺教授读了《痛心篇》后，称“沉挚凄恻，感不绝于予心”，因赋《一萼红》词，下阕有这样几句：“曾记戏言身后，愿双栖共命，白首同归。病枕低呻，风灯絮语，窥户星月能知。”唐先生词中所说“戏言”，是指师母病重之时，曾对先生说她身后一定会有人为先生找对象，先生遂立下“赌赢”誓言。实际上，从70年代末起，确有不少好心人来劝先生续弦的，都被先生一一回绝了。记得有一次，有位香港来的客人到小乘巷拜访，走时先生让我送他，走出门口，客人对我说：“劝劝你老师再找一位夫人嘛！”我将此话转告先生，他笑着说：“此事须有两大基础，一是精神基础（感情），二是物质基础（身体），这两条我都没有，所以铁了心。”先生看重的是与夫人共患难

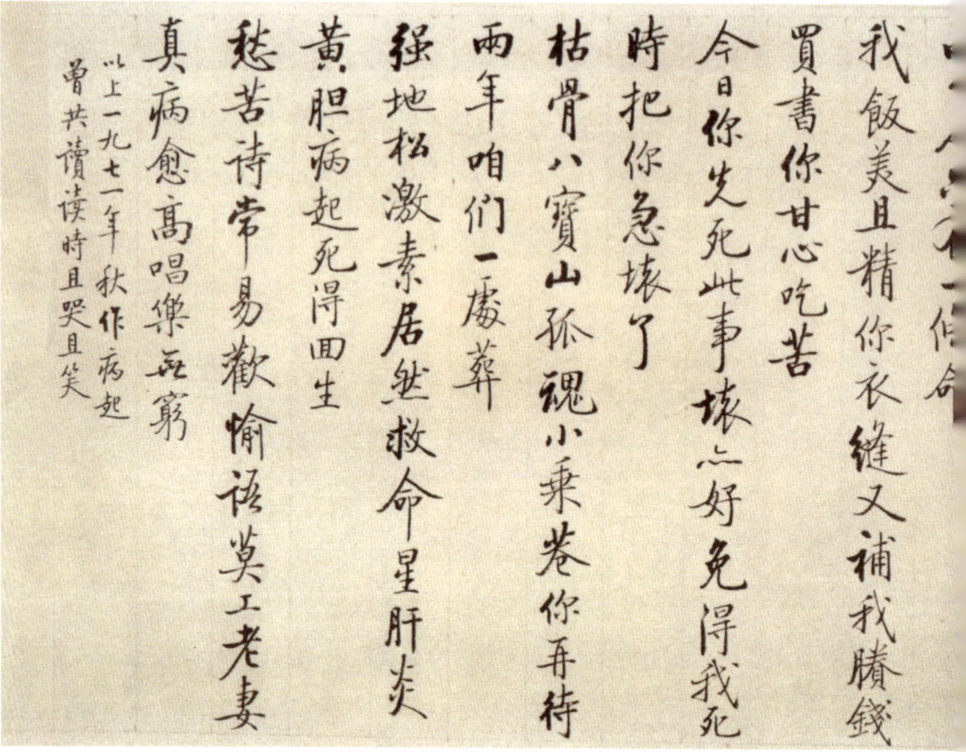

我飯美且精你衣縫又補我賸錢
買書你甘心吃苦
今日你先死此事壞亦好免得我死
時把你急壞了
枯骨八寶山孤魂小乘巷你再待
兩年咱們一處葬
強地松激素居然救命星肝炎
黄胆病起死得回生
愁苦詩常易歡愉語莫工老妻
真病愈高唱樂無窮
以上一九七一年秋作病起
曾共讀讀時且哭且笑

启功《痛心篇》（开头部分）抄本

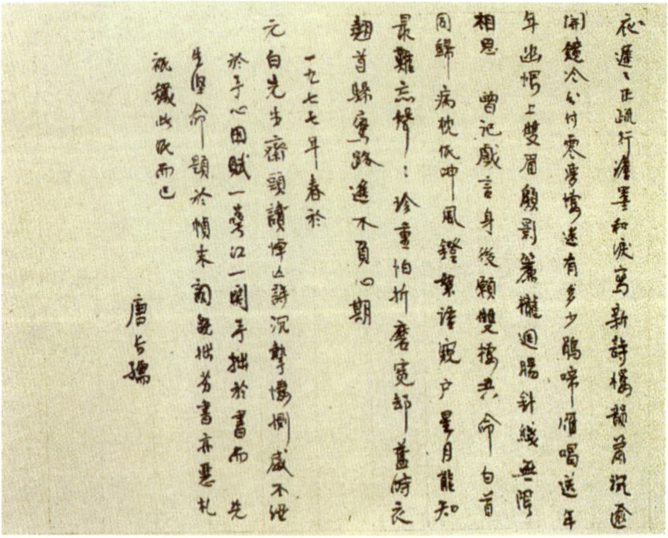

衣遲遲正疏行濃墨和淚寫新詩楊韻蕭沉遜
擱鏡奩分付寒螢蕭蕭多少鵑啼偷唱送年
年幽悄上雙眉願剪叢攏迴腸針線無限
相思 曾記戚言身後願雙棲共命白首
同歸病枕低呻風燈誰寬尸暑月能知
最難忘情珍重怕折磨冤部蓋傍衣
翹首歸魂路遙不負心期
一九七七年春於
元白先生齋頭讀悼亡詩沉摯悽惻感不能
於予心因賦一萼紅一闋予拙於書而先
生堅命題於幀末爰勉拙為書亦惡札
祇識此感而已
唐長孺

《痛心篇》唐长孺题跋

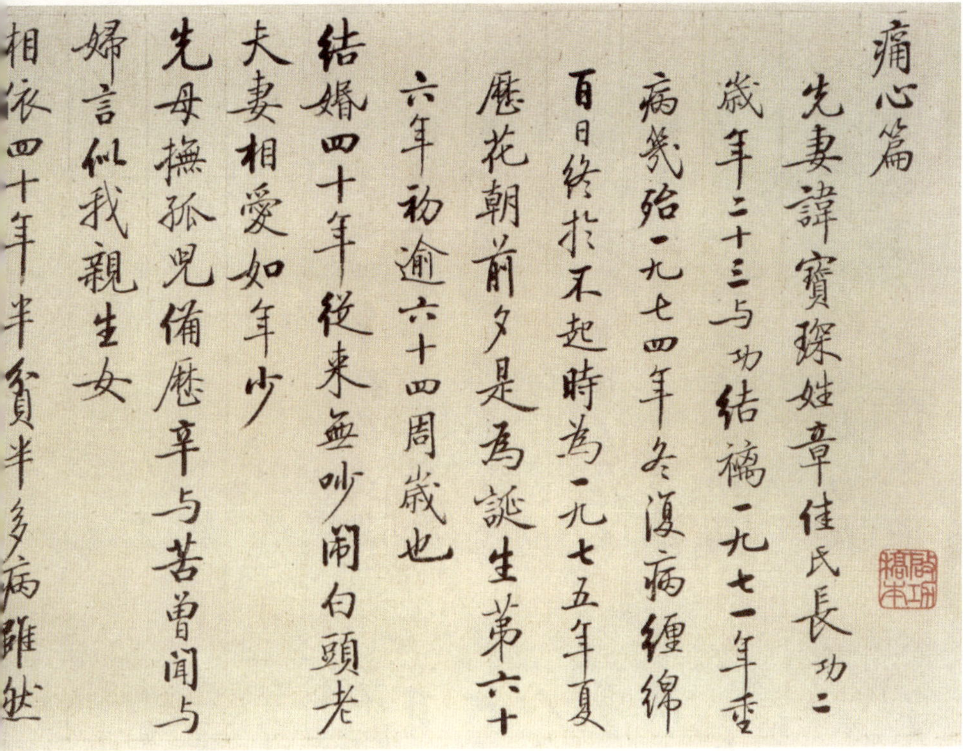


四十多年的深挚情意，而且是永生永世都不能变移的。若再找一个没有感情基础的，反而自己失去了精神的慰藉，弄不好对方看重的又是别的东西（如金钱、地位），那如何相伴？只能是变“伴”为“绊”而自讨苦吃了。有时，先生会用友人中续弦而并不幸福的例子来证实自己的观点；有时，先生也用调侃的方式来谢绝友人的好意。如有一次，有人要给先生介绍某一位著名的曲艺女演员，并说那位曲艺家对先生也颇有好感。先生便说：“您看我这里已经宾客盈门，再来一位唱鼓书的，那就要热闹得天翻地覆了！”引得大家哈哈一乐，此事也就作罢了。

“心放不开难似铁，泪收能尽定成河。”这是启先生在夫人去世的次年所写的《对酒》诗中的两句。师母故去二十多年来，启功先生不但信守诺言，而且常把自己的刻骨铭心的思念，寄托在诗词创作之中。

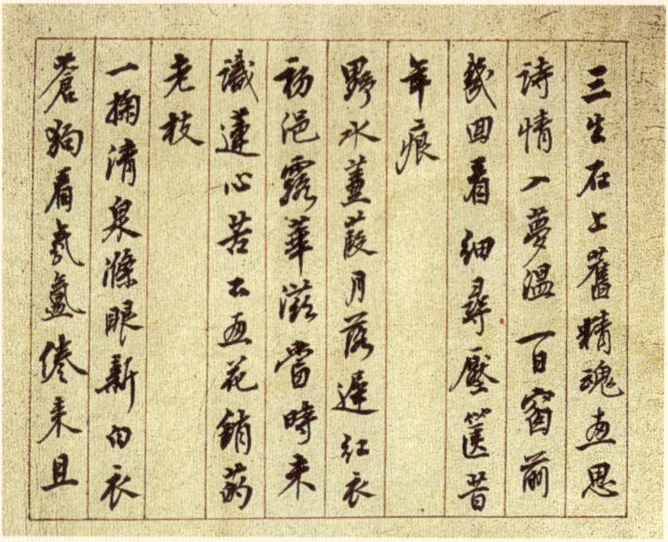
三生石上舊精魂畫思
詩情一夢溫 百窗前
幾回看細尋履箋昔
年痕
野水蒹葭月落遲 紅衣
初浥露華滋 當時未
識蓮心苦 未畫花銷藕
老枝
一掬清泉滌眼新 白衣
蒼狗看氣盡 倦來且

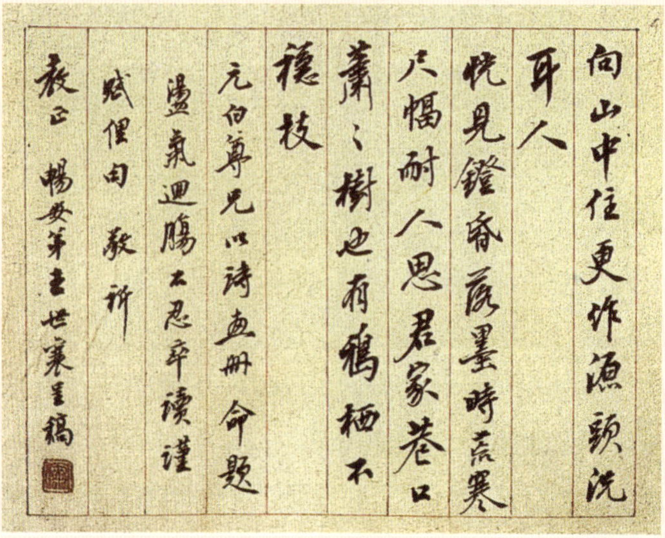
向山中住 更作漁頭洗
耳人
恍見鐙昏落墨時 荒寒
尺幅耐人思 君家巷口
蕭蕭樹 也有鴉棲不
穩枝
元伯尊兄以詩畫冊命題
盪氣迴腸 不忍卒讀 謹
賦俚句 敬祈
教正 暢安弟王世襄呈稿

《痛心篇》王世襄题跋

1981年初上元之夜，先生对着故妻用过的镜奁，写下了这样感人的诗句：

岁华五易又如今。病榻徒劳惜寸阴。
稍慰别来无大过，失惊俸入有馀金。
江河血泪风霜骨，贫贱夫妻患难心。
尘土镜奁谁误启，满头白发一沈吟。

先生痛感在妻子最需要有钱治病时却举家贫贱，而现在妻子已亡，有了“馀金”又有何用？先生将义卖书画所得160多万元巨款悉数捐出，设立“励耘奖学助学基金”，以报答自己的恩师陈垣先生；而对自己的妻子，则只有在心底纪念。我听说师母逝世时，启先生的银行存折上只剩下了一元余额。先生一直保存着这个一元钱的存折，不再存钱进去。虽然80年代以来，先生的收入增加了许多，可先生却毫无欣喜之意。一天深夜，先生写下了沉痛至极的《夜中不寐，倾箧数钱有作》：

纸币倾来片片真，未亡人用不须焚。
一家数米担忧惯，此日摊钱却厌频。
酒酽花浓行已老，天高地厚报无门。
吟成七字谁相和，付与寒空雁一群。

困难岁月，启先生一家人数米度日，无钱治病，想来都令人心痛。先生很少在我们面前谈过去的家事，称之为“不愿温习烦恼”。他常常带给大家欢笑与温暖，却是将个人的痛苦深埋心中，在深夜独自倾诉，“賸深宵，自炷心香，泪滴檀灰”（启功《高阳台·自忏》）。我们知道他多年来患有失眠症，一般上午忙于待客，下午“眯一会儿”，晚上再看

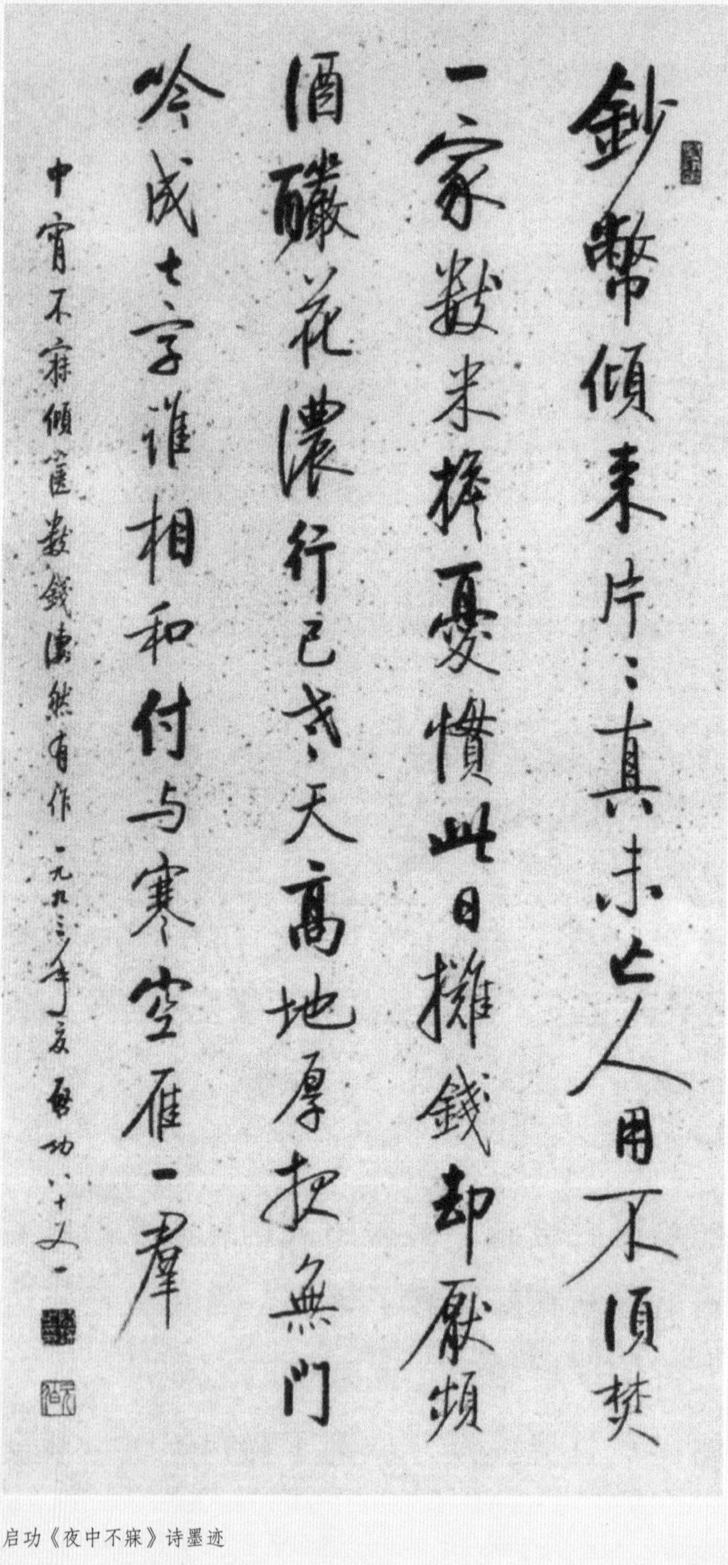
鈔幣傾來片片真
未亡人用不須焚
一家數米擔憂慣
此日攤錢卻厭頻
酒釀花濃行已老
天高地厚報無门
吟成七字誰相和
付与寒空雁一羣

启功《夜中不寐》诗墨迹

书作文，或是用诗词来倾诉自己的感情。这一首写中夜数钱的诗，当是令人辛酸的一例。我曾将自己对此诗的上述感受写进一篇文章之中，启先生看后，在2003年7月8日给我的信中说“真使不佞感不绝于下怀”。

先生把自己在妻子面前讲的“赌赢戏言”看作是立下的“军令状”，矢志不忘，于是便有了无论是在内容还是形式上都堪称空前绝后的古体诗《赌赢歌》。这首诗共32句近500字，以每句9—28字不等的通俗流畅的杂言写成，亦作于1989年冬因心脏病突发在医院抢救之时。正是“危难时刻见真情”，先生自身处于医院急救室治疗过程，心却已进入到与老妻赌赢的情景之中。诗的前8句写妻子生前的打赌情景，次12句描述妻子去世后他谢绝种种介绍对象的热闹场景，中间6句写他被医生抢救的情况，最后6句写他因赢赌而使老妻勾销了“军令状”，写得格外奇特。兹引录全诗如下：

> 老妻昔日与我戏言身后况，自称她死一定有人为我找对象。我笑老朽如斯哪会有人傻且疯，妻言你如不信可以赌下输赢账。我说万一你输赌债怎生还，她说自信必赢且不需偿人世金钱尘土样。何期辩论未了她先行，似乎一手压在永难揭开的宝盒上。从兹疏亲近友纷纷来，介绍天仙地鬼齐家治国举世无双女巧匠。何词可答热情洋溢良媒言，但说感情物质金钱生理一无基础只剩须眉男子相。媒疑何能基础半毫无，答以有基无础栋折梁摧楼阁千层夷为平地空而旷。劝言且理庖厨职同佣保相扶相伴又何妨，再答伴字人旁如果成丝只堪绊脚不堪扶头我公是否能保障。更有好事风闻吾家斗室似添人，排闼直冲但见双床已成单榻无帷幛。天长日久热气渐冷声渐稀，十有馀年耳根清净终无恙。昨朝小疾诊疗忽然见问题，血管堵塞行将影响全心脏。立呼担架速交医院抢救细检查，八人共抬前无响尺上

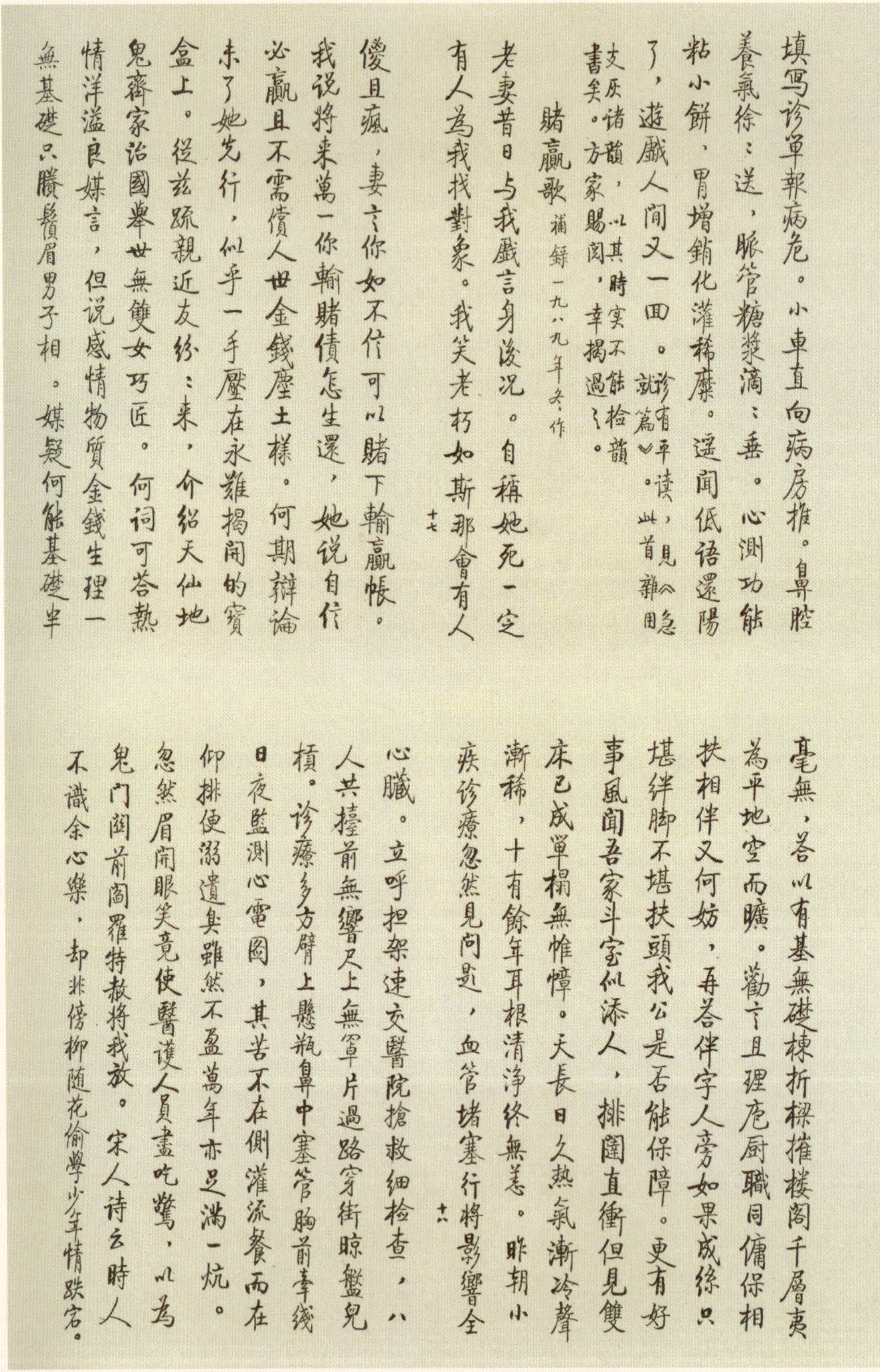

填寫診單報病危。小車直向病房推。鼻腔養氣徐徐送，脈管糖漿滴滴垂。心測功能粘小餅，胃增銷化灌稀糜。遥聞低語還陽了，遊戲人間又一回。診有平读，見《急就篇》。此首雜用支灰诸韵，以其時实不能检韵書矣。方家賜閲，幸揭過之。

賭贏歌 補録一九八九年冬作

老妻昔日与我戲言身後況。自稱她死一定有人為我找對象。我笑老朽如斯那會有人傻且瘋，妻言你如不信可以賭下輸贏帳。我說將来萬一你輸賭債怎生還，她說自信必贏且不需償人世金錢塵土樣。何期辯論未了她先行，似乎一手壓在永難揭開的寶盒上。從兹蹤親近友紛紛来，介紹天仙地鬼齊家治國舉世無雙女巧匠。何詞可答熱情洋溢良媒言，但說感情物質金錢生理一無基礎只賸鬚眉男子相。媒疑何能基礎牢

十七

毫無，答以有基無礎棟折樑摧樓閣千層夷為平地空而曠。勸言且理庖厨職同傭保相扶相伴又何妨，再答伴守人旁如果成絲只堪伴脚不堪扶頭我公是否能保障。更有好事風聞吾家斗室似添人，排闥直衝但見雙床已成單榻無帷幛。天長日久熱氣漸冷聲漸稀，十有餘年耳根清淨終無恙。昨朝小疾診療忽然見問題，血管堵塞行將影響全

十六

心臟。立呼担架速交醫院搶救細檢查，八人共擡前無響尺上無罩片過路穿街晾盤兒槓。診療多方臂上懸瓶鼻中塞管胸前牽綫日夜監測心電圖，其苦不在側灌流餐而在仰排便溺遺矢雖然不盈萬年亦足満一炕。忽然眉開眼笑竟使醫護人員盡吃驚，以為鬼門閻前閻羅特赦將我放。宋人詩云時人不識余心樂，却非傍柳随花偷學少年情跌宕。

启功《赌赢歌》（部分）抄本

无罩片过路穿街晾盘儿杠。诊疗多方臂上悬瓶鼻中塞管胸前牵线日夜监测心电图，其苦不在侧灌流餐而在仰排便溺遗臭虽然不盈万年亦足满一炕。忽然眉开眼笑竟使医护人员尽吃惊，以为鬼门关前阎罗特赦将我放。宋人诗云时人不识余心乐，却非傍柳随花偷学少年情跌宕。床边诸人疑团莫释误谓神经错乱问因由，郑重宣称前赌今赢足使老妻亲笔勾销当年自诩铁固山坚的军令状。

全诗语言的流畅正说明了先生坚守誓言思绪的顺畅和实现誓言后心情的舒畅。我们从全诗字里行间读到的，是一位饱经沧桑的老人对逝去爱人的忠贞不渝的感情，是一位文化巨匠对自己晚年生活乐观而现实的态度，是一位“职为人师”的导师高尚无私的道德情操。对此，天公定为之动容，上苍亦予以作证。现在，老师和师母已在天上相聚。我想，他们的恩爱情深也将享誉天国仙界。

# 第二个家
## 在中华书局的日子里

“中华书局是我第二个家。”这句话，启功先生二十多年来不知跟我讲过多少遍，也被我亲身感受的多少事所印证。我想，书局凡是与先生共过事、有过交往的人，无论是局领导还是一般编辑、普通员工，都可以讲出许多感人至深的事例，如果写成文章，可以编成厚厚的一大本书来。因此，我在这里只能拣其百一，告诉读者。

因为“文革”中关于古籍整理的一个中央文件，1971 年夏，启先生和一批文史界著名的学者专家被调集到中华书局参加点校二十四史和《清史稿》的工作。当时，北师大中文系的一名军宣队员误说要调启先生“去二十四师”，着实吓了先生一大跳。对此，《启功口述历史》里有细述，不再重复。“文革”前中华书局和商务印书馆的办公楼在公主坟西边的翠微路 2 号院，后来进驻北京特殊钢材厂工人宣传队，中华、商务大批员工被下放到湖北咸宁的文化部五七干校去劳动，某副总理又批准把两社的办公楼划归锅炉厂所有。从咸宁回京的中华与商务两家的员工没有了办公地点，于是只好占用了原先是文联办公的王府井大街 36 号楼；中华、商务合为一家。参加点校二十四史的专家们就集聚在 36 号楼，为了提高工作效率，大多数外地、本地专家吃住也都在书局。这样，启功先生可以暂且摆脱在师大那里“斗批改”的氛围，集中时间与

启功手书姓名的“标点二十四史清史稿同人合影”

吳樹平
魏連科
趙守儼
啓功
王毓銓
張政烺
顧頡剛
翁獨健
陳述
楊伯峻

启功与王仲翰在中华书局局庆会上见面（2002 年）

精力和自己所熟悉的古籍打交道，和自己的新老朋友们一起切磋学问，并在论学之余促膝闲谈。如先生所说，从 1971 年夏到 1977 年秋，在书局参加点校工作的六年，是他比较稳定、舒心、顺利的时期，书局成了他的“第二个家”。在这个大家庭里，先生享受到能为国家古籍整理事业出力的快乐，也感受到久违了的学者、同事之间互相关心和爱护的温暖。使启先生最开心的，一方面是老友之间可以毫无掩饰地谈心，另一方面又结识了一些刚当编辑不久的年轻同事，他们对老先生的尊敬与虚心善学的态度，让先生看到了书局与学术的希望。可是，“文革”的大环境依旧，正如当时一些“造反派”所宣称的：“书局并非世外桃源！”书局也常常发生一些让启先生感到不解与不愉快的事。我这里也略举一二，使大家知晓在那样的情势之下，“大家庭”里发出些不和谐的声音，也是必然的。

启功与中华书局的友人

当时自始至终参与《清史稿》点校工作的，还有王钟翰教授及书局的年轻编辑吴树平、何英芳等人。启先生和王钟翰先生面对面坐在一张办公桌边，有时工作疲倦了，就掩卷聊聊天。有时书局一些年轻编辑也来听启先生生动幽默的谈话，以增长知识与见闻；有人则不失时机地请先生写字、作画，先生也总是乐呵呵地允诺。有一回，一位挂名负责点校工作的左派教授来巡视，看到这一情景，就很不高兴地指示："启功和王钟翰谈天影响工作，应该把他们调开！"其实，当时点校《清史稿》的工作量最大，而实际做工作的人最少，进度并不慢，那位负责人平时不做具体工作，又不作调查就发号施令，当然也无人听从他的调遣。书局负责点校工作的是赵守俨先生，心中有数，对那位负责人的指使当然也不会加以理会。

由于启先生在书局点校《清史稿》任务繁重，要整天伏案查阅古籍，考订资料，校勘文字，推敲标点，所以加重了原先就患有的高血压、颈椎病，有时头晕目眩，呕吐不止，十分痛苦，只得请假去医院诊治。医生开始诊断为“美尼尔氏综合征复发”，后又确诊为因颈椎压迫导致动脉血管供血不足，所以除了服药外，还必须每天做两次颈部牵引，这样就得经常跑医院。书局的一些领导和许多职工都十分关心启先生的病情，有的还主动帮助先生寻医问药。为了减少跑医院的次数，也为了坚持工作，先生同意在自己的颈部安装了起固定牵引作用的不锈钢架。尽管如此，这还是引起当时个别在书局掌握一点小权力的“造反派头头”的不满，放出话来说启先生是“泡病号”，甚至说什么：“这种反动学术权威，有什么必要看病？”先生听到这种话当然也只好苦笑，并不争辩，而是以乐观的心态，拿起笔来，写下了一批幽默、达观的“就医”诗词。一方面，用淋漓尽致地自诉病状、诙谐地嘲讽病魔来释放病痛，增强信心与抗争力；另一方面，也回击了“泡病号”的诬词。请读这首《渔家傲·就医》词：

痼疾多年除不掉。灵丹妙药全无效。自恨老来成病号。不是泡。谁拿性命开玩笑。　　牵引颈椎新上吊。又加硬领脖间套。是否病魔还会闹。天知道。今天且唱渔家傲。

病魔可恨，极“左”偏见更可气可悲，先生则以高唱“渔家傲”的姿态作了双向的反击。当然，先生的咏病诗里写得更多的是妙趣横生的联想，是不惧最坏后果的洒脱。如因天寒犯气管炎想到“春江水暖鸭先知”的古诗，将头晕目眩比作《莺莺传》里张生的“秋波那一转”，又说要学习地球的自转与公转，由颈部牵引写到动物园里的长颈鹿，应付突然耳聋的对策是“喧嚣中有安禅法，笔砚平添对话功”，等等。当然，这些诗词当时在书局里除了个别最接近的人知道外，基本上是秘不示人的，以免引起不必要的麻烦。可是，启先生脖子上架了“钢脖套”还坚持工作是有目共睹的，见者、闻者在关切与钦佩的同时也常常会问个究竟，于是先生索性在1973年9月3日写了一份《自述病历》，告诸友好：

启功，男，六十一周岁。北京人，自幼体较弱，十馀岁时后，每饮水过多，则眼前出现金色曲线，视物只见其半，此象过后，即头痛，吐出黄水方愈。（此与今病不知有无远因，姑写出供参考）此症至卅馀岁后渐愈未发。

一九五八、五九间，一日忽见墙壁旋转，旋即停止，医云血压高，亦未再犯。至六七年夏，忽觉眩晕，此后便时时发作，自清晨眩起，至日暮始止，呕吐各色之水，由清至黄至褐色。约近五年逐渐减轻，自七二年又犯，至今。每犯程度较前为轻，但各次距离却近，最后已至每日必眩，或一次或数次，眩晕时间或几分钟，或三四小时。亦不常吐。但出门在车上路旁眩晕极为危险（已有三次）。

犯时觉眼睛似倒戴眼镜，（譬如左深右浅之镜，倒戴为右深左浅）觉得恶心，又后脑壳如空碗，中有一球，在内旋转，便坐立不住。厉害时眼前物象旋转或波动，轻时则只头晕而眼前不转。每倘卧或蹲踞时突然一起，头常轰然而晕。

西医神经科诊视，认为是“颈椎基体动脉供血不足”，服扩张血管之药，又注射磷酸组织胺，乃眩晕脱敏之剂，亦不知其效如何也。病情大致如此，录出谨供参考。

2000年秋，此件启先生手书“病历”的收藏者于建华先生将其影本刊布在《中国书画报》上，我拿给先生看。先生说：“这本来是一纸诉苦之状，是供同病相怜者和医生参考的，发表了也好，现在好像得颈

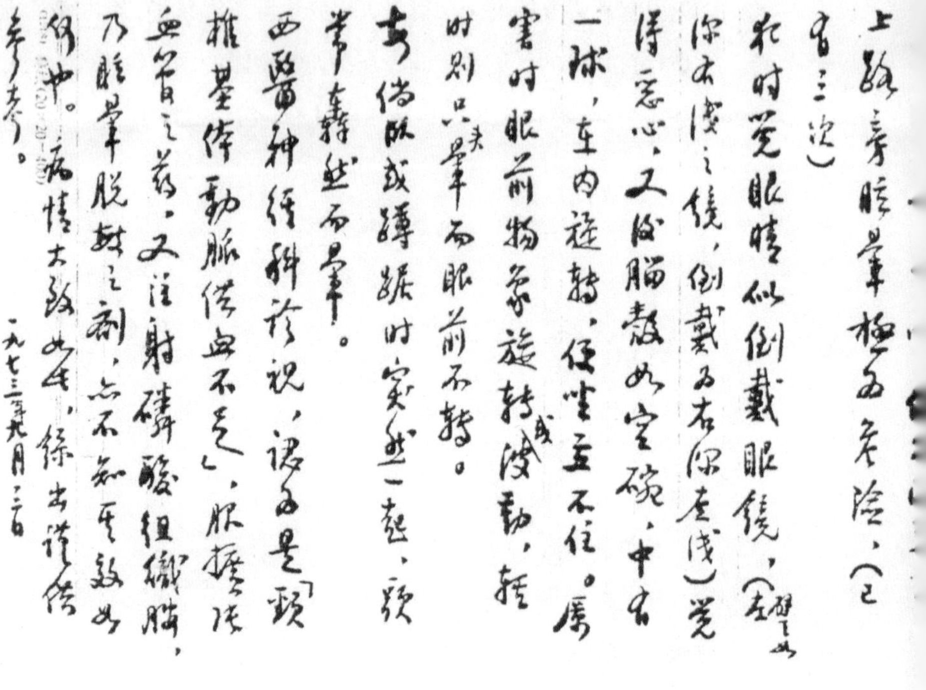
上路旁眩晕极为危险。(已有三次)那时觉眼睛似倒戴眼镜,(左眼如你未读之镜,倒戴即左眼看成)觉得恶心,又似脑袋如空碗,中有一球,在内旋转,使坐立不住。严重时眼前物象旋转或波动,轻时则只觉大晕而眼前不转。未借[illegible]或转颈时突然一起,头颈常要转然后晕。西医神经科诊视,谓为是颈椎基底动脉供血不足。服[illegible]血管之药,又注射磷酸组织胺,乃眩晕脱敏之剂,亦不知是致如何也。病情大致如此,综为详陈参考。
一九七三年九月二日

启功手书《自述病历》(1973 年)

椎病的人是越来越多了。”当时先生自己有病,还常常想到关心别人。有好几回,他出书局门口去附近的公安医院看病,看到高度近视的原文学编辑室主任赵元珠要过马路,怕她看不清过往车辆,赶紧过去帮她一把。赵是解放前很早就参加革命的知识分子,“文革”时也最早被“造反派”拉出来戴高帽子批斗,思想却依然激进,有些人怕受牵连,当时都不敢和她接触。有人问启先生:“您和她非亲非故,也没有任何工作上的关系,为何敢冒此险?”先生答曰:“实行革命的人道主义。”

当时不仅启先生自己受到病痛的折磨,师母也是重病刚愈,需要调养,可先生有工作在身,为了节省上下班回家坐车的时间,也为了在下班后能抽出时间来进行著述,先生常常晚上便住在书局二楼的办公室

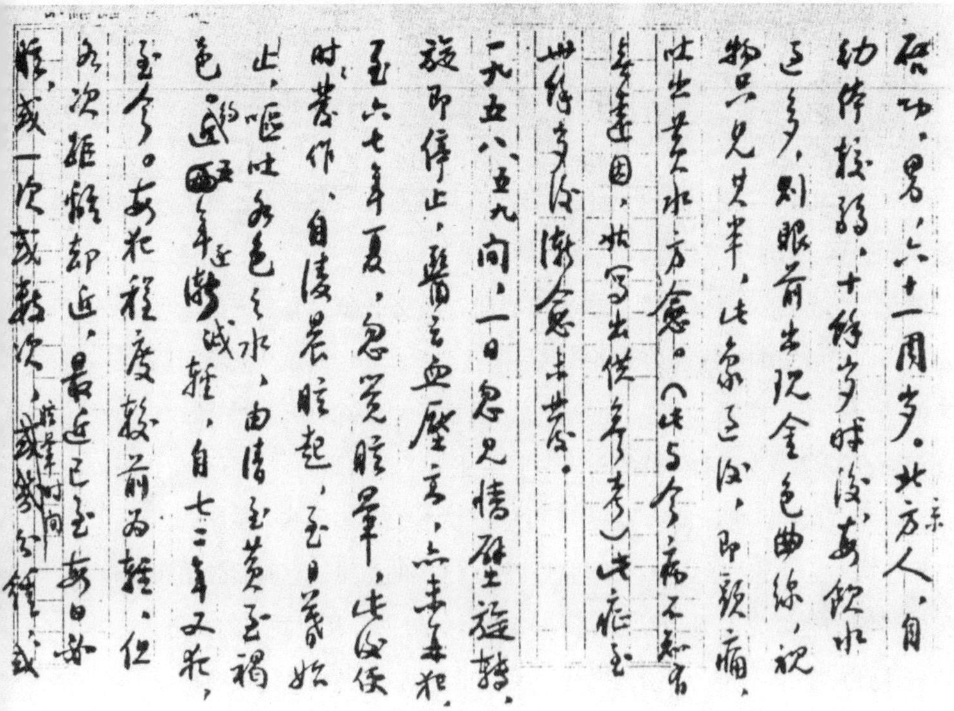
启功，男，六十一周岁。北京人。自
幼体格弱，十余岁时，每饮水
过多，则眼前出现金色曲线，视
物只见其半，此象过后，即头痛，
吐出黄水方愈。（此5个病不知有
专名目，故写出徵象。）此症至
四十岁后渐愈未发。
一九五八、五九间，一日忽见墙壁旋转，
旋即停止，医云血压高，亦未再犯。
至六七年夏，忽觉眩晕，此后任
时发作，自清晨眩起，至日暮始
止，呕吐白色之水，由清至黄至褐
色。[illegible]年渐减轻，自七二年又犯，
至今。每犯程度较前为轻，但
每次距离却近，最近已至每日必
眩，或一次或数次，或数分钟或

里。心挂两头的滋味实在是不好受。晚饭的一段时间，就和书局的同事边吃边聊，有时还跟同住在书局的赵诚等编辑喝上几口酒，说说笑话，也算是一种调剂。

启功先生一直牢记陈垣老校长的教导，即使在1958年被打成“右派”后，仍在繁重的“劳动锻炼”与“思想改造”的过程中，挤出时间进行研究，从事学术论著的写作。“文革”之前的1964年，他的专著《古代字体论稿》在文物出版社出版，另一本专著《诗文声律论稿》的初稿也已拟就，虽然当时无法出版，老校长却已经预先为之题写了书名，这对启先生来说是巨大的勉励与鞭策。“文革”初期，“抄家”风行，先生将《诗文声律论稿》用蝇头小楷抄写在薄纸上，师母精心地将其卷紧，裹在自己的衣服里压在箱底。1971 年先生到书局后，环境相对宽松了，就取出来再作修改。完成初稿后，先生在稿末写了这样一句尾注："本文自一九六四年起草，至一九七一年脱稿，曾经修改十五次，誊清六次。"尽管如此，先生还不断地在书局征询友人对此稿的意见，继续修改，一直到 1974 年才算定稿。第二年，在书局友人"应该正式出版"的建议下，先生又将书稿晒蓝本装订成册，递交书局二编室审读。可是，当时二编室的主任兼党支部书记是根据"掺沙子"政策从某剧团调来的，"左"得"可爱"，说启先生的书稿里举了《诗经》中"关关雎鸠，在河之洲"等描述男女爱情的句子，书中还用了李清照的"寻寻觅觅"词，都是"散布不健康情绪"，还责问说："为什么不多举些毛主席诗词的例子呢？"于是不予通过，不同意发稿。这样的意见，真叫启先生和担任责编的赵诚先生哭笑不得。到第二年，经过书局几位同志的力争，启先生还应那位主任之请给他书写了毛泽东诗词的条幅，《诗文声律论稿》总算发稿，但排出影印的初样后，那位主任好像又提出了类似"举例不合适"的理由予以搁置。为此，启先生在 1976 年 6 月 16 日给人民文学出版社的林东海先生谈此书稿的长信中无奈地写道："中华已谈，仍不放，只得任之。"好在那位主任很快被调到别的部门，书局不少编辑都看好启先生的书稿，而四个月后祸国殃民的"四人帮"被一举粉碎，出版社也逐渐恢复了正常的出书进程，小 32 开手书影印本的《诗文声律论稿》终于在 1977 年 11 月和广大读者见面。启先生曾多次讲到他当时的心情：十多年的千辛万苦，总算没有白费，但当初最关心这本书的老校长和妻子却都已离开人世，再也不能和他一起分享这迟来的快乐，这又是何等伤心之事！这个小开本的《诗文声律论稿》第一次印行后仅四个月便销售一空，很快就重印了，这在中华出版个人专著的历史上是绝少见的。十年间，此本在书局先后重印 5 次，印数近 20 万，可见先生此书受欢迎的程度。这书出版后，启先生依旧没有停止关于诗文声律问题的思考，对书中内容不断进行修订。后来书局又出版了排印的普及本，也重印多次。另外，由于七八十年代出书条件所限，此书的开本、用纸及装帧均不理想，于是在2002年，由陈抗兄和我做责编，出版该书装帧一新的16开本，先生不顾自己患黄斑病变眼疾之苦，特意将修订文字用毛笔写在棉纸上供影印之用，又要我们将他新写的一篇文章《“八病”“四声”新探讨》补排在后面。此书出版后，也满足了许多喜爱先生书法的读者鉴赏与收藏的需要。

1977年启先生完成点校《清史稿》任务回师大后，依然非常关注书局的一切，希望这个和自己同龄的老出版社能焕发青春，为弘扬中国优秀传统文化做出更大贡献。1978年，启先生还特地回中华给书局的编辑开了一次关于八股文的学术讲座，受到热烈欢迎。从80年代至今，中华书局陆续出版的启先生著作还有《启功丛稿》一卷本和四卷本（分别为论文卷、题跋卷、诗词卷、艺论卷）、《汉语现象论丛》《说八股》《启功给你讲书法》《启功韵语精选》《启功给你讲红楼》《启功讲唐代诗文》《启功给你讲宋词》《启功日记》等，不但重印率高，而且在各类图书评奖中获奖。先生和北师大其他教师合作的注释本《红楼梦》也是国内数以十计的《红楼梦》图书中最受称赞的。可以说，启功先生成了中华书局人气最旺的作者。此外，不仅中华书局的许多出版物书名都是启功先生题写，只要是书局需要，先生常常是将别的事先搁在一边，马上动手就写；而且书局的编辑自己出书，也往往求先生题签，先生也总是有求必应。所有这些，从不收取分文报酬。2017年，为纪念启功先生一百零五周岁诞辰，中华书局出版的《启功先生题签集》展示了先生给书局的题签近200幅。曾担任书局副总编辑的程毅中先生在一首诗中称道：“启公书法天下闻，有求必应胜观音。墨宝赠人不自惜，鹅毛无须换一根。”据我所知，启先生在中华六年，许多职工（包括司机和炊事员）都留有先生的墨宝。有的作品当时先生未及钤印，

启功与程毅中亲切交谈

后来持有人让我再拿到小红楼去请先生补上的也不在少数。从 80 年代起，启先生在国内外书坛上的名气与日俱增，不但原先没有先生墨宝的中华职工也设法向先生讨要作品，就是有些已经存有先生墨宝的，也有“贪心不足”者继续向先生索求。又因为我和先生的关系，有的就借我之口来表达他们的要求，常常使我十分为难。记得有一回，两位女编辑对我说：“你帮我们跟启先生通报一下，我们想去看看他。”我和先生约好了时间，她们就自己去了。结果，那次先生将事先写好准备送人的八九张字取出让她们挑，她们说“都好！都要！”竟然席卷而归。为此，我觉得特别对不住先生，因为我知道这些字是他一个不眠之夜的心血，可先生也只有一笑了之。不过，自此之后，我再也不敢好心地为声称要去看望先生的人当“联络员”了。

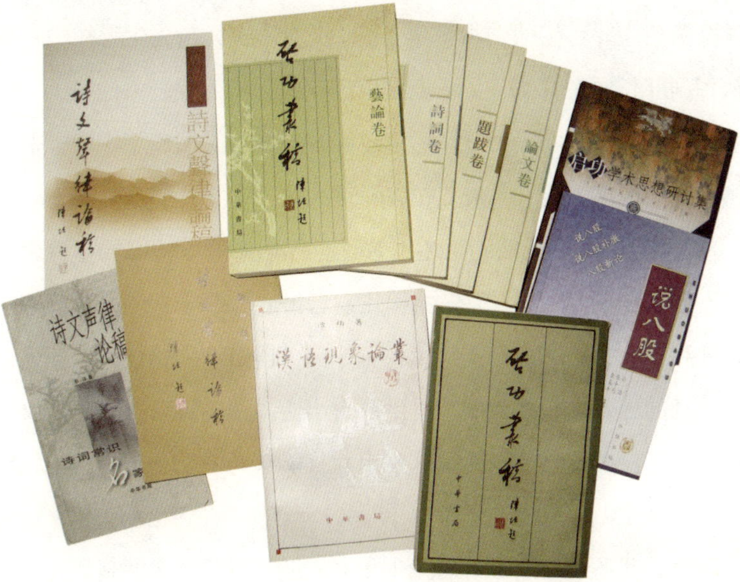


中华书局出版的启功著作

1997年，中华书局换了领导班子，从外地调来的总经理在出书范围、经营方针、人力资源安排等方面都有自己的一套“理念”，书局原有的专业和人才优势遭到破坏，资金大量投入，骨干编辑纷纷流失，图书产品库存急剧增加，致使债台高筑。这在出版界、学术界和广大读者中都引起了不小的反响。对此，启先生看在眼中，急在心里。他曾在各种场合呼吁要关心书局的前途，要维护书局品牌，保持优势与特色。有一次，中宣部的一位领导去看望启先生，座中谈及图书出版情况，先生虽没有具体提及中华的境况，却明确地就如何出好弘扬中华民族优秀传统文化的古籍整理图书提出了自己的看法。我当时也在场，记得当时启先生还很有感情地回忆了李一氓先生当国家古籍整理规划小组组长时的风采。启先生说：“李老是老革命，对古籍整理事业有感情、有兴趣，又是真正的内行，而且大刀阔斧，敢于拍板，所以那些年古籍整理出版工作蒸蒸日上。可惜他走得太早了！”又有一次，启先生得知中宣部的李从军副部长要去看他，就马上打电话给我，希望我赶去他家，可以当面反映书局的一些实际情况。后来，那位总经理被调离了中华，书局的新领导班子成员李岩、徐俊二位去看望启先生，先生躺在病床上对他们说：“我很高兴中华能回到正道上来，有你们好好干，书局有希望，我也放心了！谢谢你们了！”先生和几家老出版社都一直保持着良好的关系，他和三联书店的沈昌文、董秀玉，商务印书馆的杨德炎、江远，文物出版社的王代文、苏士澍，香港联合出版集团的陈万雄、张倩仪等先生都建立了深厚的友谊，希望这些出版社能够为继承和发扬中华民族优秀的传统文化做出更大的贡献。

下面，我还要特别讲讲启先生和书局编辑出版学术随笔集刊《学林漫录》的故事。

《学林漫录》创刊于1980年，由傅璇琮、张忱石、许逸民三位先生负责编辑。1980年6月出版的初集，书名由钱锺书先生题写，第一篇文章就是启功先生的《记齐白石先生轶事》；他的《坚净居题跋》也从此时开始陆续刊出，初集一下子刊出21则，内容丰富又深入浅出，引起学界极大关注。如前所述，我的文章是先生推荐在二集上发表的。先生不仅自己给稿，还积极为它组稿；不仅自己为《学林漫录》题签，还协助提供了多位学界名流的题签（每期换一个）。

在编辑与作者的共同努力下，《学林漫录》每年按时出版，在学界的影响日益扩大。不仅每集都有名家佳作，而且来稿也相当充足。启功先生则无论多忙，都要首先将自己认为满意的随笔或题跋通过我交给编辑部选用。我的另一篇《岑参边塞诗地名考辨》，也在第七集上刊出。那时，启先生给《学林漫录》的文章，几乎都要先给我读几段，告诉我为什么这样写，还十分真诚地征询我的意见，有时还把我的一丁点儿心

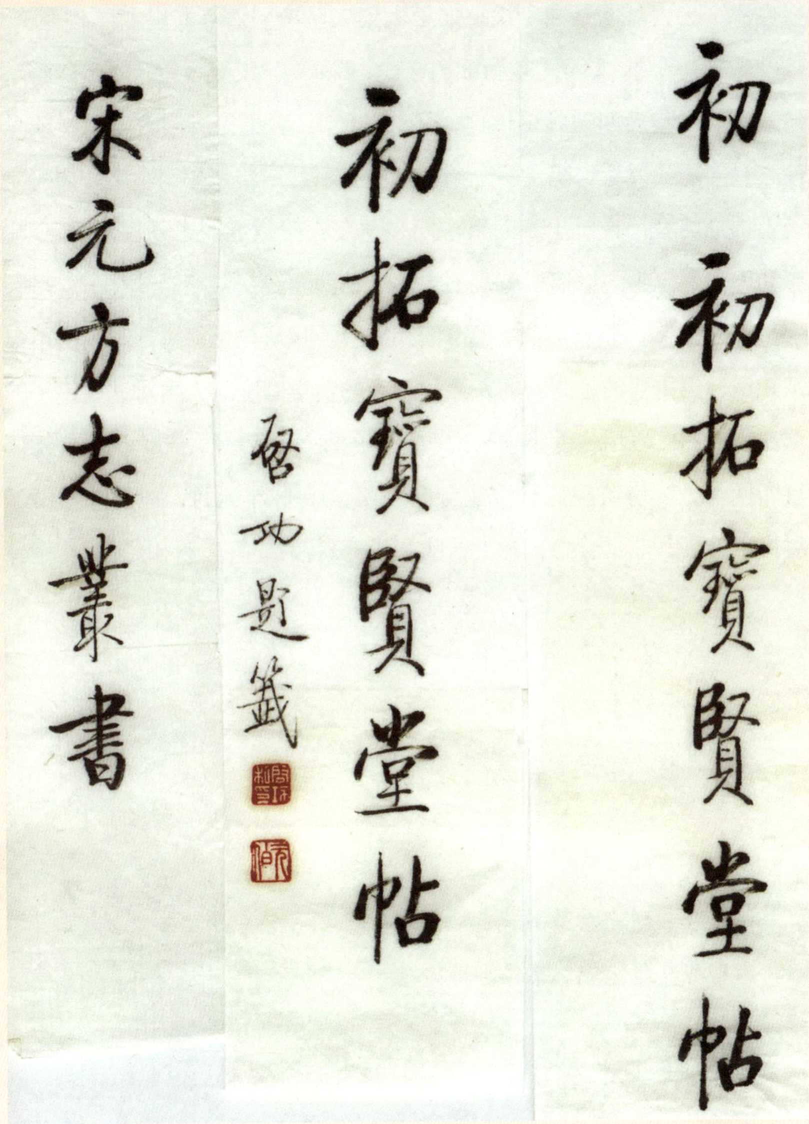


启功所写的几条书签

得也添进去，写明是我所说。如第七集《坚净居随笔》里“池塘春草、敕勒牛羊”一则，写到《敕勒歌》的三、四两句“天似穹庐，笼盖四野”，句式、韵律与后四句颇不相称，怀疑“庐”字、“笼”字有一衍文或急读之衬字。我说看到明代胡应麟《诗薮》引此诗即无“笼”字。启先生马上提笔将我所说补上，而且注明是“友人柴剑虹同志见告云”，令我感动不已。先生的原稿多有改削之笔迹，而要我交给书局的稿子总是誊录得十分工整、干净，以便于审读和排版。我从先生那里，学到的不仅是知识，更重要的是高尚的人品和严谨的治学态度。先生对这些稿子的重视程度，可以用一件小事来说明。他的每一篇稿子，无论长短，都要复印两份，一份给我，一份他自己保存。1993 年元月，他的那一份一时找不着了，非常着急，马上给我写了一封信：

剑虹同志：

兹有一事奉求，弟有一个发表文稿粘册，不慎弄丢了，其中有些段《坚净居随笔》，是登在《学林漫录》上，自第一期起都有。现在所缺是第十册以前的。舍下《漫录》都保存着，但搬迁后殊不易找。

敬求便中在书局代为找一下，凡前九期中所有拙作随笔，都请为复印一份，无任盼祷！

敬礼！

弟功敬上　九日

《学林漫录》出版十集之后，由于傅、张二位各有要务在身，实在太忙，就交由我所在的文学编辑室来编。因为我已经在《学林漫录》上发表了两篇文章，也帮助看过一些稿，而且几乎每集都登的启功师的《坚净居随笔》，都是我到北师大去约稿，取来后先睹为快，做了第一个读者，所以第十一集的责任编辑就由我来担任。记得这集出版后，我到师大去送书，同时催下一集稿子，启先生笑着对我说："从前我问你要文章，现在是你来要稿子了！"当时，我正在读《敦煌变文集》中因缘类作品，就对启先生说："大概这也算是一种因缘吧。"先生点头称是。遗憾的是，由于编辑力量和图书征订上的问题，《学林漫录》在1991年出到第十三集时就"暂时停刊"了。第十三集印了1000册，只是第一集31000册的零头，比1988年第十二集的2500册印数也少了一大半，由此也能看出国内书刊市场的变化。经过八年停顿，1999年出版了《学林漫录》的第十四集，第二年出版了第十五集，可是编辑这两集时，我并不知音讯，编辑好像也忘掉了告诉启功先生，因此两集上均没有先生的文章。见书之后，我特地买了两本给先生送去，先生好似见了老朋友般地兴奋，马上拿起放大镜来细细阅读。

又过去了五年，《学林漫录》还处于难产的境地之中。近年来，启功先生常常问起《学林漫录》还编不编，许多老读者和作者也经常深情地谈起他们对该书的感情。不用说，这饱含了对此书学术品味和风格的赞许，也表明了他们对书局的殷切期盼。2005年1月中，先生在病重住院之前，又向我问起书局的近况，包括"《学林漫录》几时再出啊？"如今，启功先生和许多为《学林漫录》题写书名及写稿的前辈都已仙逝，也许他们已经永远带走了那些本该刊登在《学林漫录》上的精彩文章，那本来是一些传世久远的宝贵的文化财富。现在，书局领导已经把继续编辑出版《学林漫录》重新提上了议事日程，我在退休返聘之后，又曾奉命编辑出版了第十七集。我想，先生泉下有知，也一定会为此感到欣慰的。

# 仁者风度

## 宽厚仁慈真爱人

孔夫子云："仁者爱人。"启功先生就是一位宽厚仁慈、宽宏大度的仁者。他并非泛爱论者，在根本是非问题上同样爱憎分明，性格中也有"金刚怒目式"的一面，这是熟识他的人均能感知的。但是，启先生始终认为做人首先应该弘扬"善"的本性，方能有效地抑制邪恶，构筑和睦和谐的人际关系。我先举些与书画创作有关的例子。

前面曾谈到美术界那位在1957年把启功先生打成右派的党员领导人，他当时出手整叶恭绰、徐燕荪和启先生的背景与动机，其实主要出自私心杂念，并非全是政治原因，后来自己也有些悔悟之心，所以先生也就原谅了他。启先生自1985年4月起任第二届中国书协主席。1991年下半年，启先生自己提出不再担任中国书法家协会主席，新一届主席人选一时有难以确定之势，中央有关领导部门派人来征求启先生的意见，启先生提出由那位整过自己的美术界领导人来担任。来人颇为疑惑地问："某人是画画的，非以书法专长，担任书协主席合适吗？"先生答："那请问航天部的领导都要会开飞机吗？至少中国传统上还有'书画同源'之说吧？"遂一锤定音。在当年12月的全国书协第三次代表大会上，那位美术家当选为新一任主席，启先生成为名誉主席。先生这种出于公心的宽大胸怀，不仅赢得了大家的赞许，也教育了那位领导本人。还有一次，全国政协要从书法界增补一位委员，书协有两位副主席均有人推举，其中一位便到启先生家中来，希望先生能够表态支持他。先生沉吟少许，笑着说："我建议你们抓阄吧。"那位副主席当时也笑了，但回家一琢磨，认为启先生是在嘲笑他，心中有些不快，便打电话问启先生的建议是什么意思。先生回答说："此事本来要组织决定，你二人都不错，我个人觉得还是抓阄最为公平，这也是为你们好，别无他意。"那位副主席这才释然。

从 80 年代初到 90 年代初，几乎有十年的时间，到启先生家求字者可谓一年四季络绎不绝，给先生的工作与生活带来极大困扰，而先生对求字者总是和颜悦色，能写则写，不能写则好言谢之。当然也有态度与方法都十分恶劣的"强要"或"骗取"者，先生也只有摇头叹息。有一天，一个中年人敲门而入，一见启先生便满脸痛苦地说："我的老父亲快不行了，他最大的愿望就是生前想得到您的墨宝，请您无论如何要满足他的愿望！"说着就要下跪。启先生赶紧制止他下跪，马上写了一幅字给他。不料那人一下楼，就对一个正在外面等着的人说："我总算把这老头儿的字骗到了！"这话正好被要进楼的一位亲友听到。据说后来这个骗子又找上门来，先生心里有数，马上给学校保卫科拨电话，那人见状赶紧溜走了。这些年来不少人模写"启体字"，有人是喜爱或为了提高书艺，也有人是为了假冒而赚钱。对前者，启先生总是劝他们要多临古代大家名帖，熟悉各种风格的书体，尤其是重视基本功的训练，不要只单纯地模仿某一种书体。他常谦虚地说："别学我，似我者死。"有人拿来假冒品请他辨认，他也总是幽默地说："这写得比我好。"或风趣地称之为"伪而不劣"的"伪优品"。潘家园等文物市场充斥着这种假字，他只能一笑了之。有人写文章或传言"启功不打假"，先生知道了就说："没人告诉我这种假如何打。一幅字卖几十元，也许还不止值这些钱，我又何必断人生计。"据常年帮助启先生处理具体事务的侯刚

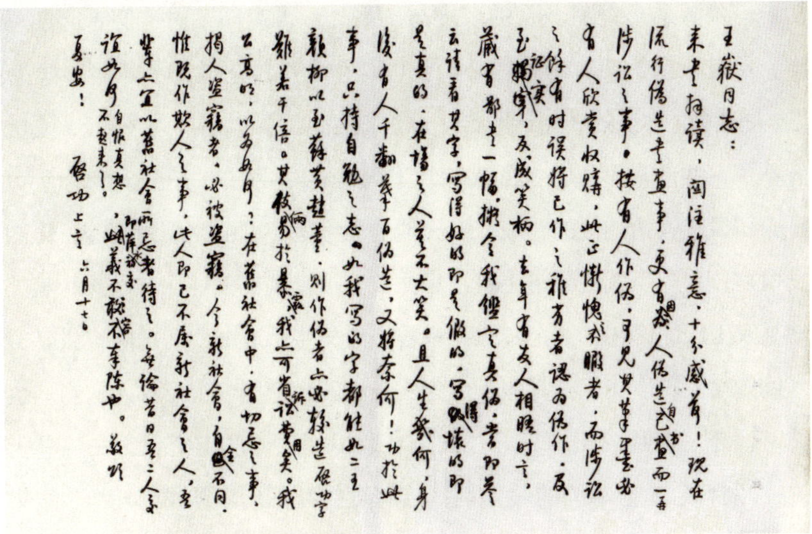

王嶽同志：

来书拜读，关注雅意，十分感荷！现在流行伪造书画事，更有因人伪造自己书画而一再涉讼之事。按有人作伪，可见其笔墨必有人欣赏收购，此正惭愧之不暇者，而涉讼之馀有时误将已作之稚劣者认为伪作，及至证实，反成笑柄。去年有友人相晤时言，藏有鄙书一幅，拟令我鉴定真伪，当即答云请看其字，写得好的即是假的，写得坏的即是真的。在场之人莫不大笑。且人生几何，身后有人千翻摹百伪造，又将奈何！功于此事，只持自勉之志。如我写的字都能如二王颜柳以至苏黄赵董，则作伪者亦必较造启功字难若干倍。其伎俩易于暴露，我亦可省诉讼费用矣。我公高明，以为如何？在旧社会中，有切忌之事，揭人盗窃者，必被盗窃。今新社会，自然不同。惟现作欺人之事，此人即已不属新社会之人，至少亦宜以旧社会所忘者待之。无论若何二人交谊如何，自恨真想不起来了。即诉讼亦义不能容，不再陈也。敬此

夏安！

启功上言 六月十七

启功给王嶽的回信

先生介绍，有一位名叫王嶽的好心人曾写信建议启先生追查他的假字，先生在回信中写道：

来书拜读，关注雅意，十分感荷！现在流行伪造书画事，更有因人伪造自己书画而一再涉讼之事。按有人作伪，可见其笔墨必有人欣赏收购，此正惭愧之不暇者，而涉讼之馀有时误将已作之稚劣者认为伪作，及至证实，反成笑柄。去年有友人相晤时言，藏有鄙书一幅，拟令我鉴定真伪，当即答云请看其字，写得好的即是假的，写得坏的即是真的。在场之人莫不大笑。且人生几何，身后有人千翻摹百伪造，又将奈何？功于此事，只持自勉之志。如我写的字都能如二王颜柳以至苏黄赵董，则作伪者亦必较造启功字难若干倍。其伎俩易于暴露，我亦可省诉讼费用矣。

信中除透出先生一贯的谦虚与幽默外，也表明了对造假者必露马脚，自有行家辨明真伪的信心。我也曾和先生讨论过这个问题，他说："过去定案时常说的一句话叫作'以法律为准绳，以事实为依据'，真的假不了，假的真不了，世间糊涂，上天有眼。我信的就是这道理。"可是，如果有人伪造他的题跋，冒充他的名字鉴定别的赝品为真迹，以图发横财，启先生就会异常生气，想法去交涉，揭穿骗局。有一次，某外地某家工厂的厂长、书记带来一幅冒充启先生手迹的厂名题匾，讲是交了钱请某人转请先生题写的，启先生一看就知道他们上了那人的当，也非常愤怒。那几位工厂领导正哭丧着脸讲如何向职工交代，先生马上说："别着急，他拿假的骗你们，咱写真的补你们不就得了吗？"结果当时就泼墨挥毫题写了厂名，而且不收分文，让那两位厂领导十分感动。前几年，杭州有位收藏家在某出版社买书号出了一套藏品集，其中有一册是《启功书画作品》，所印几十幅作品全是临摹品，无一真迹，因为为该书题签并作序的是启先生的一位朋友，也是国家文物鉴定委员会的主要成员，这就成了拉大旗作虎皮之势，极易使人上当。因为此书在书店买不到，启先生让我通过那家出版社的编辑设法借了一册，细细察看，逐一辨明，并告诉身边的人这些赝品若流入市场影响很坏。钟少华先生为此专门写了一篇文章，本来要公开发表以正视听，可是启先生反复思量，觉得那位题签的朋友也有苦衷，文章发表会让他处于尴尬的境地，就叫少华别公开发表，私下打打招呼算了。后来，我给那位先生打电话转达了启功先生的关切，并借着回答某报的采访，提及此事，当然按照启先生的嘱咐，没有点那位老先生的大名。

北京大学著名历史学家周一良教授曾对启先生产生误解又是一例。周先生在"文革"时不得已参加了"梁效"写作班子，颇遭物议。"文革"后期，他和魏建功教授同时收到一封匿名信，信封上写"×××道兄启"，内装一纸，毛笔书写"无耻之尤"四字。魏先生的公子不知凭什么推测此信为“启功改变字体所写”，魏先生一气之下，把启先生之前送他的一幅画撕了；而周先生则为了警诫自己，长期将这纸条压在书桌玻璃板下。启先生一直不知此事。后来，周先生还将此事写进他的传记《毕竟是书生》里。北大的荣新江教授和信息产业部的李经国先生都希望我当面问问启先生。根据我对先生的了解，已经判定启先生绝对不会写这样的信，但事涉我同样敬重的周一良先生，所以我还是原原本本地跟启先生说了。先生惊讶之余，对我讲了这样一段话：“如果那信是我的笔体，下那样的推论还说得过去；说我改变了字体所写，那真是无端猜测了。魏、周二位都是我多年的老友了，他们在“文革”那样的政治高压下参加大批判写作班子，情有可原；听说北大有的人抓住周先生此事不放，甚至为此不给周先生解决住房问题，而有的当过‘梁效’骨干的人却可以翻手为

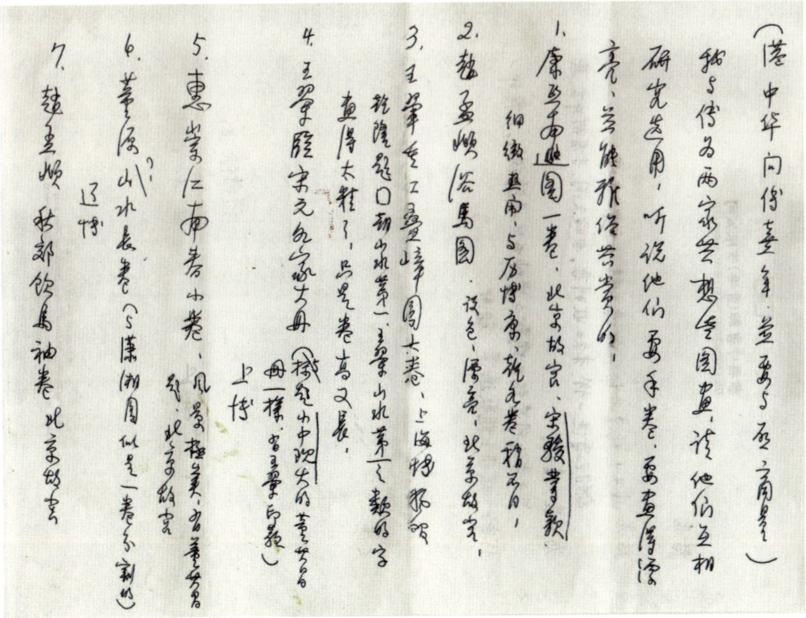
（答中华问傅熹年、并要与应商量）
称与傅为两宋无想无图画，请他们互相研究选用，听说他们要手卷，要画屏条，若能补偿若干的，
1. 康熙南巡图一卷、北京故宫、宋骏业款
细致画面、与历博康、乾巡卷稍有不同，
2. 赵孟頫浴马图、设色、唐风、北京故宫，
3. 王翚重江叠嶂图大卷、上海博物馆
乾隆题□题山水第一、王翚山水第一之类的字
画得太粗了，只是卷首又长，
4. 王翚临宋元名家大册（摘选小中现大的某些页册（禁，当王翚所录））
上博
5. 惠崇江南春小卷、风景极美，当叶某些页、北京故宫
6. 董源山水长卷（与潇湘图似是一卷分割的）
辽博
7. 赵孟頫 秋郊饮马袖卷 北京故宫

启功为出版社提供资料手稿

云，覆手为雨，官运亨通，真正岂有此理！再说信封上写‘同道’二字，不是也表明写信者与被骂者‘同无耻之尤’了吗？周先生不辨此理，还写到书里，真的‘毕竟是书生’啊！”李经国将此话传给周先生，周先生才恍然大悟，亲自签名一本自己的书托李经国带给启先生，并求启先生题词，启先生亦欣然命笔。此事足以说明启功先生的宽容之心。

像上面所举那样的例子还很多，即便有些人做了对不起启先生的事，尤其是他的学生，先生在和风细雨地进行教诲的同时，仍予以原谅，而这种宽宏大量，应该也是一种教育的方式吧。例如我有一位师弟，在“文革”时偷偷地跟启先生学字，也非常勤奋。因为在“文革”中师大中文系的红卫兵组织常指令启先生为他们抄写大字报，那位师弟有时就在夜间去撕下几片先生所抄的大字报来临写。先生知道了赶紧阻止，因为在那时撕大字报可是会被打成“反革命”的。先生便特地为他写了一本《行书千字文》送他临习。这位同学后来练就一手“启体”，很得大家赞赏。他被分配到河北省一个比较偏僻的县里教书，家庭生活发生困难，先生不但在经济上给予接济，而且专门给一位领导人写信，将这位同学调到天津市工作。可是，后来这位老兄一时糊涂，居然将启先生首先提出的某个书法理论，作为自己的发明去申请“专利”。先生虽然有些生气，也还是原谅了他，照样给他以帮助与指点。还有一位中文系古典文献专业的博士生，也喜欢写字，自己刻了一方“坚净居弟子”的印章，以启先生的书法弟子自称。启先生让我参加他的博士论文答辩，因我和主持答辩的冯其庸先生事先专门到国家图书馆善本部查看了有关古籍的版本，所以都指出了他论文中的疏忽，有的属于硬伤，但并不影响他论文的通过。可他还要在答辩时强作辩解，碍于面子，我们不再说些什么，可启先生却十分生气，在答辩会快结束时公开在会上对他说：“听说你刻了一方图章，希望你磨掉，我从没有招哪位做书法弟子，我不承认。”那位博士生赶紧说“我已经磨掉了”。尽管如此，毕业

启功与学生交谈

分配时，启先生还是应他的请求辛苦地为他联系工作单位，后来又答应为他的书法作品集写了序言。当然，先生的宽容也还是有原则、有底线的。如中文系有一位研究生毕业后不在教学与学术上下功夫，居然因剽窃他人文章而被告上法庭，并被判赔偿损失。启先生对此嗤之以鼻，多次和我们提起，并认为这是我们中文系的耻辱，告诫学生要以此为鉴。

启功先生在自己的友人、学生遭遇困难，需要帮助之时，总是毫不犹豫地尽最大努力给予关怀与实际的援助。这方面的例子实在举不胜举，而且平时先生也不让我们多提，这里只能略举一二。例如我们中华书局原副总编赵守俨先生，少年时同是戴姜福先生的弟子，既是启先生相交多年的朋友，又是在书局点校二十四史的同事。守俨先生不仅做学问严谨，在日常生活中亦律己甚严。“文革”之后，他的住房问题未能很快解决，也不向组织开口；听说启先生专门为此事给书局领导写了一封长信，为赵先生申诉。后来，守俨先生因患肺癌住院治疗。听说赵先生要动手术，启先生赶到安贞医院看望安慰，并且专门写字画画送到医院，期望大夫尽力救治，挽救老朋友的生命。听说赵先生已是癌症晚期，启先生难过得寝食不安。我到医院去探望，赵先生拉着我的手，痛哭流涕地说：“剑虹啊，我是不行了，你们可要保护好启先生，他可是我们的国宝啊！”此情此景，令人动容。2004 年 1 月 10 日，为守俨先生去世十周年忌日，我带书局的余喆同志去采访启先生，先生还深情地回忆起他和赵先生的交情：

我和赵守俨先生早先并不熟悉。他在辅仁大学读书时是在经济系，不是国文系，不在我班上，可以说那时候并不认识，虽然我知道学生中有一个叫赵守俨的。守俨先生毕业后，离开了辅仁大学。

实际上，我和赵守俨先生还是有些渊源的，我们有着一位共同的老师：戴姜福（戴遂之）先生。这位戴先生原是赵先生的祖父赵尔丰（清末时曾任四川总督）的幕僚，赵尔丰被革命党砍了头，戴从四川逃到北京（他夫人则因船撞上滟滪堆遇难了）。开始，戴先生在苏州同乡、评政院院长庄蕴宽手下谋事，评政院解散后，与曹大先生（曹元忠）一家来往密切。这位曹元忠先生是我曾祖父任江苏学政时的门人。我在汇文小学、汇文中学念书时，对外语没有兴趣，而愿意念古典文学方面的东西，这一点连亲戚朋友都很清楚。当时曹七先生（曹元森，中医）请戴先生到曹家为子女教课，讲授传统古籍，便让我也上曹家念书。于是我几乎每天从汇文中学下课后就到曹家跟戴先生学习。我以前读过"四书"，戴先生便让我念"五经"，当时还让我买了一部《古文辞类纂》，没有句读的本子，戴先生就让我标点，然后戴先生圈圈点点，把我标错的句子都挑出来改正。我的很多东西，都是戴先生那时候教我的。戴先生还让我买一部浙江局刻的《二十二子》，那时我边看边抄写，有很多东西看不太懂，后来才逐渐明白。那时戴先生在曹家教曹家子女和我，隔天去赵家教赵守俨先生，因此，可以说我们俩是师兄弟。后来，我尊称赵先生师兄，因为我年龄比他大，因此守俨坚持称我师兄。

70年代第二次整理"二十五史"（"二十四史"加上《清史稿》）时，我被邀参加点校《清史稿》，来到中华书局，和赵先生便日益熟悉了。当时顾颉刚先生是整理"二十五史"的头儿，但由于身体不好，不能每天来书局上班，日常事务就由白寿彝先生负责。实际上，白先生社会活动多，也不常来，说是白先生负责，还不如说是赵先生总管。大家心里都明白，赵先生才是整理"二十五史"的真正负责人，总管日常的具体的工作。赵先生在中华书局人望很高，对同事一向很平和。中华书局的成员脾气性格不一，有时互相之间不免有点小矛盾，也有脾气不好的，但对守俨却都没有不同的看法，大家都很尊敬他。那时，他每天都来上班，对我们的点校工作从不挑剔，不问进度，也不对我们提什么要求和意见，但工作进展如何，有些什么问题，他心里都十分清楚。有时开会他也讲话，也是十分平和的，即使说什么问题也都是诚诚恳恳的，大家也心服口服，很爱戴他，从没人说他这样那样的，都和他有说有笑。当然，这也是因为赵先生做事十分严谨，工作方面很尽职尽责，学问（他是唐史专家）也好，书局有一位最喜欢挑毛病、和别人争辩的先生，也挑不出他的毛病，也从心底佩服他的学问。赵先生是那种修养很好的人，和什么人都能和平共处，从没有人因公事和他争吵的。我觉得，他不仅是修养好，可能天生是这么一种温文尔雅的性格。

1993 年守俨先生住院时，我去看他，他告诉我决定给他开刀的是医院有名的外科大夫，会给他拉瘤。我从医院回来后，就写了一幅字，又画了一幅画，还特别在上款写上那大夫的名字，送到医院去。他认为我特意为他做这些事，很至诚地配合大夫的治疗，激动得哭起来了。可惜，他的病已到晚期，开刀已经无济于事，没有治好，这实在是书局的最大损失。

又如著名的历史学家、武汉大学的唐长孺教授，也是启先生的老朋友，先生对他在研治魏晋南北朝史上的成就推崇有加。唐先生晚年因治病经济上有些拮据，想出让自己收藏的字画，消息传到启先生耳中，他马上托人带话给唐先生家属：“千万别变卖字画，买药需要钱我启功可以来出。”1994 年 10 月 19 日，唐先生逝世的消息传来，我赶到小红楼报告启先生，他马上提笔写了唁函，让我赶快传真给武汉大学唐先生的治丧委员会：

武昌　武汉大学历史系　唐长孺教授治丧委员会：

惊闻　唐长孺教授逝世噩耗，不胜悲痛！仓卒不及专趋吊唁，先致此电，敬求代向唐先生家属致唁，望为节哀！并求代备花圈，以申哀悼！

北京师范大学中文系启功

一九九四、十、十九

大概是2002年年末，唐先生的公子唐刚卯先生来京开会，请启先生为正在编辑之中的《唐长孺文集》题签。当时启先生的眼睛刚做过白内障剥离手术，写字不便，但还是很快就写了好几条。启先生一连几天亲自打电话找不着唐刚卯，十分着急，就命我想法联系。后来我将题签寄给已经回到武汉的唐刚卯，因一时无回音，先生还关切地让我再三打电话询问，直到有了收到的准讯才放心。

启功先生对需要帮助的人的同情之心，还常常表现在他特别能善解人意，有时尽管需帮助者还未提出，他已经替人考虑在先，付诸实施了。例如樊善国是我们这一届研究生中最年轻的同学，因为操办婚事，占了些精力，写毕业论文动手晚了。有的老师和同学埋怨他不抓紧，启先生并不是他的论文指导教师，却马上主动给四川的一位朋友写信，请他寄来新发现的吴敬梓资料，供樊善国撰写关于《儒林外史》的论文参考。启先生虽被分派指导两位同学的学位论文，其实其他同学的论文撰写与答辩也都得到了启先生的实实在在的帮助。于天池同学的夫人李书因患某种疾病无法适应在工厂的工作，启先生知道了，主动与九三学社联系，为她重新安排了合适的工作。社科院文学所的沈玉成先生和启先生相识

启功为学生递扇驱汗

多年，后来因家庭问题郁郁寡欢，启先生几次托我和别人带话给他，开导他正确对待。后来沈先生因突发心脏病去世，启先生知道他生前一直惦念着女儿刘宁的前程，就将刘宁招为自己的博士后研究生，悉心指导。这也是启先生名下惟一的一位博士后。刘宁的博士后出站仪式就在启先生家的客厅举行，顺便宣告她结婚的喜讯。那天，我也应邀参加了这个仪式。启先生颇感欣慰地对我说："这也可以告慰沈兄的在天之灵了！"启先生的博士生朱玉麒师弟在北大做博士后，研究的课题是徐松的《西域水道记》。恰好启先生得知在某拍卖公司的拍品中有徐松的亲笔信札，便马上决定托人买下，准备送给朱玉麒；又听说朱将参加一个学术研讨会，此信札可补充论文材料，因朱当时回新疆了，就让我将这信札用数码相机拍好，做成电子文本先发给朱；后来又将原件送给了朱玉麒藏用。

恐怕最能体现出启功先生善解人意的助人之情的，是他为各种图书题签一事。图书因内容、读者对象等关系，繁体或简体不一，版式亦横竖各异，封面题签的写法就不一样。启先生常常会在下笔前问求题签者：繁体简体？横写竖写？可是有的求签者自己也说不明白。于是先生便常常索性繁简各写一二条、横竖也各写若干条，请使用者自行选用，免得求字者因不合用而不好意思再开口。因中华书局的许多书签都是启先生所题，而这个任务也常常是书局交我去完成，所以得以经常看启先生题签，才发现其实题写书名往往比写条幅还要费劲，虽是寥寥几字，却要求大小均衡、行气顺畅、钤印位置合理。有时启先生一连写了十几条，自己还不满意。记得他为商务印书馆的《今日东方》杂志题名，就一共写了十一条之多。有时，启先生为免除使用者挑拣之累，还特意在他自己认为比较满意的几条题签旁画上记号，以供参考。南开大学来新夏教授的著作有好几种都是由启先生预先写好横竖不同的题签寄到天津备用，启先生还在信中表示："如有不适于印刷处，示下重写，勿客气也。"有一回则为封面设计提出建议："近题书签多半字大，印时不加缩

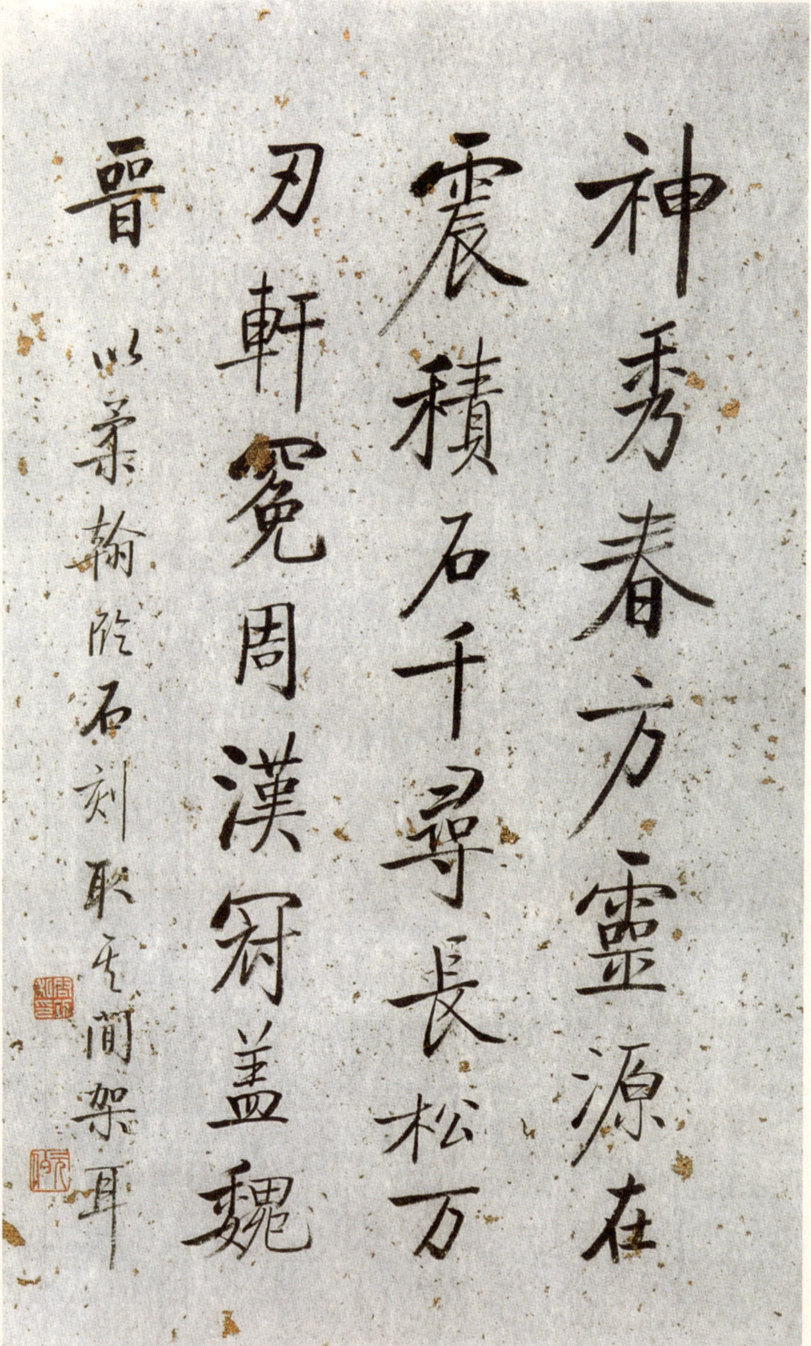


启功临帖作品

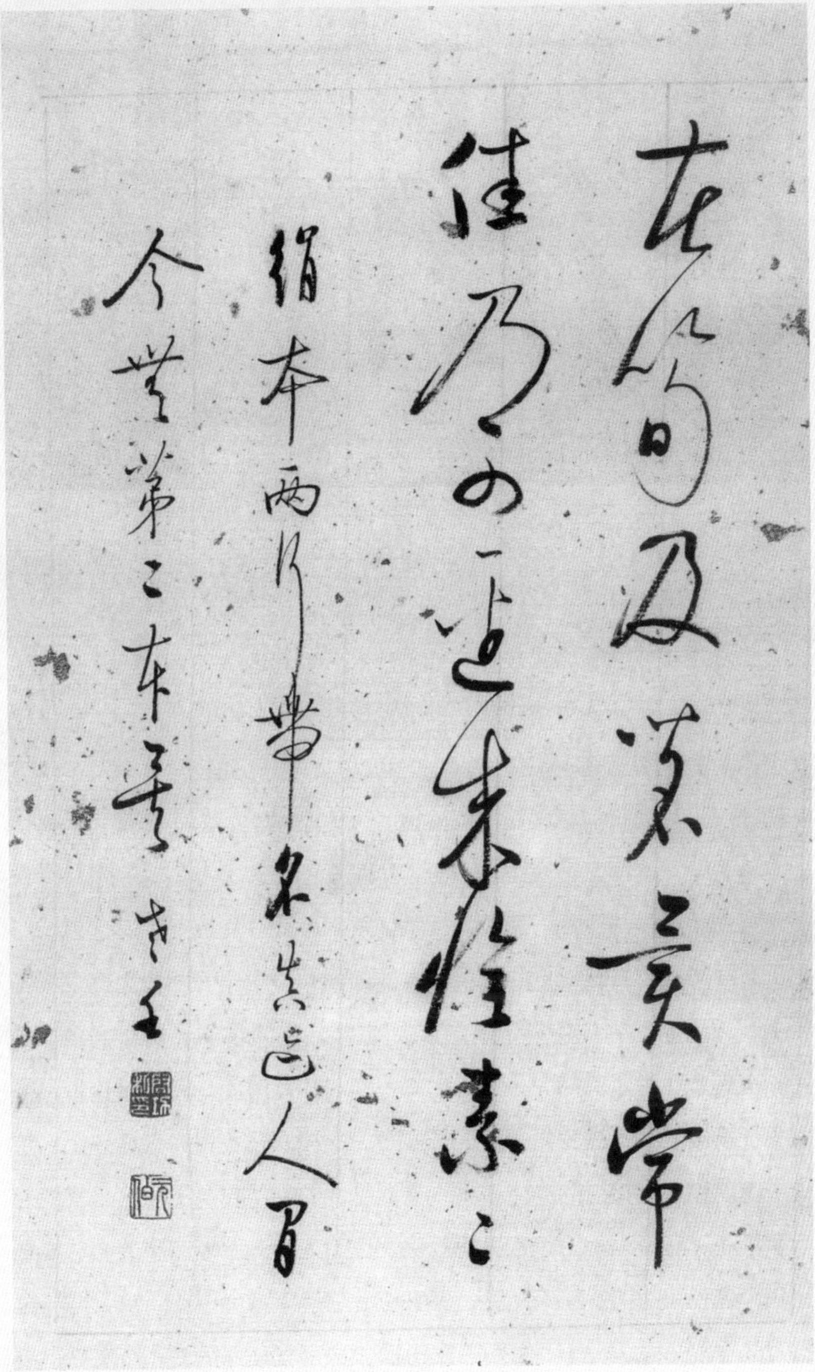

启功在“方正启体”的字体鉴定会上

小，每觉难看，兹写力求较小，如书册略大，可放大付印也。”（见先生致来氏信函）有一次香港中华、商务两家出书想配些古代绘画，张倩仪女士给启先生来函询问相关线索。先生即与傅熹年先生具体商洽，然后在信笺上一一列出目录，注明收藏地，以便于查找。为省却张女士辨认他字迹之劳，遂即又让我誊清一份，给张女士寄去参考。

启先生为中华、商务题词、写签，从不收取分文报酬，对许多老朋友也是一样。有一段时间，我的亲友、同学乃至学生，随我去拜望启先生的，往往能得到先生赐予的墨宝。90年代起因求字者实在太多，先生不堪其累。为了保障先生有必需的工作与休息时间，师大派校长办公室主任侯刚老师为先生接待、安排此事，学校所收费用均专项登记、管理。有时也有直接送到先生手里一些润笔，先生便会马上拿出来资助友人和学生；有时则婉言拒收。有一次一位熟人来先生处取字的同时，拿出一个装了钱的信封递给先生，先生马上说：“你拿回去！”那人坚持要给，先生有些动怒了：“你要给钱的话，这字就还给我！”那人只得赶快把信封装进了口袋。当然也有些不明事理的人，以为钱能通神，那就大错而特错了。有一回（大概是在80年代中），一个好像是从台湾岛来的访客上门求字，居然大言不惭地对先生说："你给我写幅字，我有米（美）金。"先生马上学他的口音说："米金吾也有，所以吾不写。"搞得那人很狼狈。还有一次，先生正躲在师大专家公寓集中精力写文章，接到一封日本来信，是向启先生求字的，信中说他们可以为此提供十张北京到东京来回的机票。启先生见信大乐，对我说："如果我有分身之术，可以变成十个人来回飞；要不就有病了，一趟接一趟去日本，来回来回地飞！"有一次，启先生应邀到新加坡访问，在造访广恰法师宅院时，法师递给启先生一行人每人一封红包。先生知道直接推辞不合礼节，马上回转身去，将红包供于法师佛堂的佛像之前，合十行礼，其余人也都照此办理。只有启先生这样的大仁大智之人，才能出于慈爱之心，将此事处理得如此妥帖，我想广恰法师当时也一定佩服得五体投地了。

# 捅马蜂窝

## 大师的创新精神

宽厚待人、仁慈随和的启功先生，在学术上却从不随波逐流，而是勇于探索，敢于创新，始终保持可贵的独立的学术品格。用先生自己常讲并写进诗里的一句话，就是要“捅马蜂窝”。先生的文史研究与诗、书、画均堪称大家，于书画鉴定更是举世公认的权威专家，70 年代在中华书局时就被编辑们称道为“五项全能”。而这些成就的取得，和他在学术研究及艺术创作中一贯坚持的创新精神是分不开的。

启先生在诗文声律、古代字体、汉语语法、古典诗词、敦煌研究及书画理论等领域的学术创新，有他已经发表的论著为证。我也曾写过几篇较浅显的文章，在报刊上登出，并蒙先生认可；这些文章将附录于书后，故不再在此赘述。下面仅补充些事例来说明。

1979 年 4 月 5 日，启先生正式恢复为学生讲授的第一课，是为我们这“文革”后的第一届研究生讲“唐代文学”。我最近找出了当年的听课笔记，看到先生开宗明义讲的一番话就充满了“捅马蜂窝”的精神。先生说：

> 如何研究唐代文学？要进一步研究“文学史”本身存在的问题。现有的“文学史”书有一定的局限，不可不读，亦不可

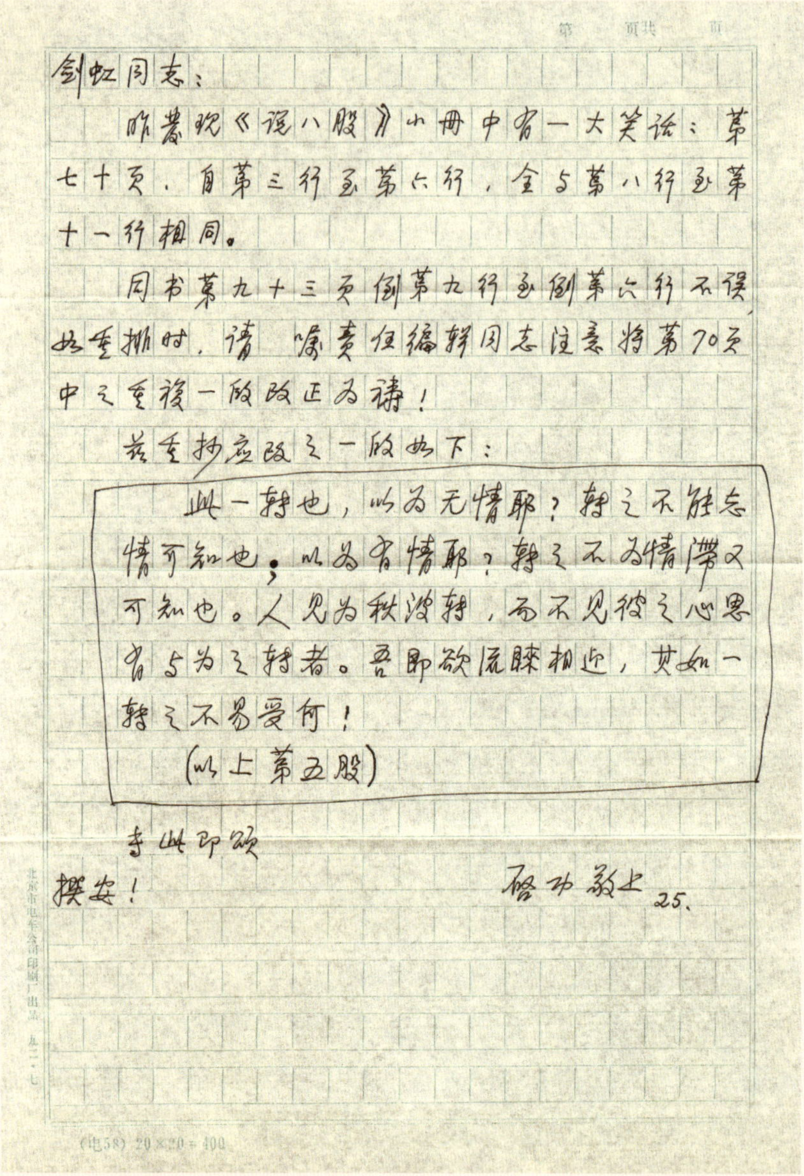

剑虹同志：

昨发现《说八股》小册中有一大笑话：第七十页，自第三行至第六行，全与第八行至第十一行相同。

同书第九十三页倒第九行至倒第六行不误，如重排时，请 嘱责任编辑同志注意将第70页中之重複一段改正为祷！

兹重抄应改之一段如下：

此一转也，以为无情耶？转之不能忘情可知也；以为有情耶？转之不为情滞又可知也。人见为秋波转，而不见彼之心思有与为之转者。吾即欲流睐相迎，其如一转之不易受何！

（以上第五股）

专此即颂

撰安！

启功敬上 25.

启功为修正《说八股》书中的差错给柴剑虹的信

太读。只读这个（文学史书），而不看作家的全部作品是不行的。我们要真正了解一个时代，了解作家、作品，要读“文学史”以外的东西，会大有作为。要居高临下，不要被某些人的议论所吓住。

可以说，先生在课内外给我们所讲的全部内容，不仅仅局限于唐代文学，全都贯穿了这种居高临下、不为固有及“权威”结论所束缚的精神。例如他在讲完了系里规定的唐代诗文的内容后，专门为我们加讲了一次“八股文”，从毛泽东主席视察陕西时找《制艺丛话》讲起，先探究八股文的来源，分析八股的弊端，然后提问：“那么，八股为什么能通行六百多年？”接着，便从八股文的逻辑、语言特色及所要求的义理、词章、考据学问等方面提出了自己精辟的见解。这次讲课的内容，后来便扩展为他的专著《说八股》，不仅开拓了研究八股文的视野，也丰富了探求中国古代语言规律的内容。可是，启先生的这种学术创新，绝非是突发奇想或故作惊人之语，随意构建空中楼阁，而是建立在扎扎实实地调查、积累资料，认真考析，科学思辨的基础之上的。先生生前曾对我说他花费不少工夫来收集有关八股、制艺的古籍，恐怕并不合适捐给学校图书馆，但一定要认真保存与研究。先生去世后，我应景怀先生之邀为启先生收藏的这类书作了编目，总数有百种之多，其中不乏清初善本，在清道光版的《制艺丛话》的天头，先生还写下了许多精彩的朱字批语。

先生在书法学上的推陈出新，集中表现在他的《论书绝句一百首》和《论书札记》之中，而其他学术上的创新，也常常会在他的诗词作品里生动形象、幽默锋利地透现出来。例如他的《论词绝句二十首》和《论诗绝句二十五首》，几乎每一首都顶得过一篇万言论文。如他揭示杜甫有的诗也不合韵律的一首：

昔有佳人公孙氏，一舞剑器动四方。

便唱盲词谁敢议？少陵威武是诗皇。

启先生为我们讲课时吟诵此作，将诗中所引杜甫《观公孙大娘舞剑器行》前两句的平仄一一标出，居然是“仄仄平平平平仄，仄仄仄仄仄仄平”，当然大不合诗韵，可从未见有人批评。经先生点明，大家对不盲目迷信权威以及为什么要“具体作品具体分析”，有了新的体会。

众所周知，启功先生对《红楼梦》里所反映的语言、服饰、器物、习俗、官制等都有精到的研究，他所写的相关论文和做的注释成为阅读与研究《红楼梦》的入门书。可是，自80年代中起，他很少参加“红学界”的活动，也决不以“红学家”自诩。有一次我看到报纸上宣传北京西山某处发现了“曹雪芹故居”，墙上还有曹氏题诗，向先生问起此事，先生便拿出他的诗词稿本来，给我读他新写的一首《南乡子》词：

一代大文豪，晚境凄凉不自聊。闻道故居犹可觅，西郊。仿佛门前剩小桥。　访古客相邀，发现诗篇壁上抄。愧我无从参议论，没瞧。“自作新词韵最娇”。

先生对我说：“某某人邀了一批学界朋友去看，钟老（钟敬文先生）也去了，看者有不少疑问，而我干脆不去，没瞧，省得瞎抬杠。”据说事后有人考证那些抄在墙壁上的诗是晚于曹氏的一位女诗人所作；但仍有人坚持说那是曹氏故居，至今依然作为景点开放供游客凭吊。我对启先生讲起60年代曾见过华君武先生画过的一幅讽刺“考证曹雪芹有几根白发”的漫画，印象深刻。先生说：“现在的红学家、曹学家可比那时更热闹了，有的更玄，更不着边际，而且还内讧不止，所以我决不去凑热闹。”在我的记忆里，这些年来启先生只应邀参加过冯其庸先生红学新著的座谈会，会议在文化部艺术研究院召开，我也叨陪末座。启先生还在会上称赞了冯先生坚持从小说文本出发，走研红正道的治学态度。

眼下，请人题词题诗为自己说好话或做宣传以达到某些目的已形成风气，启功先生遇到的为数不少，但先生绝对有自己的原则，即自己不认同、不赞许、不了解的决不苟同随俗，实在无法推却，便以委婉的语气、幽默的语辞写出表明己见的诗句来。例如名闻遐迩的少林寺要纪念建寺1500周年，请先生题词，先生援笔写了六首五古，请看其中三首：

受衣命悬丝，远走莫迟留。寂静宗门中，何以生戈矛。

德山捧其徒，南泉斩其猫。既秉具足戒，杀气一何高。

一千五百年，相去如朝暮。多习安般禅，少计檀施数。

深得佛理精髓的启功先生，对人们津津乐道的少林寺的尚武传统与当今有些寺庙计较施舍收入的世俗风气表明了自己不予赞同的鲜明态度。启功先生长期担任中国书法家协会的主席、名誉主席，在中外书画界享有很高的声誉与威望，但是这也给他带来了不少忙于应酬的苦恼。有时，请他题写贺辞、展名、书名的络绎不绝，难以招架。即便如此，他也仍坚持自己的原则，不说违心之言。有一年，北京要举办日本“现代派”书法展，请先生题辞。先生一向对“现代派”书法有自己的看法，特别不赞许将字写得弯七扭八让人看不懂而自诩为“现代”的“丑书”，于是就提笔写了一首四言诗：

水如衣带，人民友爱。文字同源，书风各派。

璀璨斑斓，陆离光怪。顾后瞻前，称曰现代。

启功讲书法（孙建华摄于1999年6月）

前四句肯定了中日的友好交流与书法流派，后四句则对光怪陆离的“现代派”表示了自己的意见。有一次先生开玩笑似地对我说：“如果有一位‘现代’或‘超现代’派的书家把他的作品挂在我墙上，那可惨了！”我问为什么，先生说：“我实在看不懂他写的是什么字，又不甘心就这么花里胡哨地挂着，那就得整天去琢磨究竟是些什么字，多费劲啊！”先生主张创新，必须要先打好基本功，遵守基本规则，写字、画画、做学问都是如此。有一年，先生的朋友书法家欧阳中石先生提出希望和先生合招书法博士生，先生对他说：“您得先回答我一个问题：什么样的字是博士的字？”见欧阳先生不能回答，先生笑曰：“那在下就恕不从命了！”

现在，许多习字者喜欢“启体”，殊不知“启体”是启功先生在数十年学习优秀传统书体的书法实践基础上形成的。20世纪70年代后，启功先生以书法名世，其集遒劲、秀美于一体的“启体”成为许多书法爱好者纷纷摹习的楷模，求字者亦络绎不绝。对此，先生自己并不以为然。他曾多次对来访者讲：“似我者死。你们应该从基本功着手，采众家之长，再形成自家的风格。”记得有不少人问起先生如何练字，所习何体，先生便笑称是“抄大字报”所练，故曰“大字报体”。其实，先生自幼刻苦临习各家名帖，至老不辍。我保存了先生早年所写一些文章的复印件，均是欧、颜体的楷书。他所临王羲之、陆机、智永、颜真卿、柳公权、欧阳询、怀素、米芾、宋徽宗各帖，笔画不求全似，而神气活现，皆极具功力。先生临帖，追求的是神似。他的论书札记有云：“或问临帖苦不似奈何？告之曰：永不能似，且无人能似也。即有似处，亦只为略似、貌似、局部似，而非真似。苟临之即得真似，则法律必不以签押为依据矣。”他也不赞成违反基本规则的别出心裁。我记得有一次一位外地的年轻书法家拿了一大摞自己的“草书”作品来请先生过眼，说他自己已有“突破”。先生认真地看了几张，然后指着其中的几个字说不认得是什么字，问他为什么要这么写，那位年轻人自己也说不清楚。先生很严肃地对他说：“草书并非随意地飞龙走蛇，隶书、楷书有规，行书、草书亦有矩，不管是写什么‘草’，也都受规范约束，有规律可循，要避免写错别字，更不能生造一些别人都看不明白的字。”先生对自己要求极严，有时给人题写书签，连写八九幅还不满意是常有的事。有好几次我想将他揉掉的字“抢救”下来，都被他严肃地制止了。2003年12月20日，先生在“启功书法学国际研讨会”的开幕式上诚恳地讲：“希望大家给我恳切的教导，不管我现在写的有多么丑恶，但是希望还有进步的可能。……使我能够再有一寸一分的进益，那我就感谢不尽了。”这并非虚语。前些年，我有好几次去先生住所，都看见他将用过的宣纸乃至废报纸裁成 20 公分左右见方的纸样，用来习字。先生有的临帖作品，在旁人看来已到了炉火纯青的地步，可先生仍一遍遍临写。艺无止境，视学习为生命，这正是先生的精神所在。

其次，先生一生所见、所习古人碑帖何啻千万，但在具体认识与方法上，主张“碑帖并重，尤重临帖”，即应特别注重临习古人的墨迹。对此，先生专有一首《论书绝句》云：“少谈汉魏怕徒劳，简牍摩挲未几遭。岂独甘卑爱唐宋，半生师笔不师刀。”先生认为，虽然好的碑拓基本上能保留原作的风貌（尤其是间架结构），但笔墨的枯润浓淡及运笔的细微连缀与笔锋却难以传真。因此，先生特别看重敦煌写本在书法学上的价值。先生自己收藏了若干敦煌写卷，特别珍惜。其中有一个汇贴了若干时代不同写卷残片的册页，是多年前先生从中国书店购得的，当时有些人以为乃残简断片，无足轻重，售价不高，先生却视为珍宝，常常在夜深人静时取出细细观摩。先生有一首《唐人写经残卷赞》写道：

> 羲文颉画，代有革迁。真书体势，定于唐贤。敦煌石室，丸泥剖矣。吉光片羽，遂散落乎大千。晴窗之下，日临一本，可蝉蜕而登仙。人弃我取，犹胜据舷。信千秋之真赏，不在金题玉躞，濡毫跋尾，殆自忘其嫌妍也。

赞美之情，跃然纸上。有一年，先生将他珍藏的两个敦煌写卷捐给新建成的印刷博物馆后，又对我说：“这是我顶礼膜拜的老师啊，我练书法，得益于敦煌写经最多！”2004 年夏天，先生的健康状况已经很差，他还嘱咐我复印敦煌本千字文的照片，准备撰写新的文章。同时，先生对古人的一些不科学、不合理的书法“定论”，如在握管、悬腕、运笔、结字上的一些说法，也敢于“捅马蜂窝”，破除迷信，提出自己

启功所绘扇面（1944 年）

的见解。此外，先生还发现了写字结构上的“黄金律”，这也恰是先生写的字秀美、耐看的奥秘所在。

启先生曾两次应美国大都会博物馆之邀去大洋彼岸参加书画研讨或鉴定。1999 年 10 月 12 日，在纽约的“中国艺术之真实性研讨会”召开当日，中文的《美国世界日报》有一篇题为《启功来纽约，观赏溪岸图》的专题报道，前两段文字如下：

> 甫抵纽约的大陆国宝级书法家、鉴赏家，中国书法家协会名誉主席启功，十日在多位书画鉴赏名家的陪同下参观大都会博物馆，并特别观赏了被称为“中国的蒙娜丽莎”，备受争议的五代画家董源名画《溪岸图》。
>
> 今天，来自海峡两岸及美国的书画鉴家将齐聚曼哈坦大都会博物馆，就这一名画的真伪进行辨析。启功将是首位重要讲者。

启先生在这个研讨会上做了题为《画中龙》的演讲，得到与会者的高度评价。会后，还在纽约举行过一次新闻发布会，有位外国记者问先生："您是否觉得看中国画和外国画不一样？"先生答曰："当然不同。"问："有何不同。"答："西洋画讲焦点透视，中国画则讲散点透视。"又问："何谓散点透视？"答曰："你们不是熟悉导弹吗？即可以此作比：中国画一幅画面上的山水、人物、房子，其实并非都在某一点视力所及范围之内，这就谓之'散点透视'，就好比导弹会拐弯，能打到山背后一样。"因为 1999 年 5 月 8 日北约用导弹无理轰炸我驻南使馆，引起全球强烈反响，当时大家还记忆犹新，先生这一番话遂引起哄堂大笑。先生回京后和我谈及此事，我说："您可真敢捅啊！"启功先生在书画鉴定上的灼然慧眼和精深造诣，举世公认，已为无数生动的事例所证实，无须我再赘叙。只是对这样一项启先生自称是下功夫最多的事业，在一些世风人情或特殊因素的干扰下，先生也常常为之苦恼，不得已遂

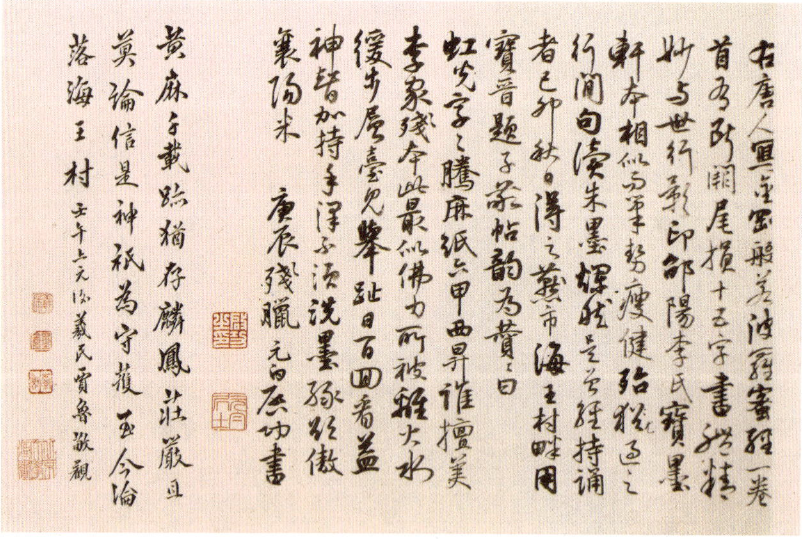

敦煌写经启功题跋（1940 年）

发明了一个名词叫“模糊鉴定学”。即便如此，先生坚持真理的鲜明态度与基本精神仍使得一些人的私利受到影响，嫁怒于先生。为此，先生曾几次收到过极为恶劣的匿名恐吓信，甚至咒骂先生为“馆阁余孽”“何不早死”，先生看后只是莞尔一笑。就在先生仙逝之后，居然仍有斗筲之辈在网站上散布流言恶意攻击，这种卑劣的手段也证明了这些人害怕真理的阴暗心理，丝毫无损于先生伟大的人格精神。程毅中先生在启先生去世后写的一篇缅怀文章里有这样一段话，说出了大家的心里话，现征得程先生的同意节引如下：

> 他是当之无愧的大师。近年来，我和他接触较多，越来越认识到他不仅如前人所艳称的诗、书、画三绝，而是有很多绝学，如文物鉴定学、古代字体学、汉语现象学等，有些是独创的新学科。而且他善于综合利用各方面的学识，独辟蹊径地解答疑难问题。这样的国学大师的确是“不世出”的。他的为人更是众望所归、众口一词的大好人！他对前辈如此尊敬，对友辈如此厚道，对后辈如此关爱，因而赢得了众人的敬爱，这是天道，这是人心。他发扬了传统文化中的优秀成分，作了科学的解释，加以切实的奉行。中华民族的传统道德，在他身上有了新的升华。
>
> （中央文史研究馆编《诗书画》2005年11月）

天道正直，人心向善。有中华优秀传统文化深厚学养为基础的永不停息的创新精神，正是启功先生充满魅力的独立的学术品格的灵魂所在。

# 赤子童心

## 春风化雨泽心田

凡是2002年前去过启功先生红六楼寓舍的人，大概都会看到先生客厅里的一个玩具柜，里面摆满了大大小小、各式各样的毛绒动物玩具，柜上还贴着先生亲笔写的字条："只许看，不许拿。"此事传开，大家都知道先生喜爱小玩具，一些客人便带玩具来送先生，使得不但小小的柜子里塞得满满当当，先生的沙发背、小桌子、床头有时也被这些玩具动物所占领。有一回先生从国外回来，过海关检查行李，海关工作人员看见包中有一只电动兔子，十分不解，先生便当场拨通开关，兔子摇头甩耳发出叫声。先生说："Made in China，我这是出口转内销啊！"大家全都乐了。其实，先生柜子里的玩具，是经常有变动的。我儿子上小学前也爱好小玩具，有一回跟我去启先生家，他可不顾那柜门上贴的"戒语"，伸手拉开柜门，我还来不及阻止，他一把便将里面的一件小猫玩具拽了出来，而且将连着的一个小链条也扯断了。我很生气地叱责儿子；而先生反而笑呵呵地说："让他好好玩！这玩具就是要玩的嘛！"后来，因为我孩子属虎，启先生还专门拿出一头有半米多长的老虎玩具让孩子抱着跟他合影。有时我出国访问，也特意挑些玩具带回来给先生；而先生往往收下我带去的，又塞给我他屋里原有的，名之曰"交换"。至今我孩子房间还摆着的一头小布熊，就属于这样的"交换品"，

启功与毛绒动物玩具

启功抱蛙

那原是日本友人送他的。前面提到的那只电动兔子，先生也早已送给了我孩子，可惜现在已经不能再摇动了。就在 2003 年元旦前不久，中文系古代文学专业有两位硕士研究生到启先生家求教，谈话结束后，先生拿起两件毛绒玩具递给她们，说：“一人一个。你们也是孩子，祝你们新年快乐！”我赶紧拿出相机来，留下了先生和她们的灿烂笑容。

喜欢玩具，这只是体现启功先生童心的一个小小的侧面。先生的赤子情怀，可谓既深且广，时时处处展现无遗，感人至深。

我特别清楚地记得 80 年代初，有一次一位在中央教育科学研究所研究儿童教育的女士到小乘巷拜访启功先生，先是讲了许多中国小学生写字差而日本孩子毛笔字写得如何如何好、中国书法将后继无人的话，然后问先生：“您认为现在小学生练字，应该先学写何人的字帖呢？”先生马上答曰：“山本五十六。”那女士没明白，先生又说：“您不是讲日本人的字写得好吗？您看那日本大海战电影里山本五十六的字写得多棒啊，就学他的罢！”那女士这才掂出先生话里的分量来。那位女士走后，先生对我说：“我们当然不能妄自尊大，但中国的书法大概还没有危机到她讲的程度。至于小学生练毛笔字有好处，但不必硬性提倡，因为他们有更多的文化知识要学。把外国的教育不加分析地吹得神乎其神，我们吃这亏多了。”先生也不赞成鼓吹“神童书画家”，在好几次少儿书法赛的发奖会上，他都强调学生应该首先将各科文化知识学好。“文革”结束后不久，南方某省有一位喜欢画水墨画的小朋友画得不错，被一些人誉为“天才儿童”“神童画家”，先生觉得这样捧对孩子有害无益。有一次，一位客人拿来一幅这个小朋友画的竹子请启先生题跋。先生看到画面上的竹枝在风中飘曳，略加思索，便题了“莫作风派”四字，搞得来客满面尴尬。其实，先生是告诫这位小画家莫要为舆论左右，要有主心骨，才能有大长进。还有一次，他给一位获得书法比赛一等奖的小朋友发奖，俯下身子去低声地对那小冠军说：“你可要学好语文、数学啊！”先生好几次感慨地说：“鼓吹儿童书法家，真有点近乎耍猴，害人哪！”我的外甥女郭凌小时候也练习画国画，特别是墨竹画得还算可以。她九岁时，我父亲将她画的一幅墨竹寄来，让我呈给启先生指点。先生肯定了这画的优点，然后拿起笔来题了“虚心向上”四个字，既点明了竹子的特点，又教育孩子懂得不要骄傲才能进步的道理。先生还有一次给郭凌的画题了一首三言诗，也是勉励她要虚心学习的。启功先生写过这样一个题词：“德智体美，四育兼备，长幼同需，青年为最。”寄托了他对青少年的殷切期望。

启先生和师母没有生育子女，有时先生还自嘲“我没有资格谈孩子的教育问题”，但实际上，启先生不仅特别喜欢孩子，也特别能理解儿童的心理和需求。多年来，他和内侄章景怀、郑喆夫妻一直生活在一起，也看着他们的孩子章正长大。章正小时候，我听见启先生逗他时最常说的话就是：“你行吗？你能吗？你敢吗？”引导他自尊、自信、自强。我的孩子碰巧和我的同门学长来新夏教授同名，启先生几次用开玩笑的方式鼓励他：“柴新夏要超过来新夏呀！”我孩子上学前身体较弱，有时生病，先生会一天打几次电话来询问病情；孩子上中学后，先生见

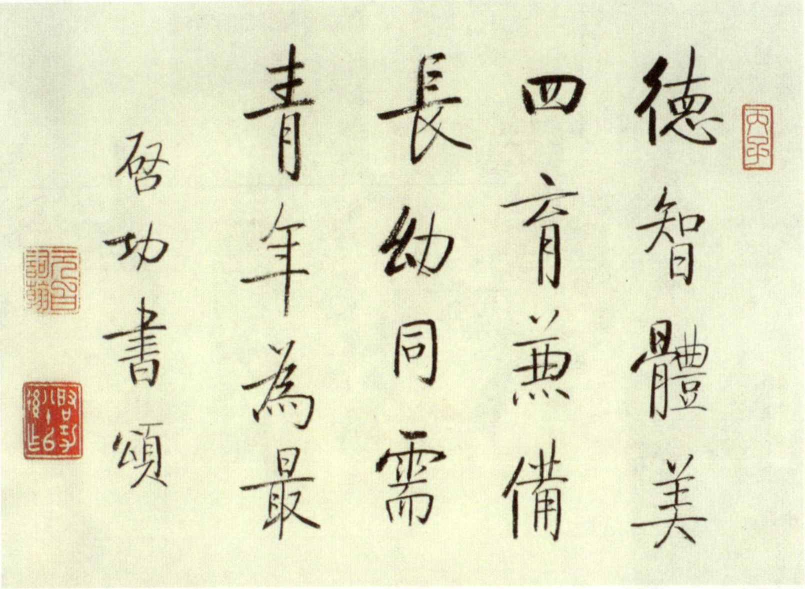


启功书颂“四育兼备”

我的第一句话往往是“你那小将如何”。我孩子考上中国地质大学地质学专业，不少人不理解，启先生却拊掌称好。启先生的内侄孙女王悦自幼聪慧，先生在小乘巷居住时就时时加以关怀。王悦到美国留学，常打电话来向姥爷汇报学习情况。1997 年，王悦考试成绩优秀，启先生特别高兴地提笔赋诗一首：

儿童有夙缘，小悦外孙女。提携至长大，事事牵肠肚。
留学美利坚，我年八十五。考试获全优，令我喜起舞。

王悦在美国通过博士学位论文答辩后，先生不顾自己年迈体弱，还准备亲自到大洋彼岸去参加毕业典礼，后为亲友劝阻未成行，还遗憾不已。

启功与少年儿童在一起

有一天，一位美国的汉学家带着自己不到十岁的孩子到小红楼拜访启功先生。因为会讲几句汉语，这位美国教授谈话间颇露自得之情，在谈论中国学术时滔滔不绝，也不甚谦虚。他的孩子端坐在一旁，无事可做，又听不明白，甚感无聊。启先生乘汉学家说话的间隙，掉转话头问他："您会唱《三只瞎耗子》的英语歌谣吗？"那位教授正说得在兴头上，被启先生这一问，有点发蒙，连连摇头。这时，启先生不紧不慢地用英语唱了起来："Three blind mice，three blind mice，……"那美国小孩马上高兴得站了起来，跟着先生一道唱起来。原来，这是一首英格兰童谣，那位教授不会，而他的孩子却会唱。用英语唱完一遍，启先生又用中文将歌词朗诵了一遍，教那孩子也跟着学："三只瞎耗子，三只瞎耗子，……"那位教授想不到眼前这位中国老先生会如此流畅地背诵英

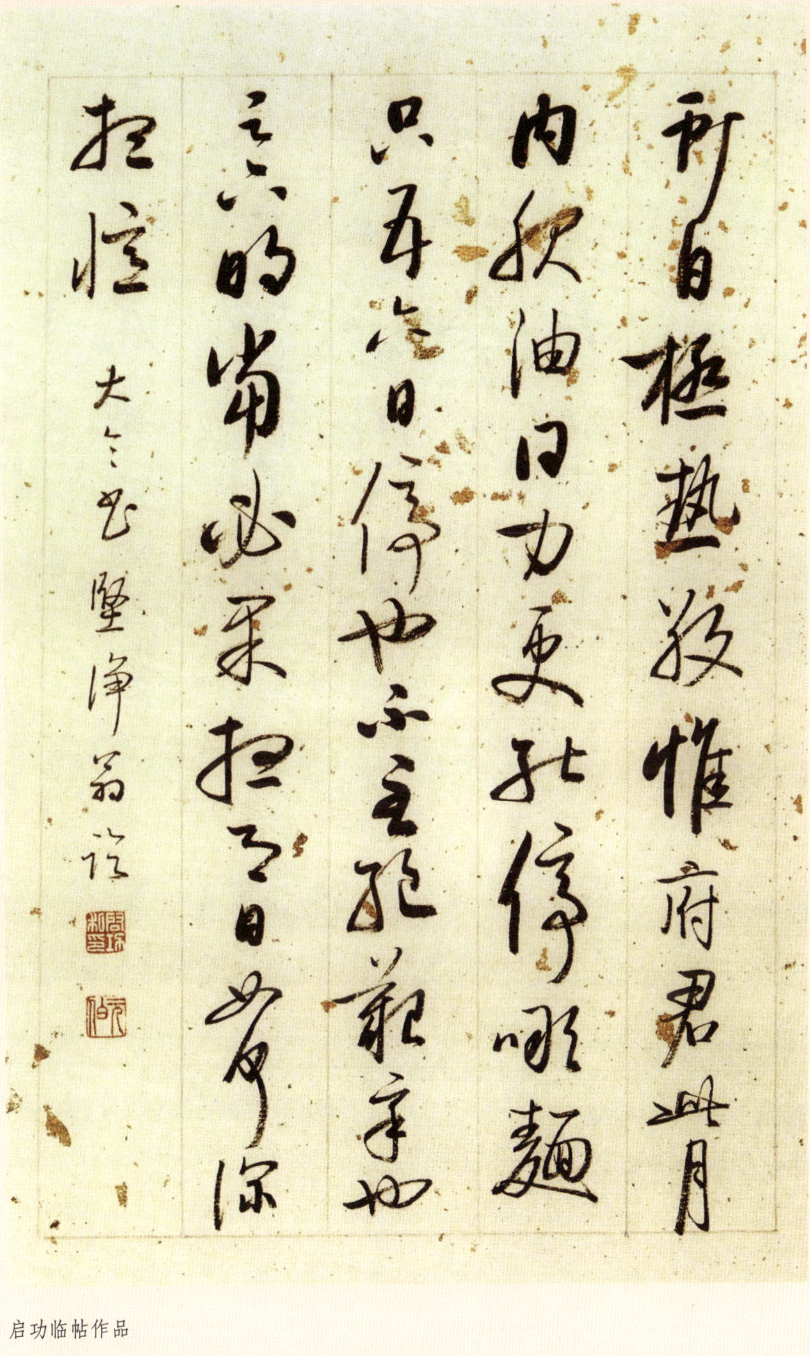

启功临帖作品

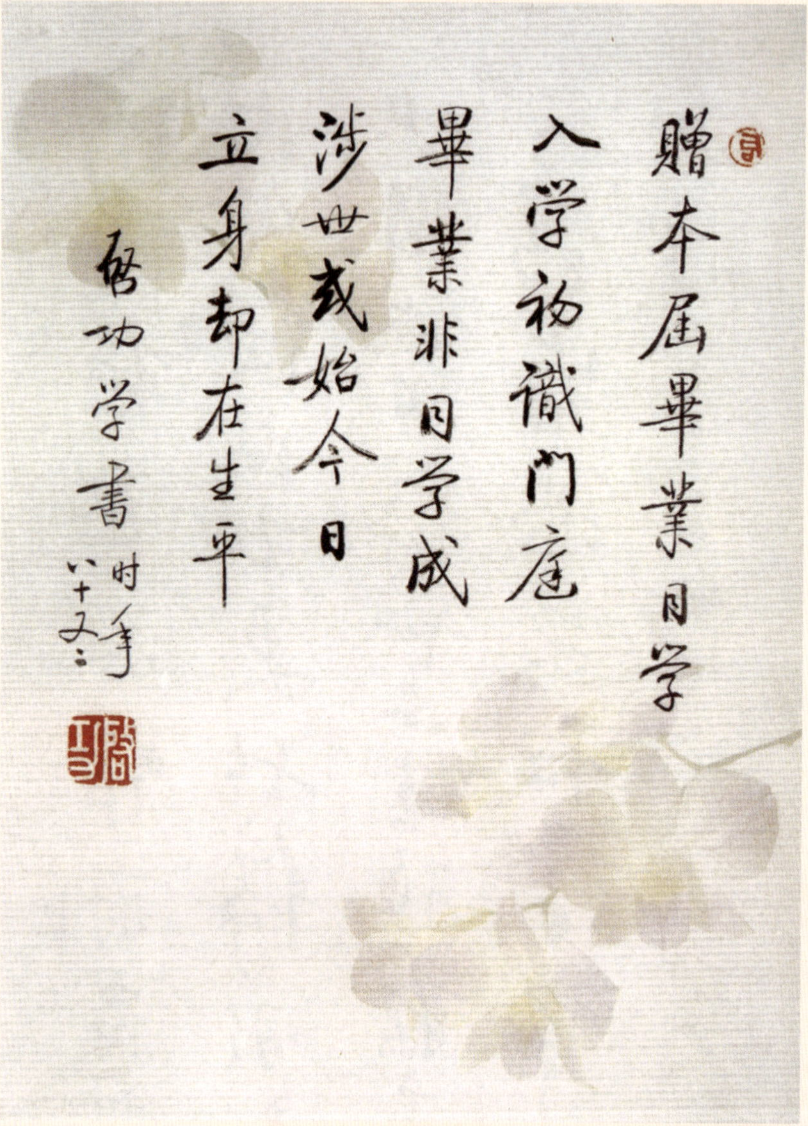


启功书赠毕业同学

语童谣，更想不到老先生用这样的办法调动了孩子的积极性，也为只顾自己逞能而冷落了孩子而惭愧。后来，启先生还专门将这首童谣朗诵给我听，可惜我没有学过英文，记不清全词。在写此书时，我求助于北京大学比较文学专业研究生毕业的杨凡女史，承蒙她很快将这首英国毕翠克丝·波特（Beatrix Potter，1866—1943）所作的童谣（原名为《塞西莉·琶丝莉的儿歌》）找到。现在将原文及漪然的译文附在下面，供有兴趣的读者参阅：

Three blind mice，three blind mice，
See how they run！
They all run after the farmer's wife，
And she cut off their tails with a carving knife，
Did ever you see such a thing in your life？
As three blind mice！

三只瞎耗子，
三只瞎耗子，
看它们怎样跑！
跟在农妇身后跑，
她拿起一把小餐刀，
三根尾巴全没了，
你可见过这样的事，
就像这三只瞎耗子？

启先生未说过他是怎样学会唱这首童谣的，可据我所知，他为了写《汉语现象论丛》中的论文，曾经将整本的英语语法书通读一遍；他的

论文中引述了中国童谣《两只老虎》，很可能正是为了进行语法比较而熟读了这首英国童谣的。1996 年 10 月，启先生到伦敦大英图书馆观看敦煌写卷，中文部主任吴芳思女士的儿子很快就喜欢上了这位和蔼、幽默的“中国爷爷”。吴芳思告诉我，以后凡是听说图书馆来了中国客人，她儿子都要问：“是启功先生吗？”

启先生对儿童的爱心，体现在方方面面。就是在 80 年代后期到 90 年代中期，小红楼宾客盈门，先生最应接不暇之时，凡是事关少年儿童的写字、题词或参加活动的请求，他从不拒绝，总是付出心血，乐助其成。我听先生讲过这样一件事：某天上午，先生起身后去开门，看见有两位少年蹲坐在门口，吃了一惊。问他们有何事，答曰：“我们是某中学的学生，喜欢启爷爷的书法，想亲眼看看启爷爷写字。”先生忙将他们领进房间，也不顾自己还未早餐，就研墨展纸为他们写字示范。据侯刚老师介绍，启先生曾多次为赈灾捐款，特别是关怀灾区儿童的生活与教育。1998 年 9 月 10 日，他为长江流域特大洪涝灾害赈灾活动写下了这样一幅特殊的题词：

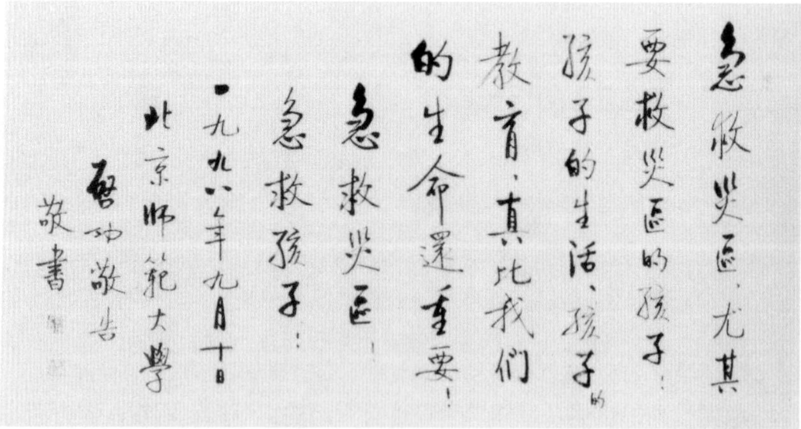


启功书“急救孩子！”

急救灾区，尤其要救灾区的孩子！孩子的生活、孩子的教育，真比我们的生命还重要！急救灾区！急救孩子！

短短四十一个字，连用了四个感叹号，在我所知的先生题词中，仅此一例。启功先生去世后不久，我看到有个网站上在拍卖传为启先生应某儿童基金会负责人之请写的题词“十年树木，百年树人”，从网上公布的图版来看，恐怕并非真迹，否则那位负责人真正要愧对先生的在天之灵了。

# 难得休闲

## 1996年4月在杭州

自20世纪80年代初起，启功先生参加的社会活动日益频繁，到师大小红楼来的宾客也往往接踵盈门，使先生应接不暇。我去看望先生，有时房间里的沙发、椅子都已经挤满客人，连站立都缺少空间，哪里还能舒心聊天！这种“连轴运转”（先生自语）的生活节奏，对于一位七八十岁还有许多工作要赶紧做的老人来讲，实在是过于残忍了。有时先生不堪忍受，也会发点小脾气，也下过逐客令。为此，学校和中文系都专门在先生门上张贴过“劝客告示”，希望能保证先生有起码的休息与工作时间，但效果不大。有时，先生就只好暂时“退避三舍”，躲到学校专家公寓或外边的宾馆去。先生将此戏称作“狡兔三窟”，可有时还是躲不开那些“狡猾的狐狸”——几乎没有一“窟”是可以安身较长时间的。有一次先生在学校留学生公寓暂住，让我抽空拿录音机去录他口述的身世回忆，可我连着去了几次，没有一次不遇到有客人造访的，录音之事只得作罢。至于先生到外地访问，更往往是“行动权”控制在负责接待的“主人”手中。有时连就餐时也有“笔墨伺候”，叫人食不甘味。启先生曾几次对我说：“我明儿个去吃‘都一样’！”问：何谓“都一样”？先生答曰：“要么先刷（写字）后吃，要么先吃后刷，反正要刷，都一样！”后来我才知道，在1983年8月，华君武先生还

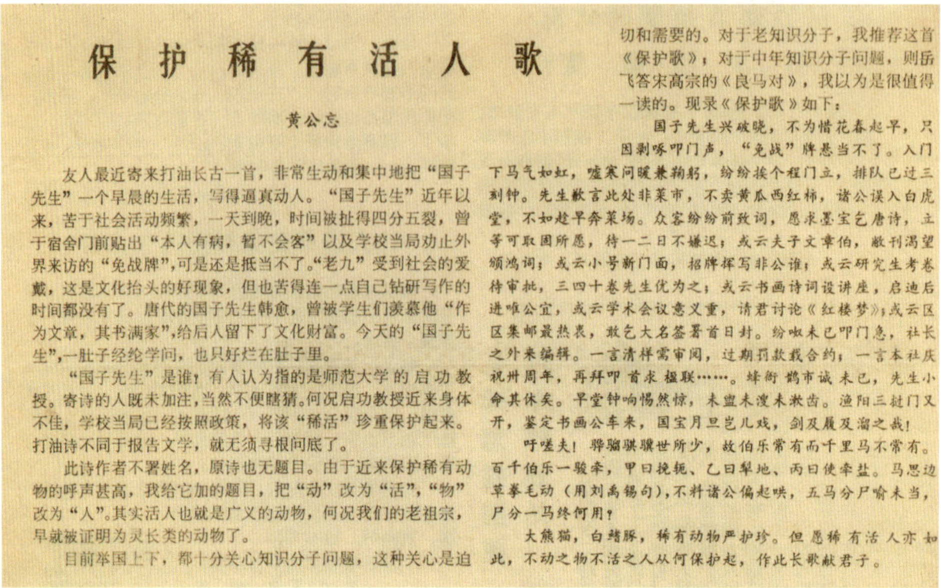

保护稀有活人歌

黄公忘

友人最近寄来打油长古一首，非常生动和集中地把“国子先生”一个早晨的生活，写得逼真动人。“国子先生”近年以来，苦于社会活动频繁，一天到晚，时间被扯得四分五裂，曾于宿舍门前贴出“本人有病，暂不会客”以及学校当局劝止外界来访的“免战牌”，可是还是抵当不了。“老九”受到社会的爱戴，这是文化抬头的好现象，但也苦得连一点自己钻研写作的时间都没有了。唐代的国子先生韩愈，曾被学生们羡慕他“作为文章，其书满家”，给后人留下了文化财富。今天的“国子先生”，一肚子经纶学问，也只好烂在肚子里。

“国子先生”是谁？有人认为指的是师范大学的启功教授。寄诗的人既未加注，当然不便瞎猜。何况启功教授近来身体不佳，学校当局已经按照政策，将该“稀活”珍重保护起来。打油诗不同于报告文学，就无须寻根问底了。

此诗作者不署姓名，原诗也无题目。由于近来保护稀有动物的呼声甚高，我给它加的题目，把“动”改为“活”，“物”改为“人”。其实活人也就是广义的动物，何况我们的老祖宗，早就被证明为灵长类的动物了。

目前举国上下，都十分关心知识分子问题，这种关心是迫切和需要的。对于老知识分子，我推荐这首《保护歌》；对于中年知识分子问题，则岳飞答宋高宗的《良马对》，我以为是很值得一读的。现录《保护歌》如下：

国子先生兴破晓，不为惜花春起早，只因剥啄叩门声，“免战”牌悬当不了。入门下马气如虹，嘘寒问暖兼鞠躬，纷纷挨个程门立，排队已过三刻钟。先生歉言此处非菜市，不卖黄瓜西红柿，诸公误入白虎堂，不如趁早奔菜场。众客纷纷前致词，愿求墨宝乞唐诗，立等可取固所愿，待一二日不嫌迟；或云夫子文章伯，敝刊渴望颁鸿词；或云小号新门面，招牌挥写非公谁；或云研究生考卷待审批，三四十卷先生优为之；或云书画诗词设讲座，启迪后进唯公宜，或云学术会议意义重，请君讨论《红楼梦》；或云区区集邮最热衷，敢乞大名签署首日封。纷呶未已叩门急，社长之外来编辑。一言清样需审阅，过期罚款载合约；一言本社庆祝卅周年，再拜叩首求楹联……。蜂衙鹉市诚未已，先生小命其休矣。早堂钟响惕然惊，未盥未溲未漱齿。渔阳三挝门又开，鉴定书画公车来，国宝月旦岂儿戏，剑及履及溜之哉！

吁嗟夫！骅骝骐骥世所少，故伯乐常有而千里马不常有。百千伯乐一骏牵，甲曰挽辄、乙曰犁地、丙曰使牵盐。马思边草拳毛动（用刘禹锡句），不料诸公偏起哄，五马分尸喻未当，尸分一马终何用？

大熊猫，白鳍豚，稀有动物严护珍。但愿稀有活人亦如此，不动之物不活之人从何保护起，作此长歌献君子。

黄苗子《保护稀有活人歌》

针对此现象专门画了一幅漫画发表。启先生的好友黄苗子亦为此深感忧虑，于是在 1984 年 4 月住院疗养期间，用“黄公忘”的笔名写了《保护稀有活人歌》，在《人民日报》上发表，在此不妨将全诗照录如下：

国子先生兴破晓，不为惜花春起早，只因剥啄叩门声，“免战”牌悬挡不了。入门下马气如虹，嘘寒问暖兼鞠躬，纷纷挨个程门立，排队已过三刻钟。先生歉言此处非菜市，不卖黄瓜西红柿，诸公误入白虎堂，不如趁早奔菜场。众客纷纷前致词，愿求墨宝乞唐诗，立等可取固所愿，待一二日不嫌迟；或云夫子文章伯，敝刊渴望颁鸿词；或云小号新门面，招牌挥写非公谁；或云研究生考卷待审批，三四十卷先生优为之；或云书画诗词设讲座，启迪后进唯公宜；或云学术会议意义重，请君讨论《红楼梦》；或云区区集邮最热衷，敢乞大名签署首日封。纷呶未已叩门急，社长之外来编辑。一言清样需审阅，过期罚款载合约；一言本社庆祝卅周年，再拜叩首求楹联……。蜂衙鹊市诚未已，先生小命其休矣。早堂钟响愓然惊，未盥未溲未漱齿。渔阳三挝门又开，鉴定书画公车来，国宝月旦岂儿戏，剑及履及溜之哉！

吁嗟夫！骅骝骐骥世所少，故伯乐常有而千里马不常有。百千伯乐一骏牵，甲曰挽轭、乙曰犁地、丙曰使牵盐。马思边草拳毛动（用刘禹锡句），不料诸公偏起哄，五马分尸喻未当，尸分一马终何用？

大熊猫，白鳍豚，稀有动物严护珍。但愿稀有活人亦如此，不动之物不活之人从何保护起，作此长歌献君子。

后来，苗子先生曾对来访的记者苏文洋谈了创作此诗的缘由与动机，还说明诗中“国子先生”的遭遇极具代表性，有典型意义。黄先生说：“现在，对老年知识分子最大的爱护，就是不要把他们的时间支离破碎地耗费掉，尽可能让他们完成他们心中所要做的事情。”

多少年来，启先生难得休闲；而我也一直幻想着有朝一日能陪着先生闲云野鹤般地徜徉于山水之间，轻轻松松地休息一阵，哪怕只是一两天也好。这个机会终于在1996年到来了，而且恰好是在我的家乡杭州。

1996年清明时节，由国务院参事室的王海容女士带队，启功先生与齐良迟等几位中央文史研究馆的专家到杭州去和一些书画家（包括台湾来的同道）进行交流联谊活动。出发前，启先生告诉我：这回安排的活动不多，也下定决心少刷字，恐怕有空闲在杭城走走。于是，我赶紧买了火车票，提前回到家乡等候先生。1979年秋，启先生曾赴杭参加西泠印社75周年社庆，80年代又曾因文物鉴定、参加兰亭笔会等事务，数次在杭城小住，可是因接待方与省、市政府有关部门热情、周到的安排，活动频繁，行色匆匆，加上上门求字者络绎不绝（从省市各级领导人到普通书法爱好者），根本无暇领略西子湖光山色。记得有一回先生下榻葛岭下的新新饭店，虽然背山面湖，风景优美，但闻风而至的访客几乎踏破门槛，有一天房内墙壁上挂的画框又突然滑落，几乎砸在先生头上，哪还有兴致观赏景色呢？先生这次赴杭，活动举办方是一位民营企业家，也没有和当地政府部门打什么招呼，免去了官方应酬，加上参加活动的其他朋友也各有自己的安排，所以集中活动所占时间较少，就有了自由。4 月 6 日下午，我得知此番联谊的集中活动已基本结束，便和陪同先生来杭的景怀兄商定：7 日、8 日两天，就由我陪同启先生和景怀“自由行”了。

古诗云“清明时节雨纷纷”，可这次连老天爷也深知启先生难得休闲，于是格外照顾，连着两天风和日丽，天清气朗，便于我们出行。我请在省文化厅当领导的老同学安排了轿车，7 日上午先奔龙井；同时，又请了在浙江摄影出版社当编辑的老朋友丁珊随行。龙井喝茶观井的地方很集中，当时游客不多，也便于我们聊天。我们先去看井。据介绍，用一根木棒或粗树枝搅动井水，就会看到水中翻动着宛若游龙的银白色水纹，井名即由此得来。实际上是因为这水的矿物质含量高而致，所以用此水泡茶，味道更佳。过去我来过这里多少次，往往不是人多，就是水浅，难得搅动观赏，今天则可尽兴而为。俯首仔细瞧着井水龙纹，先生笑着挥动手杖，十分开心地说：“这就叫‘水不在深，有龙则灵’嘛！”又高兴地拉着我们在假山石前留影。然后，我们就在旁边小小的庭院里摆上桌椅，品茗谈天。其时茶室冲泡的杯茶，似乎并非当年新茶，所以对茶叶较为在行的丁珊说：“这茶不算好。”先生便说：“这么好的茶，您还说不好，您要求太高了！”我知道先生有时在北京喝别人送的新绿茶，习惯用手先将叶片捏搓成碎末，冲泡后并不立即喝，而是待茶水快

启功、章景怀、柴剑虹在杭州龙井合影

龙井留影

凉时大口吞下，有时别人问起，便说："这叫物尽其用。"所以我们泡了茶便以聊天为主，不能催请先生饮茶。先生特意请开车的司机也一起喝茶聊天。当时海阔天空地神聊，具体的内容都已忘却，只觉得在清新的空气里，闻着淡淡的茶香，听着先生悠扬悦耳的京腔，真是愉悦身心的大享受。

离开龙井下山，我们便直奔岳庙。进庙门左行，我们先凭吊岳飞父子墓，再依次观看秦桧跪像、碑廊、"精忠报国"墙、硅化木等，先生均饶有兴致。我记得正殿柱子上悬挂着先生 1979 年重书的赞扬岳家军的旧联，要转回去参观大殿，先生却说："这对联好，我写得不好，不必看了。"出庙门时，我请先生看门边墙上嵌着的浙江省文物管理委员会 1979 年 7 月所刻的《重修岳飞墓记》，全文曰："南宋岳飞墓为国务院公布的全国重点文物保护单位。一九六六年秋被毁。一九七九年重新修复。历时一年，花费人力五万六千工，人民币四十万元。"碑文仅寥

启功与柴剑虹在岳庙

寥五十多字，却发人深省。先生翘起大拇指说：“言简意赅，足抵得过一篇声讨‘四人帮’的长文了。”出了岳庙，我考虑到这天启先生走路不少，就先送他回宾馆休息了。

4月8日上午，我陪启先生及景怀兄先参观位于孤山脚下的浙江图书馆古籍部，因为这里新修了一个碑廊，将遭“文革”洗劫后残存的一些碑石镶嵌起来，其中不乏珍品；而在古籍部的工作人员中，也有先生熟识的余子安、谷辉之等几位朋友。先生仔细地观赏了碑廊藏品，尤其对其中几方明刻《淳化阁帖》残石发表了自己的看法。当谷辉之女士介绍说这些碑刻在“文革”中因用来垫炉子而得以保存时，先生无奈地摇摇头说：“也算是不幸中之大幸吧。”丁红女士问先生上不上杨虎楼去看那里藏的文澜阁四库全书，先生说：“我以前看过，楼太高，今天就不爬了吧。”我们在休息室小坐时，师大校友，也是我大学毕业后同赴新疆工作的好朋友沈晖、沈敏二位也先后赶到了，我们便一边喝茶，一边

启功讲碑

闲谈浙图的古籍收藏与整理情况。古籍部的黄良起先生是刻碑能手，他拿出自己几件作品的拓片请启先生指点，先生认为近乎形神兼备，正是能“透过刀锋看笔锋”的佳作，大为夸奖。黄先生又取出他家收藏的刘墉法书册页请启先生过眼，先生鉴定系真迹无疑。当黄先生离开休息室去取东西时，王效良副馆长（亦是我中学母校校友）介绍说黄先生脾气较大，有时不大听从工作安排。启先生便说：“艺术家皆有自己的脾气，关键是要用其所长，他的碑刻得那么好，你让他成天和别的工作人员一道搬书，岂不浪费！”一席话，说得大家点头称是。后来我知道，也正是先生这句话，使得黄先生在浙图有了更多施展自己才能的时间与空间。（第二年春天，黄先生将那件刘墉法书册页交给我，希望能换得启先生的墨宝。先生说：“我岂能夺人之爱？”遂即在册页上题跋后，又书写一幅作品，让我一起交给黄先生。这是一段后话。）时近中午，我的父亲、母亲也从家中赶来与我的老师相聚。我们一道到旁边的楼外楼

启功、章景怀与沈晖、余子安在浙图古籍部

楼外楼前合影

“你们瞧！”

用餐，席间三位老人畅叙家常，互道珍重；我们几个老校友和景怀兄也频频举杯，祝愿先生健康长寿。吃好饭，先生又在楼外台阶上和大家合影留念。

午餐之后，先生不想休息，乘兴前往灵隐寺。到景区进第一道门，左边有新的雕塑群，我对先生说：听看过的人说，这些个仿古新作，大都粗俗不堪。先生说：“那咱们就别瞧。”沿小道直行，理公塔、一线天、大肚弥勒等石刻像、冷泉亭，先生都饶有兴致地观赏。进第二道由寺庙收票的门，才算进了寺庙，门前两旁的石塔是唐朝遗物，可惜拦在高台之内，无法近观了。大雄宝殿前苍松翠柏郁郁葱葱，有几副精彩的楹联映入眼帘，但大香炉中香火正旺，烟雾缭绕，使人难以定睛细辨，实为憾事。启先生在大雄宝殿里释迦牟尼巨像前肃立合十，然后行跪叩之礼。我用相机拍下了这个难得的镜头。先生说：“我小时候曾在雍和宫接受灌顶之礼，有皈依法名，会行五体投地大礼。这里放的木板垫子只能行普通的跪拜礼了。”在庙里的流通处，先生停下脚步想请一串佛珠，刚开口询问，即被一位老师傅认出，问：“你是启功先生吧？”我们在作了肯定回答后，怕引人围观，影响出游的轻松气氛，只好赶紧撤退了。

为了换换新鲜空气，我建议在植物园下车，徒步其中，再到玉泉观鱼。可这样一来，步行距离很长，又怕启先生会太累。可先生却挥舞着拐杖说：“我比你们多一条腿，还怕走路么？”我们下车后便让司机开车到玉泉的停车场等候，约好为我们摄影的丁珊则独自骑自行车前往。清明过后，植物园里已是一片青翠，缀满新绿嫩枝的草木满目皆是，各色玉兰满树散发芬芳，沁人肺腑，我们三人漫步其间，浴身其中，消除了劳累，也全然忘却了尘世的喧嚣。一路徐行，看着先生舒心之态，我们也顾不上多讲话了。约略算来，走到玉泉观鱼庭院，那天起码走了三四里地，可先生丝毫没有疲倦之感，真让人欣喜。我们在鱼池旁的茶室歇脚。池中除金色鲤鱼外，那些似导弹般身躯穿梭的大青鱼更引人注目；当然，更让我赞赏不已的，是挂在池旁柱子上启功先生书于 1983 年春天的一副对联：“鱼乐人亦乐，泉清心共清。”明代董其昌书写的匾额“鱼乐园”则悬挂其上。于是，我们坐下来，冲一壶茶，话题就围绕着这对联展开。事先我曾让丁珊准备黑白胶卷，可用以拍摄人物特写。我对先生说：“今天请丁珊来照相，但您可视而不见，只顾聊天，这样更自然些。”先生颔首。我们论老庄与惠子的诡辩，讲董其昌的倩人代笔，谈童第周先生的金鱼基因变异研究；我也介绍了玉泉的传说故事。就在这热烈的交谈中，先生时而端坐肃穆，时而拄杖扬眉，时而举手指点，时而怪样幽默，这些生动丰富的神态全都被丁珊定格于胶片之中。要离开鱼乐园了，启先生看见有人在卖浸泡在水盆中的圆石，其中呈宝石蓝色的，煞是鲜丽，先生也挑了几块买下。景怀兄说：“这肯定是假

悬挂启功书写楹联的玉泉鱼乐园

启功玉泉购石

的。”先生说：“喜欢就好，管它真假。”接着，又拉着我们在这庭院里合影，可见当时先生心情之佳。

两天陪启先生游览的时间虽短，却给我和先生都留下了难忘的美好回忆，因为我知道，忙碌与劳累了一辈子的老师，历尽坎坷，当了名人大家之后更是心劳神疲，难得休闲。启先生这番能无拘无束地寄情西子山水，实在是上天所赐，也是我家乡的造化。就在这次杭城之游两个多月后，我的父亲因脑溢血逝世，楼外楼的午餐成为两位老人的最后聚会。父亲去世后，启先生一再地安慰我，还特意为我父亲书写了墓碑，父亲泉下有知，亦当感到欣慰……

景行維賢

文會

德建

形語

## 结语

# 最后的关怀

2002年7月26日，为了庆贺启功先生九十华诞，全国政协主席李瑞环在钓鱼台国宾馆设宴祝寿；文物出版社和北京师大出版社联合出版了《启功书画集》，并在人民大会堂举行了座谈会。宴会气氛热烈，会场济济一堂，到会者无论是国家领导人，著名书画家、学者，还是先生的普通学生，都一致赞扬启先生高尚的人格魅力和杰出的学术、艺术成就，而先生却依然是用“我哪儿行啊”“我做得太不够”“我还要继续努力”几句朴素的话来表达自己的心声。10月，作为庆贺北京师大百年诞辰活动的一个组成部分，师大又举行了“启功先生从教70周年学术研讨会”，并与全国政协、中央文史研究馆、国家文物局、九三学社四家联合举办了“启功书画展”。这一段时间，先生虽然比较劳累，精神还算不错，但是眼睛的黄斑病变，却发展得很快，原先是看书必须要用高倍放大镜，现在执笔书写时无法看清笔道，又不能用放大镜，因此基本上停止了用毛笔写字，只能用硬笔替代。2002年冬，启先生用硬笔在洒金纸板上写了《千字文》中的四句赠我：“景行维贤，克念作圣，德建名立，形端表正。”这也是先生又一次对我的勉励。

2003年春，“非典”肆虐，师大校园处于封闭状态，启先生无法外出活动，我们也不能进校探望先生。本来先生就很少在校园走动，因为

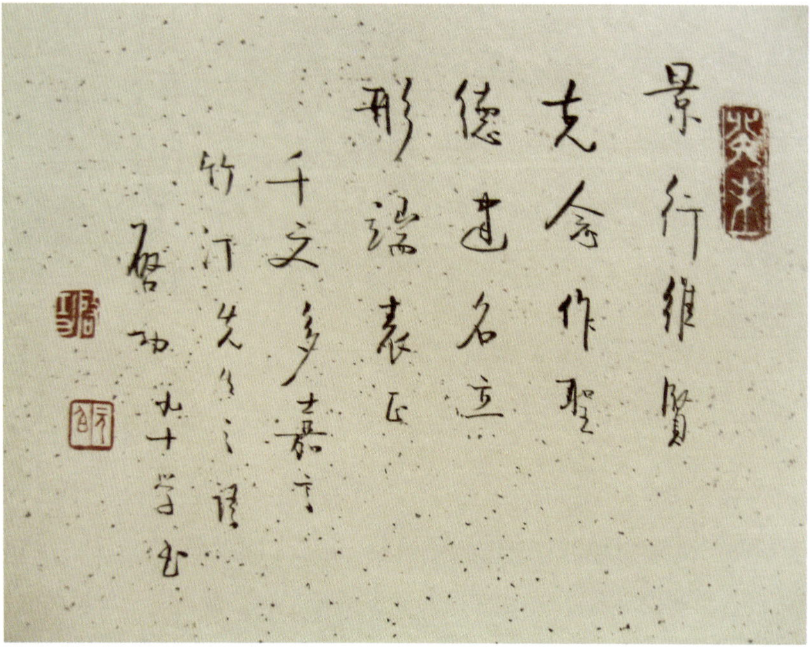

启功硬笔书《千字文》摘句（2002 年）

视力不好，有时对面碰上熟人未认出就会得罪人，再碰上求字的也不好应付；现在，连泼墨运气的活动也停止了，身体机能就急速下降了。很快，先生走路困难了，只能借助于轻铝制的支撑架慢慢挪动。后来，因为尿路不畅，又挂上了导尿袋。尽管先生仍以一贯的乐观态度对待这一切，喜称“我有恩赐紫金袋”，毕竟给起居造成极大不便。本来我曾建议先生专写大字，以恢复挥毫运动，可是先生讲那得站立才行，已经力不能及了。可就在如此艰难的处境里，先生关心的仍是他人，是国家与民众的安危。

2003 年 5 月初的一天，文物出版社的苏士澍社长给我打电话说：“启老认为书画界、学术界也应该为抗击‘非典’做些贡献，提议写诗作词以慰问白衣战士，鼓舞士气。他希望和季羡林先生共同发起此事，

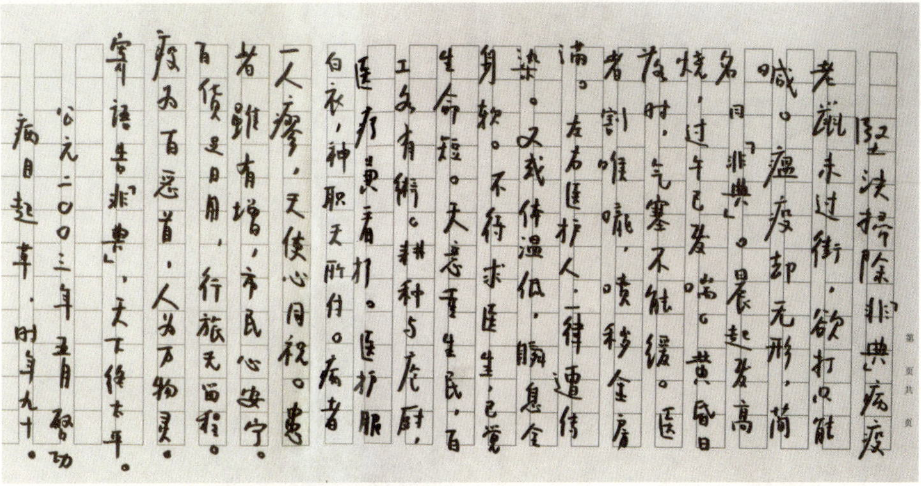

坚决扫除「非典」病疫

老鼠未过街，欲打只能喊。瘟疫却无形，简名曰「非典」。晨起发高烧，过午已发喘。黄昏日落时，气塞不能缓。医者割喉咙，喷秽全房满。左右医护人，一律遭传染。又或体温低，瞬息全身软。不待求医生，已觉生命短。天意重生民，百工各有术。耕种与庖厨，医疗兼看护。医护服白衣，神职天所付。病者一人瘳，天使心同祝。患者虽有增，市民心安宁。百货足日用，行旅无留程。疫为百恶首，人为万物灵。寄语告「非典」，天下终太平。

公元二〇〇三年五月启功病目起草，时年九十。

启功《抗击“非典”诗》手稿（2003年5月）

你和季老联系一下。”我马上和住301医院疗养的季先生取得了联系。当时季老住院已经一年，刚动过手术，就转请其助理李玉洁女士嘱咐我代拟一联，请书法家代为书写。启功先生很快用硬笔写了一首五言诗《坚决扫除“非典”病疫》：

老鼠未过街，欲打只能喊。瘟疫却无形，简名曰“非典”。

晨起发高烧，过午已发喘。黄昏日落时，气塞不能缓。

医者割喉咙，喷秽全房满。左右医护人，一律遭传染。

又或体温低，瞬息全身软。不待求医生，已觉生命短。

天意重生民，百工各有术。耕种与庖厨，医疗兼看护。

医护服白衣，神职天所付。病者一人瘳，天使心同祝。

患者虽有增，市民心安宁。百货足日用，行旅无流程。

疫为万恶首，人为万物灵。寄语告“非典”，天下终太平。

公元二〇〇三年五月启功病目起草，时年九十

启功与季羡林

启功与王选、季羡林

当时先生在电话中特意嘱咐我也写首诗词，于是我也试着步先生所作《鹧鸪天·就医》词的韵脚，起草了一首抗击“非典”词，因为觉得在个别字的声律上还把握不准，就打电话向先生求助。先生让我一句句念给他听，很快就为我改定了全词；还怕有误，又让我打印后用传真发给景怀交他过目。在先生的带领下，近百名书画家、学者、编辑纷纷提供作品，以最快的速度编成《亲情问候》一书，由文物出版社印行，献给战斗在抗击“非典”一线的亲人们，极大地鼓舞了医护人员。

2004年7月，我按时办理了退休手续，先生则多次勉励我应继续为书局做些工作，同时搞好学术研究。因为与台湾的一个教学科研项目有约在先，我于9月下旬到设于台北市阳明山的中国文化大学去开设敦煌吐鲁番学的课程。临行前，先生殷勤叮咛。中秋佳节，我从阳明山上打电话问候先生，先生又一再说：“要‘节约用电’，注意身体啊！”2005年元旦，我在台北中国文化大学宿舍打电话给启功先生祝贺新年，话筒里传来先生十分清晰的声音，问我：“你几儿回来？”我说：“1月11日回到北京。”先生高兴地说：“那好，还有10天，我们又可以见面了。”回京后本想第二天就去师大，先生却在电话里关照我歇一天再去。1月13日，我和夫人孟卫一道到师大红六楼看望先生，却感觉到他的身体已大不如前。他在向香港来的钟氏兄弟介绍我时，说话断断续续，相当吃力，声音微弱，一句“这是我最好的朋友”分了三次才说全；而且在椅子上已不能坐稳，慢慢向右倾斜，他的内侄景怀为他垫上毯子，可身子仍然下滑。我们心里很不好受，怕先生太累，赶紧要辞别，先生却坚持留我们多说几句话：关切地问我们中华书局新出的书，问我孩子的学习和身体，问钟氏兄弟海外文物的回归情况……

1月21日，因身体实在虚弱，启先生入住北大医院第二住院部干部病房。22日是周六，上午近10点，我陪专程从杭州坐火车来的杭高学友丁云川到病房探望，先生正躺在床上挂点滴治疗，脸色苍白，精

为《启功丛稿·艺论卷》书稿作最后修订（2004 年）

神不好，但思路仍清晰。他对我说：“你看我现在真泄气，什么也干不了。”又说：“文物出版社印《万岁通天帖》，要超过日本人，我现在真想从床上蹦起来大干一场，可惜力不从心呀！”他对丁云川说：“我们好久未见面了。”又问我：“杭州还有一位姓丁的女士，好像是一个人带着孩子。”我知道他是指浙江摄影出版社的丁珊，96 年先生在杭州时，我请她一起陪着到龙井、玉泉等处游览，并专门为先生拍照，先生一直记得她。我说：“她也退休了，还在浙江美院兼课。”丁云川拿出他收藏的谭嗣同写的扇面给先生看，先生虽已瞧不真切，但马上说：“谭嗣同是我们衷心敬佩的伟大的爱国者。”我马上说：“您连用了两个准确的定语，思维清晰，可见不必气馁。您要好好在医院疗养，配合医生，别着急出院。”病房较热，我劝先生要多喝水，他马上拿起床头的水杯，用吸管喝了水。

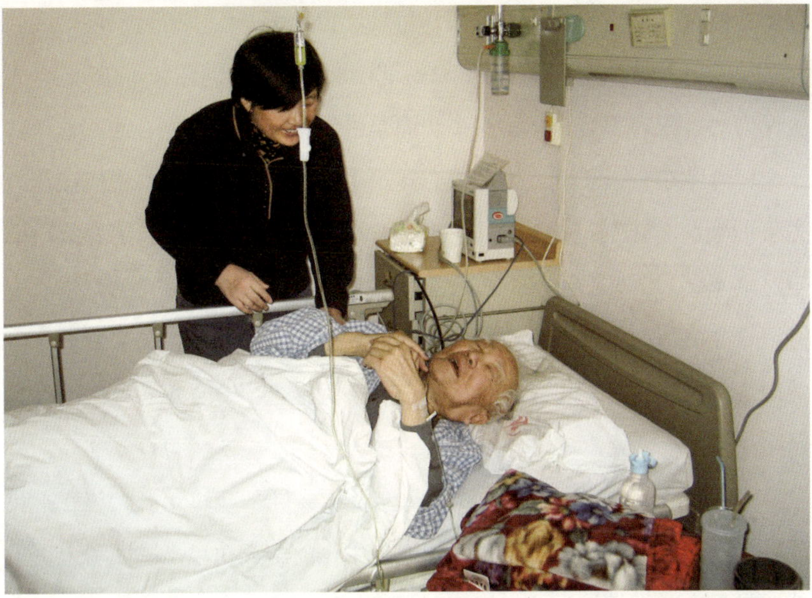

启功在病房接受治疗（2005 年 1 月 22 日）

1 月 28 日下午 3 点多，我到病房去探视。在医院一楼走廊上碰到刚探视完先生出来的李从军同志，他也很为先生的病情担忧。进了病房，我见先生还在输液，他的侄孙章正在房内值班。先生对我说："上午程毅中先生来了，我没有力气说话，只好拱手作揖表示感谢。昨儿个袁行霈先生来，讲了诗词注释十条，我很赞成，很高兴，可惜我做不了了。"我说："您现在最主要的任务是养病。"他闭目养了一会儿神，睁开眼非常清晰地对我说："剑虹，我现在的心情很矛盾啊。我也希望家人亲友坐在身边，多聊一会儿；但也不愿意你们瞧见我这模样心里难受。这房间里空气也不好，咱们见了面了，你就回去吧。"接着就又闭上了眼。我坐在他床前没动。他就招呼章正："章正，你把柴大大送走。"章正说："爷爷你放心，我会完成这个任务。"我十分明白先生的心意，站起来告辞。在病房门口，章正向我介绍了这几天的情况：虽然虚弱，但检查器官没有新的毛病，可是比较急躁，老闹着要出院。我回家后给袁行霈先生打电话，问他跟启先生讲的“诗词注释十条”。袁先生说当时并没有跟启先生讲这个，而是讲温家宝总理访德，德国总理送了一辆奔驰车；温总理回国后将车转给了中央文史研究馆，说应该让老先生们坐这车。袁行霈对启先生说：“您好好养病，出院后请您第一个坐这辆车。”当时先生听了还直竖大拇指。可是，作为馆长的先生一直惦记着文史馆要编选馆员诗词的事，向我提到袁行霈副馆长去看他，自然便想起这件事了。可见先生虽躺在病床，脑子里一直想着要做而没有做完的事。

2月3日我全家到广州去和老母亲及弟、妹一起过年。大年三十我还发短信、打电话给先生拜年，知道先生在前一天执意出院回了家，虽然还是卧床，但精神尚可。年初三下午，我回到北京，傍晚给景怀打电话，才知道先生年初一下午在家突然昏迷，送医院抢救时已十分危重，经在重症监护室两天救治，好像开始有些知觉。因为在抢救中，不允许去探视，大家只有在心里默默地为先生祈祷，期盼能出现奇迹，让先生渡过难关，转危为安。在以后的四个多月里，我曾去探视过几次。先生大多数时间里仍处于昏迷状态，有时能听见亲友在旁呼唤，会睁开眼睛有所反应，也能连续拨动手里的念珠，但始终不能再开口说话。6月11日是端午节，正好又是可以去医院重症监护室短暂探视的周六，下午4时许，我到监护室外等候，看见了先我进病房探视的先生的几位亲属，出来时眼睛里都噙着泪，都说先生在睡眠中。我走到先生的病床前，先生恰好睁开了眼睛，右手捏着的念珠缓缓地拨动了一下。郑喆对他说：“三姑爷，柴剑虹来看您了，大家来看您了。”先生睁着眼，没有反应。我俯身垂首望着他依然慈祥的面容，心里有千言万语要向老师诉说，却不敢发出声来，怕惊扰了他的安宁。先生的眼睛又闭上了，他在和病魔作顽强的搏斗，实在是太累太累了！我猛然意识到，我可能再也

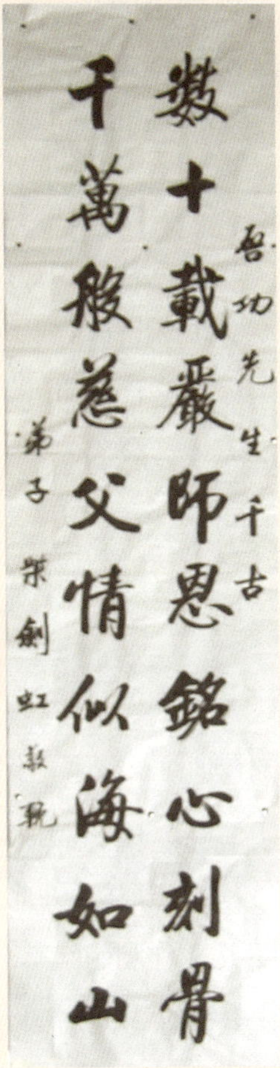


柴剑虹敬献在灵堂的挽联
（2005 年 6 月 30 日）

柴剑虹在北师大英东楼的启功灵堂（2005 年 7 月 3 日）

设在北师大红六楼家中的灵堂（2005 年 7 月 3 日）

听不到老师亲切和蔼的声音了！眼泪止不住夺眶而出。先生生前对我说的最后的几句话仍然是对亲友、学生的关怀，对未竟事业的关切，这就是先生的伟大人格与风范！

6月30日凌晨2时25分，启功先生逝世。噩耗传出，举世同悲。中国失去了一位最有亲和力、德高望重的教育家、艺术家和国学大师。我失去了最敬仰、慈爱的导师，心中的悲痛难以言状。我在上午赶到了分别设在师大英东楼和红六楼家中的灵堂，敬献上凝聚着我千言万语的挽联：

数十载严师恩铭心刻骨，
千万般慈父情似海如山。

“学为人师，行为世范。”启功先生为母校拟定的校训，正是他一生的真实写照。朱镕基总理曾在写给启先生的亲笔信中称道先生是“国之瑰宝”。启功先生驾鹤仙逝了，但他的遗爱永留人间。本书初稿写到此时，万众瞩目的2005年度的“感动中国人物”的评选工作刚刚结束，电视荧屏上激动人心的颁奖场面上时时闪耀着启先生书写的“感动中国”四个大字，这又使我感到十分欣慰，因为启功先生也将永远与这些杰出人物一道感动中国和世界。我的老师留给我们的，是高耸入云的道德的丰碑、学术的丰碑、艺术的丰碑，是记载着一位教育家、国学大师心路历程的历史的丰碑，是整整一座灿烂辉煌的大博物馆……

几家出版社赠内蒙古锦山中学启功书屋的启功著作（2005 年 10 日）

# 后记

启功先生《春归》诗曰："春归讵卜寒深浅，腊尽先思漏短长。"我得以集中时间写这本书的一个多月，正是腊尽春归时节，乍暖还寒，我坐在电脑前，漏短思长，百感交集，心潮难平。四个月前，我和景怀兄、侯刚老师应邀到内蒙古赤峰锦山中学去的情景还历历在目。在启先生病重的时刻，这样一所极普通的中学，为了弘扬祖国优秀的传统文化，为了使广大师生全面地了解和学习启功先生，特地设立了安置着先生塑像的"启功书屋"，开辟了专门的宣传栏，编写了相关的学习教材。我们那次去，景怀兄向学校赠送了几件启先生生前使用过的宝贵用具及书画作品的复制品，侯老师和我则代表北师大出版社、文物出版社、中华书局送去了启先生的几十本著作。在全校举行的赠送仪式与报告会上，气氛热烈而感人，让我们体会到了师生们对启先生的由衷敬仰和热爱。回京之后，中学的巴易尘校长还一再打来电话，希望能进一步编写学习启功先生的教材。因此，我希望这本书能够有助于广大读者更好地了解和学习我的老师，有助于中国优秀传统文化的继承与发扬，有助于文明和谐社会的构建。但是在完稿之际，我却痛恨因自己记忆的缺失与文字的笨拙，实在难以表达老师伟大一生与崇高精神之万一。我仿佛听见了启功先生在九天之上的呵斥："汝小子何为？不记得吾早有诗云'何待汗青求史笔，自家腕底有铭辞'么？"我只有伏地请罪。

因为已经有《启功口述历史》和侯刚先生的画传《启功》出版在先，我有意控制了本书的篇幅，避免赘述，尽量以描写自己多年来在老师身边的亲身见闻和感受为主，必须引述的历史材料也力求真实可靠，并配以能够反映老师精神风貌、切合书中内容的照片。这些照片除先生家属提供外，大多是我自己及友人所拍。另外，关于启功先生在学术领域里的成就，我曾先后写过若干简述自己学习心得的文章，虽然浅陋，其中五篇发表时曾经过先生的审读认可，所以将它们连同新近所写的一篇附在书后供读者参考。书中所涉如有不确与欠妥之处，当然应该由我个人负责，并诚挚地欢迎大家批评指正。

本书在写作过程中，得到了许多亲友的鼓励、支持与无私帮助。特别是启功先生的内侄章景怀先生一家、母校北京师大的侯刚老师，在资料核实、图片提供等方面均给我以切实的援助。我还要衷心感谢北京商务印书馆的杨德炎总经理、江远副总经理，感谢香港联合出版集团的陈万雄总裁和张倩仪总编辑，还有本书的责任编辑，如果没有他们的鞭策和支持，这本书也许很难在启功先生逝世一周年之际顺利出版。

2006 年 2 月 20 日于中华书局

启功与傅熹年

启功与冯其庸、杨德炎

签名赠书

启功与钟敬文、刘乃和

启功与政协老友

启功与史树青等

观看佛珠

# 附录

# 论文十篇

# 启功先生的治学精神、方法及能力

启功先生不仅是闻名遐迩的书画大师和文物鉴定家，也是学术界公认的文史研究大家。他的治学精神、方法及能力，是其学术思想的重要组成部分；这不仅反映在他的书、画及诗词创作、学术论著里，也表现在他平时的教学工作与谈话之中。作为受启功先生教诲多年的学生，想就此谈一点粗浅的学习体会，请启功先生及识者批评指正。

## “积学所致无鬼神”

“积学所致无鬼神”是《急就篇》中的句子，启功先生曾用来写进自己的诗中，我以为似可用以概括启功先生的治学精神。作为一位学术功底深厚、知识渊博而又谦虚严谨的学者，启功先生从不墨守成规教条，善于辩证思维；从不迷信古人、权威，敢于革旧创新；从不满足单科知识，长于广征博引；从不放弃大小疑问，乐于寻根究底。

中国古代文学史与文学作品的教学、科研，在 80 年代前已经形成了不少条条框框，许多模式，若干套路。比如思想性与艺术性的分析，时代背景与阶级局限的阐述，风格与流派的归类判断等，虽然不是全无道理，却常常犯主观片面的毛病，形成教条乃至僵化，有的还自相矛盾。例如将中国古代文学分为先秦、汉魏、唐宋、元明清四段；讲唐代文学也依旧是初盛中晚。启功先生很不赞成这种分法，他讲：“似乎文学的发展，常常随着历史的标志为标志，某朝某代，什么初盛中晚、前期后期。其实文学和历史，并非双轨同步。文学家们，并非在‘开国’时一齐‘下凡’，亡国时一道‘殉节’。”启功先生在教学中就敢于打破框框，给研究生讲述整个中国古代文学史中的一些重要问题，如六经皆史料的问题、作家流派及评价问题、诗书画关系问题、诗文声律问题、八股文问题、子弟书问题等等，启功先生都有独到精辟的创见。翻开《启功丛稿》的“论文卷”，无论是对传世的《急就篇》《兰亭帖》《自叙帖》等碑帖的考辨，还是对“山水画南北宗”“绝妙好辞”的条析，对八股文、子弟书、《红楼梦》的评价，都不落窠臼而独辟蹊径，充满了创见。不管是古代的文学巨匠，还是当代的史学权威，只要他们的论著有疑可问，启功先生都敢于“捅马蜂窝”，提出自己的见解来。

启功先生的“韵语”创作，更是其人格、性情、学养、智慧的形象体现。现编入《启功丛稿》“诗词卷”的600余首诗歌作品，无论题赠、记事、写景，还是咏史、忆旧、自嘲，以及论诗、论词、论人，都奉行“我手写我口”“我口道我心”的宗旨，简朴明白，生动活泼，幽默而深邃，真挚以感人。在形式上，又无论古体近体、齐言杂言，诗词赞铭联，既讲究声韵格律，又不为古人韵书所限，使人耳目一新又回味无穷。试读他的《自撰墓志铭》、《鹧鸪天》（乘公共交通车）、《痛心篇》、《古诗二十首》（蓬莱旅舍作）诸作，又有谁能不为之动心动情乃至动容呢？再看他的病中所吟，居然于“地转天旋，两眼难睁”之时，甚至要报病危之际，仍不忘调侃病魔，又有谁能不为之感动而击节叫好呢？启功先生十年前一场大病初愈时写的杂言《赌赢歌》，全诗 32 句，每句最少 9 字，最多 28 字，寓深情于数来宝式的叙述之中，朗朗上口，酣畅淋漓，真正称得上是旧体新诗的杰作！有一位大学中文系的教师说，他读启功先生的诗歌，时而忍俊不禁，开怀大笑，时而敛容沉思，浮想联翩，时而辛酸落泪，感慨万千，仿佛自己所有的情感都被这些诗句调动了。这正是启功先生诗歌作品巨大的艺术魅力所致。

## “学兼今古能会通”

“学兼今古能会通”是启功先生夸奖友人的诗句，似可用来说明他提倡的治学方法。正因为能会通古今，启功先生在治学中对以下四对关系的辩证处理尤为引人注目：

材料与观点的关系——坚持从材料出发得出结论。启功先生秉守“无征不信为立言之本”的学术信念，牢记陈垣老校长“要竭泽而渔地搜集材料”的教导，在文史研究中从不发空论，而是依据平时积累的大量材料，经过仔细筛选、认真辨析，加以考证推理，得出令人信服的结论来。如从 20 世纪二三十年代以来，治中国文学史者多不注意文学作品本身及正史记载以外的相关材料，为此，启功先生在1961年专门写了《碑帖中的文学史资料》一文，主要以唐代作家作品为例列举了古代碑帖中涉及的三大类资料，指出它们在作品校勘、佚文辑补、史实考证与创作技巧研究上的作用，大大开拓了研究者的视野。

现象与本质的关系——从现象入手去探寻规律。《易·系辞》云："形而上者谓之道，形而下者谓之器，化而裁之谓之变。"而在学术研究中，这种从器到道、以形求质、化而变之的方法却往往被颠倒或歪曲。比如在我国近代语言学界，最明显的就是套用西文"格郎玛"（语法）来构筑框架指导文法研究与规范语言现象，使研究者常常陷于矛盾之中而困惑难解。启功先生则从大量实际存在又往往为人忽视的书面及口头语言现象入手，潜心进行比较分析与研究，写出了一系列足以使语言学界振聋发聩、让广大学生耳目一新的论文，结集为《汉语现象论丛》出版，为汉语研究开拓了一条广阔的新路。

睿思与考据的关系——二者相得益彰。在启功先生的学术生涯乃至日常生活中，时常迸发充满智慧的思想火花，表现出他过人的聪明才智；但他又绝不会满足于此，而是用来启发自己搜寻材料、周密考证、严谨立论的工作。可以说，启功先生的许多真知灼见，都是二者巧妙结合的成果。钟敬文教授题赠启功先生的诗里有"论文别有灵奇想"一句，就是称赞睿思在学术研究中的作用。

广博与精深的关系——这也包括普及与提高的关系，二者相辅相成。启功先生每每将他讲的课戏称为"猪跑学"，实际上是不限门类、没有局束、由浅入深地讲授广博的各种知识（包括常识），为学生打好提高的基础。他多次讲到古代的一个笑话：有位将军打仗时手臂上中了一箭，跑去治伤。一位"外科"医生只将露在皮肉外的箭杆锯掉，说：“我只管外边一截，剩下的你去找‘内科’大夫罢！”启功先生从小打下坚实的文史功底，到老仍持之以恒地广泛涉猎，而又精益求精。他谙熟古代文献典籍与金石资料，擅长诗、书、画，又精于文物品鉴，所以才能在治学和创作中游刃有余、融会贯通。

以上四种关系的正确处理，说明启功先生在治学中讲求证据、注重现象、充满智慧、提倡知识积累，而且四者并行不悖，互相促进，形成了自己独特的学术风格。

## “文章博综希中垒”

“文章博综希中垒”，这是启功先生因谦虚而将刘九庵先生赠友人对联的上联改了二字以见志。其实，启功先生的博学多闻与潇洒为文是绝不亚于刘向（曾任中垒校尉）的。他在读书与写作中，表现出非凡的感知力、想象力和创造力。

首先是感知力——这里指他对文学作品的感受认知能力。启功先生对汉语文学语言最具特色的语音（声律）与字义有极为出色的感受力。启功先生讲授古典文学，特别强调读、听、记，而读（包括看）、听即是一种视觉、听觉的感受，是对文学作品进行审美活动最初、最基本的一步。欧洲有的美学家（如 13 世纪意大利的托马斯·阿奎那）即认为审美乃是一种视听直觉活动，是为理性思维服务的。读我国优秀的古典诗文，都能带来听觉视觉上的美感。启功先生给学生上课，常常一遍又一遍地吟诵要讲的诗词，让学生自己去感受体味，很少作繁碎的诠释。正如他常讲的：一篇作品，如果还没有很好地感受到它的文字、声律之美，就急着去分析什么思想性、艺术性，实在是得不偿失的。我想，恐怕这也是当前中小学语文教学的症结所在。对组成文学作品的“合成信号”——由共同工具、共同思想、共同表现方法、共同传统形成的“内核”，启功先生有着非常敏捷的接受力、捕捉力，因此能迅速地由表及里地掌握作品的丰富内涵，即由感受到认知。大家都惊叹启功先生对已读过的东西有着非凡的记忆力，但这明显又不靠死记硬背，而是许多“合成信号”的有机合成，是一种可以在头脑里快速检索、调配、分析的信息储存。启功先生的思维特别活跃，既能一触即发，又能触类旁通。他进行诗词创作，许许多多的史实、典故及前贤诗句都能信手拈来，灵活化用，和身边事、眼前景、心中情结合得水乳交融，就是这种能力的明证。

其次是想象力——这是以感知材料为基础进行联想、发挥、组合变化而创造新形象的能力。这也是一种以形象思维为主的思维能力。读启功先生的诗文，听他讲课、谈话，我们随时可以感到他不同寻常的想象力：丰富而不凌乱，奇特又合逻辑。比如前面提到文学史的分段，启功先生马上想到了烹鱼，他说：“譬如烹鱼，烧头尾和烧中段，从来也没法规定以第几片鳞为界线去切，只是硬切。而教书又毕竟与烧鱼不同，烧鱼可以裹上面糊用油一炸，断处剖面均被掩盖，更不需血脉相通；教文学则既要在纵的方面讲透它的继承发展关系，又要在横的方面与兄弟艺术品种相关联，一个作家、作品的上下、前后、左右都不是孤立的，要弄清就需要丰富的知识，深切的探索，精炼的选择和扼要的表达。”由坐火车的震动节奏想到用截取竹竿来讲平仄，由《两只老虎》的儿歌想到汉语的特色，由动物尾巴的短长想到语言成分的省略，由“黄金分割律”想到写字的最佳结构，诸如此类生动形象而恰如其分的联想，都是启功先生非凡想象力的例证。

第三是创造力——这是一种创造崭新事物的综合能力，就学术研究而言，应该落实到创立新的观点、结论、方法、理论体系上。创造力与想象力有关而不相等，因为它还要大量运用逻辑思维。几十年来，启功先生一直从“文学语言”入手去认识与理解中国传统文化的“内核”，来努力探寻其存在与发展变化的客观规律，把握其从内容到形式的辩证关系。对诗、书、画关系的研究，对诗文声律、八股文、子弟书及书法理论的论说，对《红楼梦》的注释，都是这种努力的表现；他重视“现象论”，热心“猪跑学”，敢捅“马蜂窝”，乃至根据“黄金分割律”创制“井”字习字格，提出文物鉴定上的“模糊论”，也都是这种创造力的体现。

我认为，比起治学精神的学习、治学方法的借鉴来，上述能力的培养恐怕要困难、复杂得多，因为这既非一朝一夕之功，又涉及包含天分在内的诸多因素。启功先生在评价倪瓒和八大山人时指出：“他们的画或诗以及诗画合成的一幅幅作品，都是自标新义、自铸伟辞，绝不同于欺世盗名、无理取闹。所以说它们是瑰宝，是杰作，并不因为作者名高，而是因为这些诗人、画家所画的画、所写的字、所题的诗，其中都具有作者的灵魂、人格、学养。”我们借用这段话来评价启功先生的学术成就，应该也是很合适的。启功先生崇高的道德风范和人格魅力，体现在为人处世的谦逊和蔼、淡泊名利、乐观豁达、幽默风趣等方面，也体现在教书治学的善于学习、长于思考、敢于创新、乐于奖掖后进等方面，这都是我们学之不尽、用之不竭的宝贵的精神财富。

（1999年10月20日—28日）

# 从客观实际出发研讨古代字体

## 学习启功先生关于古代字体论述的一点体会

启功先生的《古代字体论稿》(以下简称《论稿》),自其初稿《关于古代字体的一些问题》发表至今，已经快四十年了。在此之前，我国学术界对汉字的古代字体虽讨论不少、争议甚多，却鲜有完整、系统的具有说服力的论述。《论稿》出版之后，不少书法爱好者自觉地奉为教材，而文字学界的反应却相对迟钝，我以为问题的关键恐怕就在于脱离实际的“理论先行”还阻碍着人们的认识，影响着研究工作的深入进行。

我是启功先生的一个不合格学生，对古代字体的知识所知甚少。根据我近来再次阅读《论稿》及其他相关论文的粗浅体会，我觉得启功先生研讨古代字体的最大特点，就是从古文字的客观实际出发，这和他数十年来从汉语现象入手来研究语言规律是一脉相承的。这里所讲的“客观实际”，首先指“写”古文字的主体与客体，其次是字体发展变化的实际。

先看主体与客体。

所谓“客体”，也就是“写”字的载体和工具。同一字体，刻画于骨陶、玉石，范铸于青铜，书写于竹帛、纸张，自然会有差异；同刻于石，石头的质地不同，效果大不一样；同写于纸，即便同用某毫之笔，也会因笔锋长短、硬度不一而有所变化。载体的形状也要影响字形，例如秦隶、汉隶写在竹简上，因受到狭长的竹简形状的局束，必须写得扁一点，才能写下必要的内容（竹简宽窄不一，字体又有变化）；石鼓文的笔画作匀圆线条，似乎也是因为要与石鼓本身的形状相协调，才符合人的审美习惯；在陶瓶瓦罐上写字，那笔画走势肯定要受到器皿形状的影响（西安出土汉桓帝永寿二年三月瓮上的“年”字是最典型的例证）。对客体的影响，启功先生在许多论碑刻、字帖、拓本的论文中均有中肯而精辟的分析。如他在《唐摹万岁通天帖》的考证文章中就说过：“今天拿火前初刻的拓本和唐摹原卷细校，仍不免有一些失真之处，这是笔和刀、蜡纸和木版（火前本是木版，火后本是石版）、钩描和捶拓各方面条件不同所致，并不足怪。”（见《〈唐摹万岁通天帖〉书后》，《美术大观》，2018 年第 3 期，第 11 页）启功先生经常提醒我们，应十分注意墨迹和刻痕的不同，尤其是一些碑刻的拓本，实际上是“软”的书写先转为“硬”的刻凿，再拓在软硬不一的纸上，这中间的变异实在是不容忽视的。如果我们死板地认定某帖某本为某字体之真迹范本，弄不好是要上当的。古代传下来的一些名家墨迹，往往会是一些高手的临摹或翻刻；今人用毛笔在纸上写甲骨文、金文，也只能是对刻铸于甲骨、青铜器的那些古文字的摹写或再创造，是今人仿写的古字，已经不是原来意义上的“原汁原味”的古文字了。正因为此，启功先生对于敦煌写卷和出土简牍在研究古代字体与书法源流上的价值是特别重视的。因为它们作为千年文物遗存，为我们研究古代字体提供了最可靠的实物客体。比如我们今天要看到钟繇的真迹是太稀罕了，而新疆楼兰地区出土的一些墨迹却与之十分接近，这就大大丰富了我们的感性认识。《论稿》在去年重印时，启功先生最关注的就是要附上新出土的战国中山刻石和云梦睡虎地秦律简图片，尤其是因为“秦简的字迹在汉字字体的发展历史中，占有极重要的地位”，而秦律简中的字迹正是最标准的秦隶字体；他最高兴的就是书的开本大了，因为图版放大，字迹笔道可以看得更清晰了。记得若干年前，启功先生从日本的书肆中访得中村不折氏于1926年出版发行的《禹域出土墨宝书法源流考》，即欣然花高价购下。因为此书编入了许多西域所出的古写本，几乎均有年代可考，所以极具研究价值。可惜因当时印刷条件所限，所附图版质量较差，对那些墨宝的笔迹不能看得十分清晰。

所谓“主体”，即是写、刻者的修养、功力、爱好及与之密切相关的书写风格。同是属于“篆”“隶”“草”“真”“行”，不同人来写，形体笔势会很不一样。即便是同一个人，不同时间、不同身体状况（尤其心情）下所写，也一定有差异。因此，所谓“某体”，只是大体、总体，应包含许许多多的小体、分体。启功先生的法书为大家所喜爱，称誉为“启体”，仿效者不少，其中不乏形似者，但即便再像，也只是“仿启体”（何况主要是仿启先生的行书，极少有能仿其草书者），而且仿体之间也有若干差别，倘无差别，此人的个性也就消失了，这就是启先生常戏言“似我者死”的悲剧，大概谁也不情愿做哪一位书法家的“克隆人”。（如某位曾以仿郭沫若体著名的书法家，后来也自然地向发展自己的个性风格而努力了。）此外，启功先生还特别提到用途不同与字体的关系（如鼎彝、碑版、书册、信札等），如“汉代的简札中，郑重的问候名刺与火急的军书不一样”，即便是通常的书信，写给长辈与写给下辈或一般友人的在字迹上往往也会有些区分的；又如隋唐以来的正规的墓盖与志文、碑额与碑文大多用不同的字体，碑额和志盖常用古体，碑文和志文则用当代通行的正体，因为写者以古体为郑重。这些也都是书者主观意图起影响作用的问题。敦煌莫高窟藏经洞所出唐朝的佛经写本，同一时期、同一种经，长安皇家正式颁发的标准写本，与敦煌当地普通写经生所抄，自然差异很大；而藏经洞所出道教典籍写本，几乎无一不抄写精良，这恐怕也与敦煌佛教寺院为何要收藏道经的目的有关。至于前代的某些俗体，到了后代往往成为雅体、正体（如简化字、异体字变为规范字），主要也是人的因素在起作用。

字体的变化，正是上述主、客体相互作用的结果，所以相当复杂；如果我们简单地固定地用某一种标准、方法或理论去判别，就不免要出差错。这里举一个例子：某国一位以研究敦煌写卷真伪而闻名于世的专家，根据他所潜心研究分析的若干写卷的纸张、笔法、字形，来推而广之地鉴定其他卷子，结果得出我国及英、法、俄等国所藏的许多写本都是伪卷的结论。而事实上，他的这种单一、死板的鉴定是很不可靠的，因此遭到了学界强烈的质疑。问题的症结就在于他忽略了影响敦煌写卷字体的诸多主客观因素。启功先生曾在英国图书馆阅览了经那位专家鉴定为假的一些敦煌写卷，判明全系唐五代普通写经生所抄的真品。2000 年 6 月在一次国际敦煌学的学术研讨会上，某国一位学者仅根据几个敦煌写卷的笔迹，就要判定某卷用狼毫写成，某卷系兔毫所写，某卷为羊毫书就，全然不顾狼毫或兔毫、羊毫、鼠毫本身，不仅会因原料和制作工艺的区别而有差异，也会因使用者的笔力、运笔方法与习惯的不同而有区别。所以当我在会上将这个问题提出来时，得到了许多与会代表的赞同。又比如拓本的问题，拓者的功夫、气力、方法，所拓碑版器皿的形状及完好程度，用墨的浓淡及均匀与否，均有很大关系。著名金石学家陈邦怀曾这样评价大拓家周希丁先生（1891—1961）的“立体拓”：“审其向背，辨其阴阳，以定其墨气之浅深；观其远近，准其尺度，以符算理之吻合。君所拓者，器之立体也，非平面也，此前所未有者。”这段话也说明了影响拓本的诸多主客观因素。这里附带想到目前一些文物图录与书法、碑帖印本的印刷质量问题，如果我们依照一些质量低劣的图片去研究古代字体，恐怕也是会上当的。

关于字体的发展变化，主要体现在组织构造的变化和书写风格的变化，过去文字学者谈得较多的是前者，而较难把握的却是后者。启功先生在论著中也从主、客体综合影响的实际出发，从多样性的现象出发，对风格变化中最难分析的渐变与微变作了具有很强说服力的论述。这一点，王宁教授在《汉字字体研究的新突破》一文中已有很好的阐发（见《启功学术思想研讨集》，中华书局、北京师大出版社，2000 年 7 月版第 93—101 页），此不赘述。我初步体会到，每一种字体的产生和发展，都是以“变”为动力的，但它要在全社会得到普遍承认与应用，又必须具有相对的稳定性，因此渐变与微变就成为“变”的“主旋律”（试想如果突变常行，人们将难以适应，社会无法稳定）；某一类书写风格的形成和巩固，本来是以“定”为基础的，但它要为更多的人学习与欣赏，又必须保持其相对的自由度（如果僵化限死，空气将凝固窒息，文化不能繁荣），因此渐变与微变才能在“变”与“不变”的“红绿灯”交替下畅行无阻。此外，在总体风格与个体（人）风格的关系上，雅与俗，精与粗，官方与民间，沿袭与革新，时尚与怀旧，前朝与后代，这人与那人，此地与彼域，等等等等，几乎都是一对对难舍难分的孪生“姐妹兄弟”，无论抛开哪一个，都无法识其“父母”的真面目。我常想：当某一种字体，某一类风格，“已成为满城争唱的时调”（见《论稿》第十节）之际，要善于辨听其中各类高低轻浊的声调音符，并巧妙调度使之更和谐美妙，才能成为熟练地驾驭这种时调的指挥家。启功先生正是这样一位能驾驭各种古代字体时调的高明的指挥家。

（2000 年 11 月 8 日初稿，2002 年 1 月 6 日改定）

# 合度端庄　通达流畅

## 学习启功先生《论书札记》的心得

作为启功先生的一名很不合格的学生，二十多年来，虽蒙严师不弃，得以常在先生身边聆听教诲，观赏先生泼墨挥毫，又蒙先生多次亲赐论书著作，但自感仍没有资格来撰写关于先生书法艺术的论文，因此只能就先生的《论书札记》，谈一点初学者的肤浅的感想，以求得参加本次研讨会的方家指教。

《论书札记》系启功先生 1986 年夏天在师大小红楼寓所闭户养病时所写，共 21 则（包括为友人题写的“笔箴”一首、“砚铭”二首），每则少者仅二三十字、多者亦不足百字，总计约 1400 多字，却涉及结字、运笔、临帖、书体风格等关键论题，真正堪称是言简意赅、精辟精彩的真知灼见，是与先生《论书绝句》同样重要的书论经典。下面按先生所论各则次序及中心内容，选择数则，先照录原文，后浅述心得。

（一）启先生云：

或问学书宜学何体，对以有法而无体。所谓无体，非谓不存在某家风格，乃谓无某体之严格界限也。以颜书论，多宝不同麻姑，颜庙不同郭庙。至于争坐、祭侄，行书草稿，又与碑版有别。然则颜体竟何在乎，欲宗颜体，又以何为准乎。颜体如斯，他家同例也。

在这里，先生以“颜体”的几个代表作品为例，一针见血地指出了书体与风格统一于“法”的辩证关系。所谓“无体”，是说没有严格、僵死的某体；所谓“有法”，是指统率各体的书写规则与规律。书史上自成风格的名家大师体，也是在吸取多家之长的基础上，在不断变化的过程中形成与发展的。前人论及颜体特征，有的说“奇伟秀拔，奄有魏晋隋唐以来风流气骨，回视欧虞褚薛辈，皆为法度所窘，岂如鲁公萧然出于绳墨之外”（宋·黄庭坚《山谷题跋》）；有的则说“鲁公于书，其过人处，正在法度备存，而端劲庄持”（宋·董逌《广川书跋》）。对颜真卿的几个名帖，宋人朱长文在《墨池篇》里就指出了它们有各自的特色：“观中兴颂，则闳伟发扬，状其功德之盛；观家庙碑，则庄重笃实，见其承家之谨；观仙坛记，则秀颖超举，象其志气之妙；观元次山铭，则淳涵深厚，见其业履之纯。”论者每评述颜体“行笔沉着有力，笔断而意连”，其“笔断”印象恐怕与碑刻的刀工有关。去年冬天我在上海博物馆举办的“晋唐宋元书画国宝展”上见到颜氏的行书《湖州帖卷》，其行笔之流畅即非鲁公其他碑帖可比。可见同为颜氏代表作，书写内容及心态不同，亦呈现千变万化。我亲见有不少人问过先生“宜学何体”的问题，先生几乎都回答“无定论”，但都强调“起码应从楷书练起”。我还保存着先生早年用毛笔书写的几篇学术随笔的复印件，都是十分规范的楷书，而且透出颜体的风格。我知道，启先生从年轻时起，就不拘一格练习各家各体，数十年如一日，直至他90高龄的2002年，我还在他戏称“第二窟”的民旺楼寓所见到厚厚一摞习字纸，都是先生平时主要习楷书用的。记得有一次一位外地的年轻书法家拿了一大摞他的“草书”作品来请先生过眼，说自己已有“突破”。先生认真地看了几张，然后指着其中的几个字说不认得是什么字，问他为什么要这么写，那位年轻人自己也说不清楚。先生很严肃地说：“草书并非随意地飞龙走蛇，隶书、楷书有规，行书、草书亦有矩，不管是什么‘草’，也都受规范约束，有规律可循，要避免写错别字，更不能生造一些别人都看不明白的字。”先生建议那位年轻人还要先练习写楷书。遵守约定俗成的章法，并非反对创造，恰恰相反，“守法”是创新的基础。先生很不赞成用“画符”来代替写字，对某些自称“现代派”的作品评价甚低。他常说：“那种作品如果挂在墙上，你老要费眼睛、费脑子去猜他写的究竟是什么字，那实在太痛苦了！”至于由某时代、某体形成的风格，先生则认为既有普遍认同的共性，也不能忽视因人而异的个性。正如先生在另一则札记中说的：“风气囿人，不易转也。一乡一地一时一代，其书格必有其同处。”但一时一地的风气再盛，也绝没有严格的绝对的界限，因为形成“个性”的因素众多，且千变万化，“个性”的力量是不可抗拒的。同派不同人是如此，即便是同一人的不同时间、不同心境、不同内容、不同形式、不同用场的作品亦是如此，鲜有例外。先生用曹丕《典论·论文》中“虽在父兄，不能以移子弟”的话来说明王献之不同于王羲之、苏辙不同于苏轼的道理。其实，“今我”又何尝雷同于“昨我”。人们常说“风格如人”，人是生动活泼的，风格也不会僵滞凝固，也应呈现出丰富、鲜活的面貌，才有生命力。

（二）启先生云：

作书勿学时人，尤勿看所学之人执笔挥洒。盖心既好之，眼复观之，于是自己一生，只能作此一名家之拾遗者。何谓拾遗，以己之所得，往往是彼所不满而欲弃之者也。或问时人之时，以何为断。答曰：生存人耳。其人既存，乃易见其书写也。

先生多次对我说过，摹仿是学习的必要步骤；但摹仿须得法，“邯郸学步”“西施效颦”式的摹仿就只会丢失自我，贻笑大方。我理解，首先是应该选准仿效的对象，该学什么，不该学什么。先生之所以提醒初学书者“勿学时人，尤勿看所学之人执笔挥洒”，是因为即便是名书家，平时挥毫也常有不尽如人意的拙笔败举，而初学者往往因倾心崇拜而“走眼”，难辨优劣而拾人涕唾，就易盲从上当。正如先生在另一则札记中所讲：书家平时创作，“所书既毕，自观每恨不足。即偶有惬意处，亦仅是在数幅之间，或一幅之内，略成体段者耳。距其初衷，固不能达三四焉。他人学之，即使是惬心处，亦每是其三四之三四，况误得其七六处耶。”先生解释道：宋代大书家米芾自书百余字，自己不满意的超过百分之九十，可见绝大多数是不宜学的。如果书家是在众目睽睽下写字，虽不排除有临场发挥极佳者，但一般情况下，因有外界因素的干扰，较难挥洒自如，其不宜学的成分当更多些。拿先生自己的话说：“人以佳纸嘱余书，无一惬意者。有所珍惜，且有心求好耳。”有一次，我父亲的一位老朋友，给我两张现在已很少见的茧纸，我拿给先生去写，最终也未见到先生在此纸上的作品，大概就是这个原因。经过书家自己、旁人、时间的汰选，等到“斯人已逝”，流传下来的作品中精品佳作的比例自然大得多，可效法的东西也就多了。我理解启先生讲的就是这个道理。因此，先生说：“学书所以宜临古碑帖，而不宜但学时人者，以碑帖距我远。”常看先生写字的人都知道，先生写字，常常因个把字不满意就将整幅字揉掉丢弃，侍立在侧者感觉可惜，每每想“抢救”而极少成功，因为先生坚决不同意将他认为写得不好的作品流传出去。

先生书法自成一体，自80年代初起，欣赏、喜欢“启体”的人越来越多，摹仿者益众，能做到形似的也有不少，甚至有不少出现在书画市场“公开售假”。对此，先生一方面自谦地戏称“写得比我好”；另一方面也常说“似我者死”。说明亦步亦趋是没有生命力的。有一次，一位以仿某当代名人书体而出名的书法家来看启先生，说他模仿了多少年，现在已经悟出了道理：就是学得再像，最多也是“仿某体”，若不能别开生面自成一格，恐无大出息。先生对他的领悟很赞赏，认为他可以“从此不做拾遗官了”。后来我再看这位书家的作品，确实已经逐渐跳出某体的窠臼了，觉得比原来写得“活泛”多了。许多人问过启先生“习何体临何帖”的问题，因先生在“文革”中曾被红卫兵命令抄写大字报，故每每戏答：“大字报体。”其实，据我所知，古代各名家碑帖，先生几乎都用心临过；当然，最重视、最下功夫学的是以“唐人写经”为代表的真正古人的墨迹（这个问题，下面还要讲到）。但是，先生临帖，追求的是神似。先生札记有云：“或问临帖苦不似奈何？告之曰：永不能似，且无人能似也。即有似处，亦只为略似、貌似、局部似，而非真似。苟临之即得真似，则法律必不以签押为依据矣。”我们只要细看先生临的王羲之、智永、怀素等大家的法帖，就会理解先生追求神似的道理。有人指先生所书为“馆阁体”，说明他们既看得少、又看不懂先生的字，也并不真的明白何谓“馆阁体”，它为什么缺乏生命力，它是否也有长处。

（三）启先生云：

> 赵松雪云，“书法以用笔为上，而结字亦须用工”，窃谓其不然。试从法帖中剪某字，如八字、人字、二字、三字等，复分剪其点画。信手掷于案上，观之宁复成字。又取薄纸覆于帖上，以铅笔划出某字每笔中心一线，仍能不失字势，其理讵不昭昭然哉。

先生不同意赵孟頫在《兰亭十三跋》中“书法以用笔为上”的主张，强调“结字”的核心作用，这在书法理论上具有重要意义。我的理解，任何笔画都只是构成字的零件，一般单独不能成字（单笔字除外）；只有按某些走势结构组合起来，形成一定的间架，才有字的体态，就像人一样，或臃肿，或娟秀，或匀称，或端庄，或歪斜。因此，赵孟頫讲“用笔为上”，便有点本末倒置了。我不会练字，有一次在家休息，突发“雅兴”，在墙上摹写了启先生书写的北朝民歌《敕勒川》，因为只求一笔笔的依样画葫芦，疏忽了结构体势，结果只是表面猛地一看有点像，实际原书的神气全无。后来，先生告诉我可先用铅笔按字的中心线勾勒体势，再用不同姿态的点划在骨架上加“肉”。我用这个办法摹写了先生送我的一幅论词绝句，果真看着就舒服多了。可见，“用笔”与“结字”，以写字的次序看，自然是笔划在先，而从学习书法深浅的关键论，当然是结构更重要。而用笔与结字的巧妙运用、辩证组合，才能形成公认的、耐看的名家书体，才有书法艺术的美学价值。

我认为，在书法理论上，启功先生最杰出的贡献之一是发现与总结了符合“黄金分割率”的最佳结字组合。对此，先生《论书绝句》之九十九云：“用笔何如结字难，纵横聚散最相关。一从证得黄金律，顿觉全牛骨隙宽。”并在自注中作了简要说明；先生另在《论书随笔》里也有详述，此不赘。我认为这里主要牵涉汉字的基本特点与人的视觉美感问题。传统世俗习字流行用米字格与九宫格。前者将视觉集中在四条直线交汇之中心点上，是一个几何圆点，起不到组织变化多样的汉字点、划的作用，用它练字缺乏稳定性，也不符合一般人双目视物的习惯；后者组成“井”字的中心部分在视觉上是四线相交形成的面，四个交叉点起到了稳定作用，但由于是平均的三等分，也并不符合大多数汉字笔画相聚“内紧外松”的结构特点，如按此三三等分的九格来布置笔画，写出的字就像将人的五官平均分布在一张方脸上，看了只觉别扭，并无美感可言。故而先生说：“结字不严之运笔，则见笔而不见字。无恰当位置之笔，自觉其龙飞凤舞，人见其杂乱无章。”先生试将字框先按十三格均分，然后左右上下都按 5、3、5 的比例划线，仍成九格，使四线相交的四点与边框均形成 5 比 8 的黄金分割。这样，让要写的字的笔画聚散处与此四点庶几相重或相近，才能做到“于停匀中有松紧，平正中有欹斜”，看了就比较舒服。我体会，先生所讲的这个书法结字的普遍规律，也就是既符合汉字特点又满足审美习惯的“法度”；写出的字合度，就端庄秀美。先生在自己大量的书法创作与鉴赏实践中找到了这个“度”，所以他的“启体”才能为大众接受与喜爱。我以为，启体的重要特点之一，便是结字的合度端庄，行书亦当楷书写，位置聚散近于黄金律，因此越看越耐看。

（四）启先生云：

每笔起止，轨道准确，如走熟路。虽举步如飞，不忧蹉跌。路不熟而急奔，能免磕撞者幸矣。此艺可通书法。

轨道准确，行笔时理直气壮。观者常觉其有力，此非真用膂力也。执笔运笔，全部过程中，有一着意用力处，即有一僵死处。此仆自家之体验也。

先生在这两则札记里都强调指出运笔的关键是“轨道准确”——路熟则车轻，理直则气壮。我想，用笔要做到“轨道准确”，一是眼熟，二是手熟。前者靠看、靠想，观摩各家各体最精彩的法书，从行笔顺序起止到方向、转折、断续，找到最佳轨迹，看在眼里，记在心上，烂熟于心。后者靠练，光心中有路还不行，要用心指挥眼，用眼指挥手，用手带动笔，经过反复、准确的练习，习惯成自然，才能做到虽运笔似飞，亦能一路通畅，没有磕绊。先生特别强调练习的准确性，也就是有效性，而不赞成用练习的时间久、数量多来做“下功夫”的标志。如果轨道有误，运笔不畅，“任笔为字，无理无趣，愈多愈久，谬习成痼”，反而很难长进了。他常说：“‘功夫’是‘准确的积累’。不要盲目地耗时间加数量，而是准确的重复以达到熟练。”（参见启功《论书随笔》）当然，对于初学者来说，“准确性”一靠勤（懒了还是要不得），二靠记（忘性大不行），三靠悟（呆笨便不灵）。另外，“最佳轨道”和“最佳结字”相关，各个不同的字，各字不同的体，各体上下各字不同的连接环境，都有不同的走笔轨道，不能强求一律。有时，启功先生给人题书签是最麻烦费力的事，因为求者往往要求“横、竖各一”或“繁、简都要”，于是一样内容的字，由于轨道、结字临时的变化，就会让先生写得很费劲，有时一个书签，先生要写四五遍甚至十几条之多，还往往不甚满意。

讲到写字“用力”的问题，许多人都有误会，以为要写出“雄伟”“苍劲”“挺拔”的字来，就必须运足膂力，以求“力透纸背”。我有一位中学时代的同学，从小喜欢书画篆刻，现在在家乡的书画界已颇有名气。记得在80年代中，他让我拿几幅作品给启先生过目。先生看了作品后说：“请你告诉他，最好写字时不要咬牙。”当时我听了大惑不解：先生又未亲见其挥笔，怎么知道他写字时咬牙呢？第二年我回家乡去，一次正巧碰上这位同学在某会场泼墨，我注意到他确实是咬紧牙关在挥毫刷字！同学对我说，他这是从小练习篆刻形成的习惯，已经改不掉了。先生常开玩笑讲：有的人用大拖把在操场上刷创吉尼斯纪录的大字，当然必须有过人的大气力。只是在一般纸上写字，就不必这么费劲了。我体会，若书者着意用力，运笔就难以顺畅，每每造成滞碍僵死之处。至于碑帖，因为已经经过刻工的刀凿改造，呈现的是另一种轨迹，所谓“不见运笔之结字，无从知其来去呼应之致”，往往与原墨迹已大有差别了。先生挥毫，因成竹在胸，故轻松自如，即便是楷书亦当行书来写，点划顾盼毫无呆板，与“馆阁体”是迥然有别的。通达流畅，这也是启体的一大特色。

（五）启先生云：

碑版法帖，俱出刊刻。即使绝精之刻技，碑如温泉铭，帖如大观帖，几如白纸写黑字，殆无余憾矣。而笔之干湿浓淡，仍不可见。学书如不知刀毫之别，夜半深池，其途可念也。

仆于法书，临习赏玩，尤好墨迹。或问其故，应之曰：君不见青蛙乎。人捉蚊虻置其前，不顾也。飞者掠过，一吸而入口。此无他，以其活耳。

习字离不开碑帖，但一定要明白碑刻拓本、印本与写在竹木纸绢上的墨迹是大有区别的。先生《论书绝句》之九七曰：“少谈汉魏怕徒劳，简牍摩挲未几遭。岂独甘卑爱唐宋，半生师笔不师刀。”先生虽临摹过大量名家碑帖，但独钟情于简牍墨痕与唐人写经，体现了他的超见卓识。字体笔迹因书写（或镌刻、模铸）工具、材质的不同而呈异的道理，先生在他的《古代字体论稿》中有精辟的论述，我也曾就此在一篇论文中发表过浅见，此不赘述。先生多次让我看他所收藏的若干个敦煌写本，这是他最珍爱的藏品了，因为这才是鲜活的晋、唐人的墨迹，可以细细观摩。为此，他在三首《唐人写经残卷赞》中这样表达自己观摩、临写时的心境：“晴窗之下，日临一本，可蝉蜕而登仙。”“日百回看益神智”“墨沈欲流，纸光可照。唐人见我，相视而笑。”（见《启功丛稿·诗词卷·启功赘语》）先生当然不反对临写出于刊刻的碑帖，尤其是重视名家碑帖可见结字之功，哪怕是“点画剥蚀，苟能间架尚存，亦如千金骏骨，并无忝于高台之筑。”（参见《论书绝句》之七九自注）但如果迷信碑帖而不了解它们的致命弱点，那就如“盲人骑瞎马，夜半临深池”般危险了。即便是法帖墨迹，由于年代久远造成的各种情况（如自然脱落、人为剪裁等），也会形成笔痕上的差异。我们看先生 1989 年所临颜鲁公的卷轴本《竹山连句》，除了间架结构的神似外，最突出的感觉是远较原帖笔法流畅、气韵生动，先生说明“其中残笔以意补足之”，原来先生已用“补”的办法，弥补了不足，让“死”的东西活起来，添注了生命力。先生用青蛙爱捕飞蚊来比喻应好墨迹的道理，极有说服力。90 年代中我曾与《文史知识》杂志编辑部的几位同事到潮州出差，顺便参观了韩愈祠，见到启功先生《谒韩文公祠感题一首》的诗碑，虽然刻得还不坏，但总还觉得有“失真”的地方，后来对照原件墨迹，才发现问题就出在“刀法”上——纸上行笔可以做到如“乱水通人过”，而在石材上行刀，除高手的细痕线刻与走笔可庶几近之外，一般的字迹笔画是绝无一刀而成的可能的（石材质地不同的影响也很大）。现在收在《启功三帖集》里的谒韩祠诗，是后来新写重刻的碑拓，因为刻技的改进，离墨迹又近了一步。对存世的古代精美法帖，先生在赞誉的同时，也仍然以不见其“笔之干湿浓淡”与“无从寻其起落使转之法”为憾。先生在《启功三帖集·前言》中说：“古代刻字，一种是写者把字直接写在石面上，刻工即在写的字迹上用刀刊刻，宋元以来书家把碑文写在纸上，刻者用薄纸从正面按笔划周围钩出，再用白粉钩那薄纸的背面，再把白粉笔划轧在石面上加以刊刻。这类刻法都容易走却墨迹的原形。现在刻工用电力通到刻刀上，不用铁锤捶那刀柄，省力与准确两全其美，但笔划中的干湿浓淡仍不能传出。”由此可见，经历代“千翻百刻”又反复印制的东西，如认同为“真迹”，那是最害人的。

本文写到最后，又想到了有人以“馆阁体”贬“启体”的浅薄认识。先生曾说：“有清中叶，书人厌薄馆阁流派，因以迁怒于二王欧虞赵董之体。兼之出土碑志日多，遂有尊碑卑帖之说及南北优劣之辨。”（参见《论书绝句》九四之自注）究其主、客观原因，一是“世人好辨，强人从我”，以个人好恶论列书体；二是罕见晋唐真迹，“见橐驼谓马肿背”，少见多怪。启功先生提倡法度规范前提下的风格多样，明确反对一味风从某体，尤其不赞成

“一窝蜂”仿学“启体”；同时，先生又一贯强调要区分刀、毫之别，走出拘泥碑帖的误区。联想到近些年来各地热衷于建立新碑林，许多书家刻匠纷纷联手其中，有些领导亦推波助澜，未知于中国书法之进步，幸抑不幸欤？

（2003年6月8日于北京中华书局）

# 求真求通会于心

## 学习启功先生鉴赏与研究敦煌写本的体会

敦煌学界最早知道启功先生对敦煌写本的研究，大概是在1957年8月《敦煌变文集》出版之后。《敦煌变文集》由王重民、王庆菽、向达、周一良、启功、曾毅公六位先生录校而成，在相当长的一段时间内被国内外学术界公认为收录最为完备的敦煌变文总集。启功先生不但负责移录并主校了其中的《李陵变文》《王昭君变文》《欢喜国王缘》《秋吟一本》和《苏武李陵执别词》五种写本，而且以其深厚的文献学修养与扎实的语言文字功底，为全书的校勘做出了宝贵的贡献。遗憾的是，该书出版不久，启功先生便被"派入右"而受到不公正的待遇，几乎被剥夺了教学与科研的资格，当然也不可能接着发表相关的论著了。

其实，启功先生对敦煌写本的研究，并不始于也不局限于对变文的整理。早在启功先生的青年时期，他在名家指点下鉴赏古代书画作品的同时，就已经有机会看到大量的敦煌写卷，并以其特殊的鉴赏眼光，认识到敦煌写本在研究中国字体演变史和书法史上的重要价值。对于他个人经眼或购藏的敦煌写本，启功先生主要以题跋的形式，表述了自己在这方面的精审而独到的见解。本文即以启先生的几个题跋为主要依据，结合他的《论书绝句》《古代字体论稿》等著述所体现的学术思想，来谈谈自己肤浅的学习体会。

（一）

目前我们见到的启功先生关于敦煌写卷的题跋，有《唐人写经残本四种合装卷跋》《唐人写〈金刚般若波罗蜜经〉残卷跋》《唐人写经残卷跋》三则及《武则天所造经》《米元章书〈智慧清净经〉》中相关部分，均已收入《启功丛稿·题跋卷》。前三则原文不长，为便于叙述，不妨先将它们全文录引并略加说明如下：

## 唐人写经残本四种合装卷跋

右唐人写经四段，都百九十六行。己卯春日，偶过厂肆，见装潢匠人，裁割断缺，将以背纸作画卷引首，谐价得之，合装一卷。其一使转隽利，体势肥阔，疑出开元、天宝以后。其二字画古劲，犹存六朝遗意，“世”字“愍”字皆不缺笔。避讳缺其点画，始自高宗之世。此段纵非隋写，亦在显庆以前。其三格兼虞、褚，与昔见永徽年款者相似，惟圆润之中，骨力稍薄。其四结体生疏，非出能手，当是衲子之迹。而乱头粗服中，妙有颜平原法，不经意处，弥见天真。余结习难忘，酷耽书翰，凡石渠旧藏，私家秘笈，因缘所会，寓目已多。晋唐法帖，转折失于勾摹；南北名碑，面目成于斧凿。临池之士，苟不甘为枣石毡蜡所愚，则舍古人墨迹，无从参究笔诀。其确出唐人之手，好事家不视为难得之货者，惟写经残字耳。此卷饰背既成，出入怀袖，客座倦谈，讲肄暇晷，寂寥展对，神契千载之上，人笑其痴，我以为乐也。昔董思翁唐写《灵飞经》质于陈增城，陈氏私割四十三行以为至宝。余今所得，四倍增城，而笔法之妙，不减《灵飞》，古缘清福，不已厚乎？赞曰：羲文颉画，代有革迁。真书体势，定於唐贤。敦煌石室，丸泥剖矣。吉光片羽，遂散落乎大千。晴窗之下，日临一本，可蝉蜕而登仙。人弃我取，尤胜据舷。信千秋之真赏，不在金题玉躞；濡毫跋尾，殆自忘其媸妍也。

跋中所述“已卯春日”为公元 1939 年春，是时启功先生还不满 27 周岁。“厂肆”指北京琉璃厂书肆。启先生尚记得此敦煌石室所出唐写本合装卷中有一段为《金刚经》残卷卷头，有一段为唐经生摹写颜体字的写经。该合装卷启先生珍藏了若干年，1949 年前经由东北书店陆君之手卖出，今不知流入何处。

## 唐人写《金刚般若波罗蜜经》残卷跋

右唐人写《金刚般若波罗蜜经》一卷。首有断阙，尾损十五字，书体精妙，与世行影印邵杨李氏宝墨轩本相似，而笔势瘦健，殆尤过之。行间有朱笔句读，是曾经持诵者。己卯秋日，得之燕市海王村畔。用宝晋题子敬帖韵为赞。赞曰：虹光字字腾麻纸，六甲西升谁擅美。李家残本此最似，佛力所被离水火。缓步层台见举趾，日百回看益神智。加持手泽不须洗，墨缘欲傲襄阳米。

此卷启功先生亦于 1939 年得诸北京琉璃厂，后以之与同好交换藏品，今归北京大学图书馆所藏，编为“北大 D014 号”。用原件跋语对照，“邵杨”当为“邵阳”；“行间”二句，原为“行间句读，朱墨灿然，是曾经持诵者”；赞后落款为“庚辰残腊元白启功书”，并镌“启功之印”“元白居士”二印章，可见此跋语为 1940 年所作。该卷又有沈兼士、顾随、秦裕、贾鲁等四人的题跋。

## 唐人写经残卷跋

右唐人写《妙法莲花经》卷一《序品》后半《方便品》前半，共二百二十九行。硬黄纸本。前有“大兴乐氏考藏金石书画之记”朱文印。余以重值得之遵化秦氏。以书体断之，盖为初唐之迹。世字已有缺笔，当在高宗显庆以后耳。此卷笔法骨肉得中，意态飞动，足以抗颜欧、褚。在鸣沙遗墨中，实推上品。或曰：此经生俗书，何足贵乎？应之曰：自袁清容误题《灵飞经》为钟绍京，后世悉以经生为可大，虽精鉴如董香光，尚未能悟。夫绍京书家也，经生之笔，竟足以当之，然则经生之俗处何在？其与书家之别又何在？固非有真凭实据也。余生平所见唐人经卷，不可胜计。其颉颃名家碑版者更难指数。而墨迹之笔锋使转，墨华绚烂处，俱碑版中所绝不可见者。乃知古人之书托石刻以传者，皆形在神亡，迥非真面矣。世既号写经为俗书，故久不为好事家所重，而其值甚廉。余今竟以卑辞厚币聘此残卷，正以先贤妙用，於斯可窥；古拓名高，徒成骏骨耳。赞曰：墨沈欲流，纸光可照。唐人见我，相视而笑。

此《法华经》写本为启功先生珍藏的敦煌残卷中尺幅最大者，

先生曾数次出示我一同观赏。先生另藏有一小段《妙法莲花经》残卷，前几年中国印刷博物馆正式建成，武文祥馆长向启功先生征集展品，先生遂将该卷无偿捐赠。

启功先生收藏的敦煌写卷，我还见过数件，其中有一册子装为几十个写本碎片合裱者，大概不为一般收藏者看好，故购入时价格甚廉，其实因为汇集了各时代、各字体的写本残片，甚具参照价值；有一为道经写本（卷背有僧人杂抄），书写精妙；另有三件系几年前从琉璃厂中国书店购进。这些因均无题跋，又待正式刊布，此不详述。

上录三则题跋言简意赅，不仅内容十分丰富，而且论断独到精彩，既涉及中国字体学和书法史上的关键问题，也体现了启功先生求真、求通的治学精神。

（二）

启功先生的题跋明确地指出了唐人写本真迹在我国字体学、书法史研究上的珍贵价值，可谓独具只眼。正如启先生在《古代字体论稿》中所指出的：所谓字体，即是指文字的形状，它包含两个方面：其一是指文字的组织构造以至它所属的大类型、总风格。其二是指某一书家、某一流派的艺术风格。而前代对此的研究，所依据的多侧重于古代文献的记载和某些著名法书字迹。近现代由于考古发掘的发达，出现了较多的古代文字实物资料，丰富了研究对象。但是，可以说绝大多数的研究者，有的只是关注甲骨卜辞、钟鼎铭文、简牍记事、敦煌吐鲁番文书的内容，有的只是单纯欣赏某些“书法精品”，而不能从认识碑铭字迹与简牍及纸本墨迹的区别着手，透彻地解决字体、书法发展史上的根本问题。而在我国敦煌学界，从六十多年前开始，真正从字体学、书法史角度来研讨敦煌写本的，启功先生实为第一人。

求真指伪是文物鉴定与研究的第一目标，启功先生正是以“真”为标准来探讨写本与碑版之区别的。先生告诉我们，对古代字体与书法的研究来说，“求真”的涵义并不只限于判定这些有文字字迹之载体（如甲骨、竹简、器皿、石鼓、碑崖、绢帛、纸本等）的真假，还必须判别那些字迹之间的差异与流变。过去人们临帖练字，往往重碑版而轻墨迹。启功先生则一针见血地指出：“晋唐法帖，转折失于勾摹；南北名碑，面目成于斧凿。临池之士，苟不甘为枣石毡蜡所愚，则舍古人墨迹，无从参究笔诀。”又断言：“（唐人经卷）墨迹之笔锋使转，墨华绚烂处，俱碑版中所绝不可见者。乃知古人之书托石刻以传者，皆形在神亡，迥非真面矣。”这真是石破天惊之语！古书家墨迹上石勾摹，经匠人凿刻，神气已失许多；若再捶拓成纸本，又有变化；如再加翻刻印刷，则全失其本来面目矣。启先生说：“余尝以写经精品中字摄影放大，与唐碑比观，笔毫使转，墨痕浓淡，一一可按。碑经刻拓，锋颖无存。即或宋拓善本，点画一色皆白，亦无从见其浓淡处，此事理之彰彰易晓者。”（《论书绝句》第十一首自注，三联书店，1997，第 24 页）又说：“惟古碑传世既久，毡捶往复，遂致锋颖全秃，了无风韵。”（同上，第二十三首自注，第 48 页）清代翁方纲一生固守化度寺碑，字模划拟，几同嚮拓，启先生遂嘲之为刻舟求剑。启功先生在题跋赞语中所宣称的“人弃我取”，就是舍形似而求神契，这才是“求真”的真谛和精髓所在。启功先生平生临过的名帖可谓不计其数，但他最看重的还是临写敦煌写经原卷，甚至讲：“余遂求敦煌石室唐人诸迹而临习玩味，书学有所进，端由于此”（同上，第十八首自注，第 38 页），宣称自己是“半生师笔不师刀”（同上，第九十七首，第196页）。我想，这大概可以视作他的一个“秘诀”，先生自谓“出入怀袖，客座倦谈，讲肄暇晷，寂寥展对，神契千载”“晴窗之下，日临一本”“日百回看”，达数十年而不倦，若将他收藏的敦煌写本称之为“随身宝”恐亦不为过也。

对于敦煌唐人写经，启功先生又特别注意将它们放在字体流变的背景里进行鉴赏与研究，并不以“雅”“俗”来定真伪。敦煌写经，有许多是当时一般信众为做功德而请人抄写的，写经者多为文化程度较低的“经生”，若与朝廷专门颁发的“标准经卷”相比，似可目之为“俗写”，艺术水平会有高下之分；但重要的是它们非但不伪，反而常常不乏真率可爱之趣。启功先生《论书绝句》第十一首云：“乳臭纷纷执笔初，几人雾霁识匡庐。枣魂石魄才经眼，已薄经生是俗书。”又自注曰：“唐人细楷，艺有高下，其高者无论已，即乱头粗服之迹，亦自有其风度，非后人摹拟所易几及者。”（同上，第24页）所以，启先生始终认为，即便是从书法的角度看，这些唐代“经生俗书”亦弥足珍贵。先生每每强调：古代字体嬗变，皆有缘故；钟繇虽古而风致尚未极妍，六朝称壮而变化容犹未富；发展至唐，则点画万态，骨体千姿，字字精工，丝丝入扣，可谓瓜熟蒂落，达于大成。尤其是“真书体势，定于唐贤”。因此，唐代饱学之士的“雅写”诚然可贵，下层文人或经生的“俗书”也有其不可忽视的价值，二者就统一在一个“真”字上。对敦煌学界有的研究者自设雷池，以某几个“标准写本”为框框定真伪的做法，启先生向来十分反对。1996年10月，启功先生曾带领一个专家组赴美、英、法等国考察与鉴定中国古代书画。在伦敦大英图书馆东方部，吴芳思女士请启功先生看一些被某国权威指为“伪卷”的敦煌写本，启先生明确判定这些其实均是晚唐五代经生俗写，完全不伪，于是提笔写了一段话："一九九六年十月十日下午獲觀館藏敦煌經卷，其中有晚唐、五代寫经生拙筆所書者，聞有妄人指為偽作，因爲誌此，以奉告典藏諸君，自古法書有真有偽，而此輩妄人囈語切莫聽也。"并与一路同行的王世襄、傅熹年等专家一起，在这段话后郑重地签上了自己的名字。

更能启人心智的，是启功先生在雅、俗之间求"通"的鉴赏眼光与研究方法。启先生曾声明："平生不喜雅俗之说，文字尤难以雅俗为判。"(《论书绝句》第三十九首自注，同上，第80页)在前录敦煌写经的题跋中，他称赞衲子经生之迹"乱头粗服中，妙有颜平原法，不经意处，弥见天真"，其上品更是"笔法骨肉得中，意态飞动，足以抗颜欧、褚"，并且举出袁清容误题《灵飞经》为钟绍京而董其昌不能辨的例子，说明经生之笔足以当书家，雅、俗之间实可相通，难以截然为别。20世纪初敦煌写本面世后，文史研究者对其中的"俗文学作品"（如变文、俗赋、民间曲词歌辞）和"世俗及寺院文书"格外关注，关键就在于它们可以补正传世典籍之阙失；然而，欣赏与研究"敦煌书法"者，则较多青睐他们认为的名拓古帖和一些"精品"，很少用汇通的观点来探究雅、俗关系，进而肯定经生俗写在中国书法史上的地位。依笔者体会，如果从个人赏习的角度讲，书法的雅、俗之分，虽有一点粗、细的客观因素在内，却始终带有强烈的主观色彩，因此不仅常随个人之好恶而见仁见智，而且也会因鉴赏者的学养、能力、水平的高低而不同。例如有些书家津津乐道的"现代派"（乃至"超现代派"）书法，以笔画扭曲形似图绘为尚，写字以让人看不懂而自我陶醉，你以高雅自诩，我看俗不可耐（如启先生所云"人不能识，斯真俗不可医者"）。其雅乎？俗乎？另一方面，从书法史与字体史的角度看，如果真有雅与俗、正与俗之分，也是同源共流，相通互联的。在漫长的汉字字体发展的过程里，文字在流通应用中“雅”随“俗”、“俗”成“雅”、“俗”变“正”的例子可谓不胜枚举。道理很简单，因为“文字贵在通行，符号取其共识”（同上，第80页）。若就艺术风格而言，“雅”的东西若孤芳自赏，自我封闭，便必然会失去生命力而渐趋凋敝；反之，若推广流行，大众普遍仿习，便一定成为通俗。在书法史上，名家法书也不一定称“雅”，启先生曾提及一个很典型的例子，唐朝韩愈以石鼓文的篆籀为“雅”，就说王羲之的真书行书为“俗”（《石鼓歌》：“羲之俗书趁姿媚”）。就字形而论，六朝的碑别字，敦煌写本中的俗字，有不少后来成了公认的正体字，有些则被淘汰了；而曾经通行的正字，后来变成异体俗字的，也不在少数。由于敦煌写本绝大部分是实用、应用的写经与文书，它们的写、作者又大多为下层文人、僧尼、学郎、官吏，字体、风格丰富多样，其差异之大，虽难以划一，却利于求通，因而就更具探究价值。总之，不囿于传统的书史材料，“信千秋之真赏，不在金题玉躞”，从而抛弃成说，用敦煌写卷来探究书法的体势之变、雅俗之通，求真求新，这确是启功先生的高明之处。

（三）

人们在叹服启功先生鉴赏古代书画的眼光、功力时，往往偏重于赞许他的天赋（包括聪慧、睿智）与创新精神，而忽略了后天的勤奋努力，尤其是忽略了造就深厚学养的“物质条件”——大量经眼古代书画真迹。敦煌莫高窟藏经洞所出古代写卷，十有六七已流散海外，劫后余珍留存国内者总数约两万件（号），唐人写经占十之八九。对这部分写本，除研究佛教典籍的专家较为重视外，一般的研究者关注不够；当然，由于各种原因，能够接触大量原件的人也很少。而启功先生从青年时代起就有志亦有缘，得以不断观摩并收藏敦煌写经。先生在《论书绝句》第八十三首的自注里有这样一段话："先师励耘老人每诲功曰，学书宜多看和尚书。以其无须应科举，故不受馆阁字体拘束，有疏散气息。且其袍袖宽博，不容腕臂贴案，每悬笔直下，富提按之力。功后阅法书既多，于唐人笔趣，识解稍深，师训之语，因之益有所悟。"（同上，第168页）于此亦可见陈垣老校长的教导对启功先生影响之大。我记得大约20年前，有人曾建议启功先生带书画鉴定的研究生，先生没有同意。启先生说："学书画鉴定必须能够看到大量的原件，现在没有这个条件，实际的东西看得少，架空讲理论，架空传授别人的经验，那是要害人的。"当时我听了这话，还不十分理解，后来有机会常常观察启先生的鉴定实践与聆听他的教诲，才开始明白先生揭示的道理。启功先生少时即拜书画名家为师，受家庭及周围环境熏陶，加上自己的勤奋好学，得以亲眼观摩大量的古代书画真迹与赝品，又有自身的创作实践，积数十年的经验体会，才能练就"火眼金睛"，做到得心应手。

鉴赏与研究敦煌写卷，又不能局限于光看敦煌卷子本身，除了要运用各类文献典籍外，还必须谙熟与字体书法相关的文物。启先生自述一方面"生平所见唐人经卷，不可胜计"，另一方面"酷耽书翰，凡石渠旧藏，私家秘笈，因缘所会，寓目已多"，奠定了做鉴定与比较研究的扎实基础。我们读启先生的敦煌写经题跋，于字里行间处处可以感受到他在这方面的深厚学养与丰富经验。十多年前，敦煌研究院要选一些敦煌写卷到日本去展出，两位研究员先拿了几个卷子到北京来，让我带他们去请启功先生鉴定。有一个写卷刚展开一半，启先生就说这是某朝某代所写，而且马上列出了好几条具体的证据，卷到卷子末端一看，果然不差。另一个带卷轴的写经，还未打开，先生就说这种装裱肯定不是敦煌所出，而是日本某代某人的写经，千万不要当敦煌写本拿到日本去展览。打开之后，先生看我们似有疑惑，便从里屋找出一册印有日本古写经的图录来对照，真让我们心悦诚服。我想，要达到望而即知这种炉火纯青的境界，必须见多识广，而且日积月累，烂熟于心，进而做到融会贯通。

启功先生鉴赏、研习敦煌写卷已经六七十年了，虽然他专门为此写下的著述不多，却是他学术成果的重要组成部分，很好地体现了他求真、求新、求通的治学思想，值得我们认真学习领会。“墨沈欲流，纸光可照。唐人见我，相视而笑。”我想，只有像启先生这样眼观万卷，学富五车，才能心会百代，神契千载，与圣贤哲人相视而笑。

（2002 年 2 月于中华书局）

## 【附】启功藏敦煌隋代写经残卷的故事

辛丑秋日，一段名为“启功抖搂隋代老纸”的短视频在网络热传热议，遂引起我的关注。视频中启功先生从一个册子中取出一张写满字左面残缺的纸来，双手“抖搂”此纸，说：“这是一个隋代人写的，这张纸，已经1300年以上，还是很完完整整，还有拉力。这是隋朝人的墨迹。”我在手机微信上仔细观看了几遍，觉得启功先生所展示的，应该是敦煌莫高窟藏经洞所出的写经残片，是夹在我曾经眼的启功先生一个汇贴敦煌写经残片册子里的，而且颇有些眼熟。于是，我先发微信给启功内侄章景怀先生询问视频来历，得知该视频系20世纪80年代初先生讲授书法时录制，随后我又将此视频转发给浙江大学张涌泉教授。涌泉很快回音：“这正是后来捐给我们浙大古籍所珍藏的敦煌残卷！”于是多年前亲历的故事又在我的脑际浮现……

恩师启功生前曾寻获若干敦煌写卷残片汇贴成册，并非致力“收藏”，也和他参与编撰《敦煌变文集》无关，而是为了研究古代字体流变和书法史。我曾为此习写专文叙述，兹不赘述。恩师晚年，依然若干回从琉璃厂书肆购得几个敦煌残卷，不但常展示给我欣赏、学习，而且多次叮嘱一定要妥善保存并好好利用这些珍贵资料。他生前即将其中两个尺幅较长、较为完整的敦煌写经捐给了中国印刷博物馆珍藏。这个在网络上展示的“隋人墨迹”，应该就是他70年代末或80年代初购得的。

2005年启功先生仙逝后，我们发现先生遗物中有他50年代中期参与编撰《敦煌变文集》的手稿及信札，经我建议，景怀兄将这些原件无偿捐赠给了国家图书馆善本特藏部。之后，景怀又让我协助整理先生留下的一些敦煌写卷，其中即有这个皱皱巴巴

启功赠浙大藏敦煌残卷和国图藏残片的缀合

尚未修整的残卷。我想到著名敦煌学专家姜亮夫先生长期统领的浙江大学古籍研究所，作为国内外瞩目研究敦煌语言文字的重要基地，却没有敦煌写卷实物，考虑到恩师生前嘱托，遂提议将这个残卷捐赠给已由张涌泉教授主持的浙大古籍所，可以促进该所师生的教学与科研，得到景怀兄慷慨允诺。又考虑到残卷破损，捐赠前需要修复为宜；于是先请方广锠兄过眼鉴定系真品无疑，经联系又将此卷送交国图善本部请修复专家整修装裱，我们则照例承担了有关费用。

戊子年（2008）早春某日晚间，在浙大举行了隆重的残卷捐赠仪式。我提前为此拟写的一份简要的说明亦同时呈交：

> 启功先生自上世纪四十年代起，即从研究书法字体的角度蒐罗选购流散于民间厂肆之敦煌写经残卷，颇多收获。他生前曾向中国印刷博物馆捐赠敦煌残卷，并嘱我继续关注此事。先生去世后，其内侄章景怀将启功先生收藏的部分敦煌残卷交我整理，其中有破损皱褶难以平展者，遂请方广锠博士过眼后，请国家图书馆善本部细心修复，

> 遂即由我向景怀建议：将其中一卷最长，似为《十王经》抄本者，捐赠浙江大学古籍研究所珍藏，以备教学科研之用，亦是实现启功先生平生之心愿也。此残卷存三十二行，起自“善人”二字，止于“菩萨是”三字，其一至六行及末行残缺，馀皆完整；行十七字，结体精严，楷法规整，为唐人写经中之上品也。柴剑虹识于戊子春二月初六日。

需要说明的是，当时我们并没有看到启功先生“抖搂”此残卷讲解书法的视频，我对该卷抄写年代与内容的说明存在差异。启功先生判断此残卷为隋朝人所抄，应有充分根据。十分奇巧的是，近日蒙涌泉教授告知，他的一位博士生，刚刚将这个残卷与国家图书馆所藏编号为“北敦 10672”的一个写经残片成功缀合，查出所抄写为《佛说观佛三昧海经》卷二的内容。称该经十卷，乃东晋时期佛驮跋陀罗所译。我查梁代僧祐所撰《出三藏记集》，获知佛驮跋陀罗本系北天竺人，“修业精勤，博学群经，多所通达，少以禅律驰名”，曾为西域罽宾国禅师，应释智严之请经行三年入中原，到长安与鸠摩罗什“共论法相，振发玄绪，多有妙旨”，“什每有疑义，必共咨决”。其在庐山、长安领译梵文佛经十一部，其中即有《观佛三昧海经》八卷。佛驮跋陀罗译经当在公元 4 世纪末至 5 世纪初，僧祐撰《出三藏记集》在公元 5 世纪晚期至 6 世纪初，距隋朝不足百年，该经如何从八卷增补成十卷十二品，其中故事，亦可细究也。

（2021 年 10 月 6 日）

# 启功先生对“隋人书《出师颂》”的基本意见

笔者目前应邀在台湾中国文化大学史学系担任客座教授，11月1日蒙黄纬中教授与李玉珉研究员热情导引，得获观故宫博物院展出之国宝《怀素自叙帖》真迹与高科技摄影该帖部分照片，并拜读何传馨研究员发表在《故宫文物月刊》第二十二卷第七期（总259）上的精彩介绍文章及相关学术讨论会论文，自己虽于书画鉴定为外行，仍收获良多，不胜欢欣！我当日便将个人观感向远在北京师范大学寓舍的启功老师报告，老师亦十分高兴。因为他在《启功口述历史》一书中谈到古书画鉴定时曾特别强调：“其次是看纸墨。这是古字画之所以成为古字画的先决条件，或曰硬件条件。高科技的引入在这一领域尤为急迫，比如计算机的笔画复制和识别，化学元素的检验和鉴定等，都应是过硬的第一手材料。……如某些古帖到底是双钩廓填还是真迹，是可以在强光下通过细心观察看出来的，前面说的《伯远帖》就是例证。”（《启功口述历史》，北京师范大学出版社2004年7月第一版，第188页。）此番台北故宫博物院专家所做的工作，便相当精彩。可惜老师年迈体衰，已经没有机会亲临台北，再次目鉴《自叙帖》原件，并重新发表意见了。他希望通过我转达对台北故宫博物院诸位同仁的问候与敬意。

近日，我又阅读了刚刚出版的《故宫文物月刊》第二十二卷第八期（总 260），看到有无锡市书画院穆棣先生的文章《论隋贤〈出师颂〉中“晋墨”引首非“明人拼配”而是清人续凫》，副标题是“兼与北京故宫博物院六人专家组商榷”（以下简称“穆文”）。文中引述若干资料，论证“晋墨”引首作伪、拼配于清顺治十五年至乾隆七年之间。此虽系采用排除法推论而无的据，仍不失为一家之言，使我这个外行看了亦颇受启发。但是，正如作者在文章开头便指出的，拍卖“西晋索靖真迹《出师颂》”是嘉德公司的不实宣传与众多媒体的介入炒作，而文章作者却仅凭嘉德宣传品的“前言”与潘深亮的文章，把板子打到启功、徐邦达等大家身上，该文商榷的矛头也直指“故宫博物院六人专家组”，这便与事实不符了。笔者作为二十多年来常在启功先生身边聆听教诲的学生，有责任介绍启功先生对“隋人书《出师颂》”一贯的、基本的意见与最新的谈话，以正视听。

早在一九四二年，当时三十一岁的启功先生在辅仁大学就作过《晋人草书研究》的演讲，其中就有专门考辨索靖《出师颂》的部分。启先生说：

> 《出师颂》书作章草，墨池堂《戏鸿堂》本，题曰索靖，《玉烟堂》本，题曰萧子云，《三希堂》本，有米友仁跋，定为隋人。尝合校之，明人所刻，“鼓无停响”，“鼓”皆作“敉”，文遂不通。《三希堂》本墨迹，今有影本行世，笔势古厚而流美，决非嚮搨可得，因尝悬断明人所刻底本为伪。后于友人家见一墨迹，为陶斋旧藏者，有明初人及文彭十余跋，备致推许。其误处与明刻皆同，纸墨尚不及唐宋之古，虽不敢即指为章董诸刻所据之本，而误字既

同，则章董诸本之非真，可断言也。且王世贞曾收二本，是明代以前，此帖摹本非一，皆辗转传模，信笔题署，要以米跋本为最古，至其是否隋人，固无的据。总之不题为六朝以上人，米氏自有特识，苟仅依汇帖标题则以后作先，不亦傎乎。

（《启功丛稿·艺论卷》，北京中华书局2004年第一版，第2—3页。）

启功先生的《论书绝句》一百首，是他书法理论的重要组成部分，写于一九三五年至一九七四年间，为先生四十年间深思熟虑之作，20世纪80年代结集出版，已经在大陆与香港、台湾地区印行了多种版本。书中每一首绝句均有题记及自注，与诗句合成整体。这是书法界的朋友都熟知的。而穆文则有意回避了这一事实，在文中轻描淡写地说："启氏七绝小诗一首，原不过是骤发诗兴之类，称其徘徊于考证之边缘或更允当。"在文末注释二十中亦只引诗句，只标出处为香港《书谱》杂志一九八七年第五期，似乎他并不知有全书。现在，我们就来看看启功先生的这首诗及题记、自注：

论书绝句　三十七

隋贤墨迹史岑文，冒作索靖萧子云。漫说虚名胜实诣，叶公从古不求真。佚名人章草书史岑《出师颂》。米友仁定为隋人书。宋代以来丛帖所刻，或题索靖，或题萧子云，皆自此翻出者。此卷墨迹，章草绝妙。米友仁题曰隋人者，盖谓其古于唐法，可谓真鉴。昔人于古画牛必属戴嵩，马必属韩干。世俗评法书，隶必属蔡、钟，章必属索、萧，亦此例也。

墨迹本有残损之字，有笔误之字，丛帖本中处处相同，故知其必出一源。余所见各帖本笔画无不钝滞又知其或出于转摹，或有意求拙，以充古趣，第与墨迹比观，诚伪不难立判焉。世又传一墨迹本，题作索靖。染纸浮墨，字迹拘挛，宋印累累，无一真者。后有文彭跋数段，曾藏于湮阳端氏（端方），见其《壬寅消夏录》，涵芬楼有影印本。后归于余一戚友家，曾获见之，盖又在丛帖本之下也。

余常遇观古画者，于无款之作，每相问“这到底是谁画的？”因悟失名书画之一一妄添名款者，皆为应此辈之需耳。

（同上，第43—44页。）

这么明白的三段文字，穆文居然只字不提，实在让人费解。

多年以前，启功先生将他从日本旧书店购得的中村不折氏所著《禹域出土墨宝书法源流考》两函交给我，希望能找人翻译出版。前年，我遂请北京国家图书馆敦煌吐鲁番资料中心的李德范女士翻译此书，去年八月由中华书局出版发行。启功先生拿到是书后，特地让我注意书中论及草书的文字。其中有这样一段：

皇象的《文武帖》、索靖的《月仪帖》等真迹，若有现存，想可能会与流布法帖的面目颇异。《来鸿馆帖》《墨池堂帖》《戏鸿堂帖》等中的索靖《出师颂》，规格通为章草体。又，被称为真迹的《三希堂法帖》中的隋人书，所著面目虽然与其他帖有异，但从文字的排置判断，其结果是来自于同一原本。《三希堂法帖》直接来自墨迹，而其它帖是转模而来。转模间，隋人之书变为晋人书，以至冠以索靖之名，最终造成了其中不见汉人草书的谬误结局。大抵刻于法帖的汉魏草书，由此笔法作出，虽不切中，亦不远矣。

(《禹域出土墨宝书法源流考》，北京中华书局2003年8月第一版，第30页。)

启先生认为中村氏所论颇可注意，因为涉及了不同法帖的源流异同。直接源自墨迹与转模翻刻，孰优孰劣，判然分明。先生另一首论书绝句有“岂独甘卑爱唐宋，半生师笔不师刀”之句，也正是这个意思。先生对我讲：米友仁对《出师颂》墨迹本的鉴别，排除晋墨，又因其古于唐体，故定为隋人所书，确实是有道理的。

正因为如此，当嘉德公司开始宣传“索靖真迹《出师颂》”时，启功先生马上表示了明确的不同意见，而且质询潘深亮文的根据。因为先生从来都认为那绝非“晋墨”。后来，由于众多媒体的介入、炒作，事情变得混淆不清。有不少媒体又借此要到师大小红楼来采访启功先生，弄得先生非常疲倦与生气。有一次我正在先生家中，先生接到南方某报记者的电话，先生一口气讲了近两个小时，那位记者还是纠缠不清。先生的嗓子为此沙哑乃至失声。我清楚地记得当时先生一再强调：这个《出师颂》肯定是一件精品、上品，但我从未鉴定它是索靖真迹，印首的作伪也是明确的。至于拍卖多少价钱，应是买卖双方的事，与我无关。后来，我听说嘉德公司专门为此事向启先生道歉。

也正因为此，启功先生今年初在口述自己的生平说到书画鉴定时，又专门提及此事。他说：

还有去年才收购的号称晋人索靖所书的章草体的史岑的《出师颂》，其实史籍早有记载它不是索靖的作品。米元章在他的“草书六帖”（现在日本大阪美术馆）中曾记载说他从未见过索靖的真迹，并以此为憾，说如见到就能知道他下笔的方法了。米元章的朋友黄伯思的《东观余论》也曾有两处明确记载唐以后就见不到章草体的墨迹了。所以宋高宗在让米友仁鉴定时，米友仁明确说这是“隋贤”的作品。我在《论书绝句》中早就谈到这个问题……这两个例子证明要想对书画鉴定有真知灼见，必须有广博的书画以外的知识学问。

（《启功口述历史》，北京师范大学出版社，2004年7月第一版，第191—192页。）

现在再来谈穆文攻讦的“北京故宫博物院六人专家组”的“一致考定”。因为启功先生对拍卖《出师颂》的高价炒作，是持不同意见的。所以，据我所知，当时故宫博物院临时拟了一个名单，邀请了六、七位专家去讨论。第一次启功先生勉强到会，主事者知道启功、徐邦达、傅熹年几位明确持不同意见，所以根本没有就是否索靖真迹展开讨论。当时王连起先生拿了与“晋墨”引首相关的宋高宗花押材料给几位先生看，大家确定引首上的花押明显作伪。傅熹年先生则指出引首纸的龙形图案系明代开始才有的风格。傅先生并没有下“明人拼配”的结论。这次会议既没有宣布成立一个“六人专家组”，也没有签署正式的“鉴定意见”。因此，当故宫再次开会时，启功先生就没有去；有人提议请文物出版社苏士澍先生参加，启功先生也以幽默的话语劝苏别参加。所谓的“一致考定”纯属虚拟。穆文仅引取《中国文物报》报道的片言只语，来确定自己的商榷对象，也是不严肃的。至于穆文宣称“学界未闻异词”，那是孤陋寡闻，老先生们只是不屑再在那些热衷炒作的媒体上再发表什么意见而已（众所周知，许多纠正意见，那些报刊也是不会登的）。

启功先生对“晋墨”引首也有非常明确的意见。先生在《启功口述历史》中说：

> 去年炒得沸沸扬扬的《出师颂》，有人说是晋朝索靖所书，帖前有落款宋高宗所题的“晋墨”二字及花押，而题写此二字的纸上有龙形图案。据傅熹年先生说，仅凭这些图案就可断定此“晋墨”二字为后人伪托，因为龙上的须发都是方形向上的，称为“立发龙”，而这种画法是明朝以后才有的。明朝以后的纸怎么会有宋人的题字？这不一目了然了吗？更何况花押的签署与宋高宗写给岳飞的手札上的花押也不同。
>
> （同上，第 188—189 页。）

可见，启功先生断定“晋墨”引首乃“明朝以后”人作伪，这与穆文花费了许多笔墨推测为清代顺康间人作伪有什么矛盾呢？莫非清代不是“明朝以后”吗？

于是我想到了后辈学子做学问时“与前辈名人商榷”应该具备的基本条件与态度，这就是首先要下功夫真正弄清前人的观点，全面了解他们的成果，分清是彻底推翻前人的观点、否定他们的成果，还是在前人治学的基础上有所发展与创新。我跟随启功先生几十年，常常亲身感受到先生对后辈学子的深切关怀与精心培养，尤其在教学中非常民主，经常热情鼓励学生提出与他不同的学术观点与见解，平等待人，从不以教训别人者自居。许多前辈学者亦都如此，故而受到大家的尊敬。可是现在有一种不好的学风，有人急于成名、出成果，就专打与前辈学者、名人“商榷”的旗号，来创造“名气”；有些明明是站在前人研究的基础上，却睁着眼睛不认账，企图一笔抹杀前辈成果，制造“轰动效应”。更有甚者，名曰“商榷”，文字间却充满自诩、揶揄、嘲讽。遗憾的是，细读穆文，就给人有这种感觉。我也注意到，台北刚刚印行的《怀素自叙与唐代草书学术讨论文集》中，亦收有穆棣先生的论文，副标题也是“与启功先生商榷”，全文既对启功先生大兴讨伐之意，又洋溢自负自诩之情，如指责启功“推波助澜”“前后评骘，判若二人”，断言“始作俑者则舍启功而莫属”“其说恰如纸上谈兵，浪漫诡奇有余而实际操作之可能性无存，因而美其名曰‘天方夜谈’亦无不可。”“其实是早已从心所欲不逾矩，又有何‘匆忙’之必要”；嘲讽启功先生：“未免显得过于天真可爱，然其实质显属似是而非的悖论而已！”宣告：“是知启、徐二说均不足道也。”“耳食皮相之说，又何足道哉！”如此等等，不一而足。这哪里是在与前辈学者“商榷”，分明是以教师爷的身份在训人！想不到“文革”结束快三十年了，我们却还能在台湾出版的“学术论文”中碰见这样恶劣的文风与态度，确实令人惊讶。我衷心希望穆先生能将自己的聪明才智用到做学问上去，虚心向前辈学习，以求得学术研究的进步。

（2004年11月5日于台北阳明山寓舍）

# 温习中国古代文学史听课笔记的思考

## 引　子

1961 年夏秋之际，我考入北京师范大学中文系学习。在课程设置中，“中国古代文学史”与“中国古代文学作品选讲”是两门课，前者先后由郭预衡、韩兆琦、邓魁英、聂石樵四位老师分先秦、两汉、唐宋、元明清四段讲授。四位老师的教学各有特色，郭的精辟，韩的奔放，邓的清晰，聂的缜密，都给处于初学阶段的我们留下了深刻的印象。诚然，从引导思路和便于做笔记的角度出发，似乎大家更适应郭、邓二位老师的课。当时师大提出的培养目标十分明确，是“合格的中学教师”，衡量教师的主要标准也很明确，是教学工作的效果，而不是发表论著的数量。同学们并不了解每位教师有哪些著作，但都认为讲师、教授的主要任务就是教学。因此，大家觉得能听到四位老师各具特色的讲课，是一种缘分；觉得如果将来去当老师，能像郭、邓二位先生这样讲课，此生足矣。记得 1965 年冬去长城脚下的康庄中学实习，带队的老师就是邓魁英先生。在皑皑雪地上，我踩着邓先生的脚印向前走；在课堂上，我也是努力仿效着邓先生来进行教学的。我上大学时的兴趣比较广泛，除了对练习写散文稍有爱好外，几门课都平均使用气力，在古代文学上也并没有下多少功夫，更没有要当某方面专家的宏大志向，所以往往使有心要培养我的几位老师颇感失望。“文革”骤起，大学毕业，我自愿去了新疆，当一名中学教师。过去老师讲课的内容，此时似乎都用不上了；但讲授的方法，我还是努力依照师大的老师们为榜样，希望我的学生们能听得清楚，记得明白，有所收益。当时没有想到的是“文革”之后拨乱反正，已经年过三十的我还有机会回到母校读古代文学的研究生，招生的老师是郭、聂、韩三位，入学半年多后又增加了启功、邓魁英两位导师，这又是缘分。按惯例讲古代文学依然要分四段，第一学期先由聂先生开讲《诗经》《楚辞》，郭先生讲先秦散文，韩先生讲《史记》；第二学期先由王汝弼先生讲魏晋文学，1979 年 4 月 5 日起启功先生开讲唐代文学。虽然启功先生十分不赞成这种“分段烹鱼”式的教学内容与方法，主动到我们宿舍来开“猪跑学”，段还是照分不误。后来，硕士论文的指导老师要分工落实，考虑到林邦钧、赵仁珪二位学兄希望由启先生指导论文的愿望，我归到邓先生名下；而启、邓二位对我这个老学生是厚爱有加，实际上是联手指导——这也打下了日后两位老师多年合带博士生的基础。正是在研究生阶段，在老师的启示下，原本对中国古代文学史教学可以说是浑噩无知的我，开始对某些问题有了一点自己的思考。有的想法，当时和回到工作岗位后偶尔也向启、邓、聂几位老师报告过，但因为主要的学习内容和精力已经不在于此，所以一直没有理出头绪来。现在启功先生已经乘鹤仙逝，我只能默默祝祷；趁几位师弟为聂、邓先生编贺寿论文集向我征稿之机，我寻出二十七年前的听课笔记，匆匆温习一过，以原笔记中老师们的提示为线索，将自己思考的问题先理出几个来。因为近期时间太紧，我暂时只能叙其大概，不可能周密与成熟，衷心祈望师友们指正。

## 一、“民主性”与“封建性”

聂先生在讲课伊始，便开宗明义地提出了我们学习古代文学的指导思想：第一，对古代文化做科学总结；第二，批判地继承文化遗产，即“剔除其封建性的糟粕，吸取其民主性的精华”。以毛泽东对屈原的评价为例，指出屈原的作品即属于“民主文学”。由此我考虑了两点：（一）毛泽东同志 1940 年在《新民主主义论》中所述，应该是西方的“民主”概念，即源于古希腊城邦制的以民意做决定的某种制度，后来发展为资本主义国家的议会制度，又有 19 世纪中叶后西方马列主义的“无产阶级民主”观念；中国的新民主主义革命则提出了“人民民主”的主张。总之，这个“民主”是指“民为主”。而中国古代“民主”的原始含义则是“民之主”（见《尚书·商书》），指主民的统治者，与西方的概念完全不同。中国古代有的是“民本”思想。因此，讲“民主性精华”，是今天用西方观念来衡量的，是“古为今用”的一种体现。至于“封建性”，又是从“五四”新文化运动的对立面来论定的，在古代则并非只能是“糟粕”的定语。那么，我们学习中国古代文学，批判地继承文化遗产，似乎就不能将“封建性”与“民主性”绝对对立起来，也不应完全限定在这一标准与范围之内。这是就文学作品的思想内容而言。至于文学作品的艺术形式，似乎更难用“封建性”或“民主性”去区分，应该还有一个相对独立的“文学性”的标准。（二）对古代文学做科学总结非常重要，如果用马克思主义的观点来衡量，就要求符合历史唯物论与辩证唯物论。这就应该从作家、作品的实际出发，从他们（它们）在中国文学发展史的长河中的作用和地位着眼，而不能先入为主地提出“以论带史”的口号，用西方引进又改造过的理论框架去套。

聂先生讲屈原，主张从战国时代“儒法之争”的实际情况出发，指出屈原的基本思想是主张“以德治国”“法先王”，重视“修身”，反映了当时儒、法两家的演变。这是很正确的，给了我不小的启示。我们肯定屈原的爱国主义，当然就是肯定他对所处楚国疆土与人民的热爱，肯定他对外来兼并与侵略的反抗和维护正义、主权的精神，而不是从封建大一统与诸侯国割据在社会发展史上的地位去评判。后来的岳飞抗金、吴三桂引清兵入关等等，也应作如是观。“忠君”与“爱国”的关系问题，纠缠了我们几十年，如果还是将“封建性”与“糟粕”相等同，与“民主性”截然对立起来，这个问题永远也辩不清。

由此想到“文学性”在我们学习文学史中的地位问题。这个话题现在听起来似乎有点可笑，其实却一直是文学史教学中困扰师生的问题。郭预衡先生讲先秦散文时，提出的第一个问题就是“儒家的一些经典能否作为散文讲？”答案是肯定的，且不仅儒家，其他如道、法、名、墨、纵横及杂家亦有大量散文传世。但在文学史课的具体讲授之中，重点依然是诸子各家的政治态度，是各家著作的思想内容，很少涉及那些散文的文学特征、艺术性。《汉书·艺文志》云：“诸子十家，其可观者，九家而已。皆起于王道既微，诸侯力政，时君世主，好恶殊方，是以九家之说蜂出并作，各引一端，崇其所善，以此驰说，取合诸侯。……若能修六艺之术，而观此九家之言，舍短取长，则可以通万方之略矣。”两千年前班固定下评述诸子著作的基调，禁锢了人们多少年。后来读到郭先生的《中国散文史》，视野为之开拓，思路为之畅通，真有如释重负之感。韩兆琦老师为研究生讲《史记》，重点是《史记》的思想内容所反映的司马迁的进步史观，而在讲《史记》的艺术特色时专列一节“《史记》的历史感和文学夸张”。“历史感”

是借用黑格尔提出的概念，亦即“历史真实性”。《史记》被鲁迅誉为“史家之绝唱”，自然是符合历史真实的史学名著；但鲁迅同时又赞之为“无韵之《离骚》”，当然又不能忽略其文学性。韩老师将《史记》里的作品具体分析为三种类型：历史感、文学性均强；历史感强、文学性弱或文学性强、历史感弱；历史感差而文学性很强。具体的篇章，尤其是第三类的例子，韩老师分析得很精彩，指出其真正原因在于作者的思想感情与篇中历史人物的共鸣。这就涉及文学作品的创作动因与创作时的情感寄托这个重要问题。至于如何理解“《史记》的小说因素”，启功先生有非常精辟的见解，毋庸我在此赘述了。

## 二、“文如其人”及“文品”与“人品”

己未年（1979）春节刚过，王汝弼先生便以带病之身为我们讲授魏晋文学，这使大家都很受感动。王先生讲到曹操对两个儿子曹丕、曹植的看法，当然主要是从政治上能否接班着眼的。植“任情而行，不自雕励，饮酒不节”，虽“以才见异”，终究不敌曹丕的政治手腕。若以文采而论，丕“妙善辞赋”、“乐府清越”（《文心雕龙》评语），“新奇百许篇，率皆鄙直如俚语”（《诗品》评语）。植则“骨气奇高，词采华茂，情兼雅怨，体被文质，粲溢古今，卓尔不群”（《诗品》评语），“体赡而律调，辞清而志显”（《文心雕龙》评语）。尽管《典论·论文》为曹丕在中国文学批评史上赢得了地位，尽管《三国志·魏志·文帝纪》上盛赞曹丕“天资文藻，下笔成章，博闻强识，才艺兼该”，公论在文学成就上终究是丕不敌植。早在1943年，郭沫若先生曾为此发表过长篇论文《论曹植》（后收入郭著《历史人物》一书，人民文学出版社，1979 年），力图推翻抑丕扬植的公案。郭老此文的意义，是从文品与人品两个方面全面地做丕、植比较，以得出较为公允的结论。可是二十多年后，郭老的一本《李白与杜甫》，却又扬李贬杜，走到了他曾反对过的极端。对此，启功先生 1979 年在为我们讲授李白与杜甫时，做了全面的具体分析。兹将启先生开讲时我做的笔记引述如下：

李、杜优劣，在他们当时就有人争论。到了现在，郭老的《李白与杜甫》可以讲是达到争论的高峰了。我认为这二人肯定不同，优劣也有，但不能简单拿人分。各人都有自己的优劣、高低。应该再“切一刀”，就比较合适了。唐代元稹作过杜甫的“墓系铭”，最后认为李不如杜：“则李尚不能历其藩翰，况堂奥乎？”这是他的偏见。郭老的书，当时没有时间看，到现在也没有看见。我只知道（书中）两件事，一是（出生）碎叶问题，一是传讲李都好，杜全要不得。我想郭老不会那么绝对，但毕竟是扬李抑杜。

启先生那堂课是着重从诗歌体格的继承与创新来评述李、杜的。李是“继往”，杜是“开来”，各有千秋，难分高低。这使我想起 1962 年在杜甫 1250 年诞辰的纪念大会上，我有幸与会，亲耳听到郭老用激昂的语调称颂李、杜是“中国文学史上灿烂的双子星座”。“文革”中“评法批儒”运动的冲击，迫使郭老言不由衷，的确令人遗憾。

不可否认，即便是正常的文学作品的评价，除了重视文学性的作用外，也还有人品的因素在内。然而实际上，“文品”与“人品”，虽有某些关联，却并非一码事。翻开一部中国文学史，二者相矛盾的事例比比皆是。为此，就在1979年，我曾经写了一篇短文《骆宾王简论》作为作业交给邓先生批改，称赞骆的文章而质疑他的人品。此文后来发表在武汉师范学院的学报上，据说还因此得罪了骆氏的后裔。我们的文艺理论常讲“文如其人”，实际上是指文章的风格与人的性情的密切关系，亦即西方文论家所言“风格即人”，并非讲文品与人品的一致。文品有高低，人品有优劣，风格却只有异彩纷呈而无高低优劣之分。可惜我们却往往将二者混同起来。另外，同一位作家创作的作品，好坏精粗都会有，不能一概而论，要顾及全篇，具体分析；而一个人的品行，也并非生而死定，一成不变，有人渐进，有人急退，所以应观其一生，实事求是。在这方面，我认为列宁1908—1911年间所写评论列夫·托尔斯泰的几篇文章，依然是值得我们很好参考的。

## 三、“脱笼鸟”与“笼中鸟”

这个题目是1993年6月我应邀为德国特里尔大学汉学系学生讲课时所拟。当时系主任卜松山教授（Karl Pohl）希望我做一个陶渊明和苏轼比较研究的讲演，因为他是陶渊明诗歌的德文译者，对此颇有兴趣。而我，可以说对陶、苏二人的诗都没有什么研究。于是，我想起了文学史课上“如何看待陶渊明‘归园田’”的老问题。为何出仕与辞官，陶在《归去来辞序》中有表白，传统的解释是不满黑暗现实而与之决裂，是不与统治集团合作而退隐。王汝弼先生还强调陶此举“表明了要靠自己的劳动来取得衣食”，与剥削生活划清界限。可是这样便很难去和苏东坡做比较。于是我就想从另一个角度来看待这个问题，即身处晋宋动乱时代的陶能退隐辞官归田，在宋朝做了大官又遭受“乌台诗案”的苏东坡却始终做不到。归园田的陶潜是“脱笼鸟”，那么苏轼就至死都好比是“笼中鸟”了。我的讲课提纲，后来整理成一篇短文《“脱笼鸟”与“笼中鸟”——陶渊明与苏轼的一种比较》，发表在 1994 年第 4 期的《传统文化与现代化》杂志上。在这里我再次提出这个问题，是想强调我们在评价中国古代文学创作的历史背景时，似乎应该注意以下两点：

（一）作家及其创作当然和他所处的时代密切关联，但正如启功先生所说：“文学和历史，并非双轨同步。文学家们，并非在‘开国’时一齐‘下凡’，亡国时一道‘殉节’。”在创作思想上，社会的治乱与政治思想的开放或禁锢并不一定成正比，各人的处境与性情亦千差万别，并没有一个万能的公式可以套用。汉代以后，中国的知识分子一直被一张铺天盖地的儒家思想的大网笼罩着，也往往为统治集团所网罗、控制，身处动乱时代的陶渊明可以用“归田”的办法来挣脱，而在政治相对稳定的宋仁宗、英宗、神宗时期的苏轼却没有这种幸运。这在他们各自的诗歌创作中体现得很清楚。（二）从文学史的“长河”看问题，只能“续流”而不能“断流”。这里有前朝后代关联的问题，也有文学自身的发展规律问题，现行文学史教材切段式的叙述很有局限。所以启功先生 1979 年 4 月 5 日为我们讲唐代文学一开始，就告诫大家“文学史教材有一定的局限，不可不读，不可‘太’读”。他指出：“时代背景与文学艺术的成就非常有关，但究竟是怎么一个关系？背景上的一些事情不是当时所能奏效、有所反映的。有些非经过一段时间的消化才反映出来。现在所编的文学史教材很容易把题材所反映的与当时的消化程度处理不好。题材的反映是当时的，而艺术成就、艺术手法并不是当时所能奏效的，这是一个施肥、开花、结果的关系。”启先生举了李、杜诗反映安史之乱的例子。“穷而后工”，但如果只有安史之乱的题材，而没有隋、初唐文学创作的酝酿和积累，也一定写不出“诗史”般的作品来。盛唐的浇灌反而使中、晚唐的诗人得到好处。所以启功先生说：“轻视中晚唐是不恰当的。晚唐诗非常细腻，如赵嘏、许浑、司空图，诗的‘精密度’已到了很高地步，这是安史之乱开出来的花。”

由此我又想到了隋代文学的问题。我们所使用的游国恩等先生主编的《中国文学史》在“隋唐五代文学”一编里的第一章仅列了“隋代诗歌”一节，当然是因为隋代是短命的朝代而不予详述。然而，隋代不仅是文学史上承前启后的重要时期，其文学创作也颇有自己的特色可言。其主要原因应该就如启先生所言，是动荡不安的魏晋南北朝时代宏富的文学创作、繁盛的文学理论浇灌的结果。另外，隋统一中国后，开始关注进一步开通丝绸之路，经略大西北。历史上往往过于渲染隋炀帝下江南的荒淫无道，却忘记了他也是开发大西北、促进中外经济、文化交流的先行者。他是从秦始皇到清宣统惟一的一位不因战争目的到过大西北的君王。他派吏部侍郎裴矩巩固丝路南、中、北三道以恢复商贸活动；大业五年（609）他亲驾张掖，召集二十七国经贸大会；大业六年（610）、八年（612）他先后建立伊吾郡（今新疆哈密）、联姻高昌王。所以隋代诗歌虽然有沿袭齐梁宫体诗轻靡的一面，也透出南北合流的新鲜气息，尤其是与开发西北密切相关的边塞诗，取得了突出成就，这些都为唐诗的繁荣打下了不可忽视的基础。这些年来我参与一些敦煌文化艺术的研究，曾一直惊讶为何莫高窟千佛洞里的隋代壁画、彩塑的风格是那么鲜明，自具特色，希望研究中国古代艺术的研究生能以此为学位论文的题目。现在想来，隋代文学也足可以写博士论文的。

## 四、“人人传写”与“妇孺能诵”

文学史讲到唐诗的繁荣与普及，有许多生动的事例。如王昌龄、高适、王之涣的“旗亭画壁”故事；如岑参的诗“每一篇绝笔，则人人传写，虽闾里士庶，戎夷蛮貊，莫不讽诵吟习焉”（杜确《岑嘉州诗集序》）；如白居易作诗“求解于老妪”，故“妇孺能诵”，“二十年间，禁省、观寺、邮候、墙壁之上无不书，王公、妾妇、牛童、马走之口无不道”（元稹《白氏长庆集序》），等等。文学史引证这些传说故事，主要是为了说明作家作品受人欢迎的程度与原因，却未能点到另一个十分关键的问题——唐诗的繁荣是与它的快速、广泛传播分不开的。那么，在印刷术刚刚发明、印刷品远未普遍使用的唐代，诗人的作品主要靠哪些方式传播呢？推而广之，我们在讲授和研究文学史时，是不是忽略了一个至关重要的问题——文学作品的传播方式？

启功先生为我们讲“唐代民间文学”，首先指出传统的“雅”“俗”说法并不合适。文学史著作上讲唐代的“俗文学”即指书面流传的民间文学作品；但实际上，雅、俗文学基本上都来自民间。以“赋”为例：屈原的《离骚》赋“行吟泽畔”，本来就是民间的说唱文学，后来被升格为“离骚经”了；司马相如原来也是搞民间文学的，后来为狗监杨得意推荐，“上读《子虚赋》而善之”（《汉书·司马相如传》），于是汉赋蔚为大观；敦煌藏经洞发现了那么多的赋类作品，几乎全是民间文学作品，以今天的标准衡量，可谓雅、俗皆备，均与民间的说唱活动关系密切。敦煌发现的唐代变文实际上也是当时宫廷、寺院、民间流行的“俗讲”的底本。至于“敦煌曲子词”，更透露了词的起源与流变的重要信息。像前面所举“旗亭画壁”的故事，正是民间唱诗（包括吟唱文人作品）的生动事例。许多好诗，也是当时“流行歌曲”的唱词。可见，从上到下全社会的说唱活动，是唐诗传播的重要方式之一。

还有其他的传播方式。1969年，在考古工作者从新疆吐鲁番阿斯塔那古墓葬（TAM 363 ∶ 8）的发掘品中，发现了唐景龙四年（710）五月当地寺学学士郎卜天寿抄写的《论语》《十二月新三台词》及几首五言诗。这些五言诗即今人所谓的白话“打油诗”，如第一首：“写书今日了，先生莫嫌迟。明朝是假日，早放学生归。”当时郭沫若先生曾撰文对卜天寿的诗作给予高度评价。后来，我们在敦煌藏经洞写卷中发现了许多当时当地学士郎抄写的打油诗，有几首与卜天寿抄所抄几乎如出一辙；后来，人们又在长沙古窑遗址出土的唐代瓷器上发现了十分相近的诗作。吐鲁番、敦煌、长沙相距遥远，但并没有影响这些最普通的学生诗作的传播。我曾经在几篇文章里颇为感慨地举过这方面的例子，此不赘述。这里我只是想提出来就唐代学校教育在诗歌传播上的作用进一步做些分析。敦煌藏经洞发现的《秦妇吟》写卷是更典型的例子。晚唐词家韦庄的《秦妇吟》是描述黄巢起义军攻进长安前后情景的七言长篇叙事诗，后来失传。五代孙光宪《北梦琐言》卷六载：“蜀相韦庄应举时，遇黄(巢)寇犯阙，著《秦妇吟》一篇，内一联云：内库烧为锦绣灰，天街踏尽公卿骨。尔后公卿亦多垂讶，庄乃讳之。时人号为‘秦妇吟秀才’。他日撰家戒内，不许垂《秦妇吟》障子。以此止谤，亦无及也。”“止谤”的目的未达到，但这首长诗除了孙所引那两句外，馀皆失传了。1920年，王国维先生首先在斯坦因劫去的敦煌卷子里发现并刊布了敦煌《秦妇吟》写卷部分录文，1924年又刊布全诗校本，失传了近千年的唐代第一长叙事诗遂重显全貌。文史界为之轰动，并掀起过一个小小的校释与研究高潮，但好像仍未从中注意到唐诗传播的信息。敦煌藏经洞所出《秦妇吟》已知有十个写本，其中有五个写本有抄写人署名题记，均为当时敦煌寺学的学士郎所写，时间在贞明五年（919）到太平兴国四年（979）之间。韦庄死于前蜀王建天祐七年（910）。于此可知，起码在韦庄死后的70年中，他的《秦妇吟》在远离中原的沙州敦煌还在不断地被寺学生抄写着。为什么学生要抄这样一首长达1600多字的诗歌？有一位抄写者在卷末用与发牢骚的打油诗中讲是为了抵债——他借了老师的高利贷。于是又可推知，在敦煌寺学，《秦妇吟》是老师用来作教材用的。我们今天所有高校中文系的教学中，大概没有讲授《秦妇吟》全诗的；可是在一千年前的唐代，在丝路咽喉的敦煌的童蒙教材中，居然有被作者自己禁止了的长篇诗歌！这个令人震惊的事实，值得我们深思。

我国古代自孔夫子提出“诗”的兴、观、群、怨功能，提倡“诗教”之后，诗歌的传播就有了一条稳定而合法的途径。但是在实际上，官方与民间私学的“诗教”在内容、形式及目的上都很不相同。到了唐代，风气开放，民族交融、文化交流、民间文艺之活跃，均非前代可及，私学乃至寺学的课堂，都成为诗歌创作与传播的重要场所，即便是远在河西走廊以西的敦煌和高昌，都是如此。“以诗赋取士”的考试制度加上大批文人士子西出阳关，追求功名，更加推进了诗歌的教学与交流。这样，我们就可以理解为何在敦煌藏经洞里会发现那么多的唐诗选集与抄本，那么多僧人的诗作与学士郎们的打油诗，那么多在中原已经佚失了的名人或无名氏的佳篇；我们也才能理解“戎夷蛮貊，莫不讽诵吟习”岑参诗和“童子解吟长恨曲，胡儿能唱琵琶篇”的情景。

自27年前至今，诸位老师在课堂内外给我们讲授文学史所提出的问题远不止以上这些，如少数民族作品在中国文学史中应占的地位问题，如各类文学体裁的内在联系问题，如中国文学批评著作与西方文艺理论的关系问题，都值得我们去细细品味，认真思考，得出接近事实的、科学的结论。

（2005年12月）

# 此时无声胜有声

## 读启功先生“文革”初期日记感言

2012年7月26日是启功先生的百岁诞辰。在敬爱的导师仙逝7年之后，再来追忆往事，寄托缅怀之情，不禁思绪万千。

启功先生的乐观通达，是举世公认的。我在《我的老师启功先生》一书中述及：先生曾经严肃地对我说：“我内心的痛苦，又有谁知晓？”他常常带给大家欢乐与温暖，却是将个人的痛苦深埋心中，“剩深宵，自炷心香，泪滴檀灰。”（启功《高阳台·自忏》）我认为这种性格，是在家庭、学校、社会各种环境中的风雨历练中形成的。他在晚年曾多次表示“不温习烦恼”，决非是为了“忘记过去”，而是除了不愿再次触动深埋在心底的隐痛外，也是一种无言的诉说。例如，在先生漫长的人生历程中，“反右斗争”与“文革”十年都是特殊而重要的时期，而在他去世前一年正式出版的《启功口述历史》一书里，对这两个阶段的叙述都比较简略。幸而景怀兄在整理启功先生遗稿时发现了他的部分日记（我们以前都误以为启功先生平时没有写日记的习惯）其中较为连续的正是“文革”期间（1966—1974）所记（详见《启功全集》第十卷，北京师范大学出版社，2011年11月）。“文革”初期北京师范大学中文系的“运动”，我是亲历者，因而读了有更切实的感受。启功先生当年记日记，当然不是为了公之于世，但却为我们留下了十分重要的第一手资料，对我们今天了解那一辈知识分子在“文革”时期的遭遇和心情相当宝贵，尤其是研究启功先生思想、性格、经历不可或缺的材料。限于篇幅，下面仅就先生在“文革”初期的日记（1966.1—1967.11）写些简略的读后感言，作为对先生百年诞辰的一种纪念。

“文革”风暴骤起，中国绝大多数的知识分子是完全没有思想准备的。即便是有过“三反”“五反”、思想改造、批胡适、批胡风、批《武训传》、反右、反右倾等等运动经历的“老运动员”，在“文革”初始批判吴晗新编历史剧《海瑞罢官》的酝酿阶段，也曾十分天真地认为仅是文艺作品的评价问题。但是到了1966年初，对于曾经被错误地打成“右派分子”的启功先生来说，他已经很快地意识到了这场风暴的激烈与残酷。因此，他这个时期的日记体现出来最大的特点是客观、冷静。虽怀着惴惴不安之心，却以客观记述的方式冷静、简洁地写下所见所闻，几乎没有议论，没有臧否，极少主观的情感抒发。我们读了日记可以知道，像启功先生这样的教师，在“文革”中的遭遇是足以令有良知、有同情心的正直人扼腕长叹的。他内心的痛苦可以化为炽热之烈焰，但他却使之冷凝在自己的笔端，化作无声的文字。这需要多么大的“内功”与“定力”啊！

20世纪五六十年代，北京师范大学中文系曾经拥有一批顶尖的教授，如黎锦熙、黄药眠、钟敬文、李长之、陆宗达、穆木天、刘盼遂、俞敏、萧璋等，1957 年反右运动将其中一多半打成了“右派”，甚至剥夺了他们为学生授课的权利。启功先生在 1957 年初已经评议通过为晋升教授人选，但随即因 1957 年下半年被中国画院划为“右派”（1958 年回师大“补划”）而遭黜落，副教授级别亦遭降级。所以在我 1961 年进入中文系学习时，挂着“摘帽右派”头衔的启功先生还不能给我们讲课，到了 1962 年系里才给他安排了讲诗词格律大课的极少课时。

1966 年初，中文系师生除了由党总支组织参加批判新编历史剧《海瑞罢官》外，主要是学习讨论“反修防修”的半工半读和学习毛主席著作。从启功先生日记可看出，到 3 月下旬，重点就转到“学术批判”上来了。各年级成立了各种“文艺批判组”，系里成立“核心小组”，将各课教师分到各班各小组参加“讨论”，“讨论阶级斗争问题”“清官问题”“红专问题”，讨论“政治与业务的关系”等等（分别见 3 月 21—29 日日记）。到了 4 月初，要“讨论突出政治问题”了，且将“文艺批评”转为“揭发罪行”。4 月 6 日的日记中先生写道：“自己不知何为突出政治，突出后是什么样？”看似提出疑问，其实他已经预感到了一场大风暴的来临。先生日记记载：6 月 1 日，学习《人民日报》社论《横扫一切牛鬼蛇神》；6 月 11 日，学习社论《无产阶级文化大革命万岁》；6 月 15 日，“全系大会，写大字报揭发批判”；6 月 17 日，学习《湖南农民运动考察报告》；6 月 17 日，教育学辅导员蔡钦山自杀，工作组报告讲“戴高帽游行、罚站、打人是可以理解的”……运动进展表明，“突出后是什么样”已经有了第一批答案。

虽有不祥预感，但启功先生与许许多多相信党、敬仰毛泽东的心地善良的教师一样，在“带着问题学习毛主席著作”的时候，仍然是迷惘和忐忑的。看他7月2日的日记：

> 阅读人民日报社论《毛泽东思想万岁》。读后讨论，拟发言稿，未发。……在文化大革命中，以我这样的旧知识分子，更要时时刻刻学习毛主席著作，学到手。怎知学到手？先看能否大破，破敌、破我、破身内外之敌，化为力量。

在提出“怎知学到手”的疑问之后，一连用四个“破”字表示了不安的心态。因而虽然拟了发言稿，却并未敢贸然发言。多年之后，先生几次跟我谈到他对后来风靡全国的最高指示“不破不立。……破字当头，立也就在其中了”（见1967年5月17日《人民日报》）的疑惑不解。

几天之后，“工作组要求登记个人的问题，个人历史从十岁起逐年逐月分清次序写明，叙述历史上重大问题的详细经过。”（7月9日记）随着红卫兵“揭老底战斗队”如雨后春笋般地建立，许多老教师很快就面临了“破字当头”的厄运。

1966年7月27日，对于北师大的“文革”运动是很特别的一天：是晚，几乎“中央文革小组”的主要领导全部出动在师大操场召开大会，康生、江青等人极尽煽风点火之能事，在讲话中将斗争矛头指向“大黑帮程今吾（校党委书记、副校长）”和“大右派黄药眠”等，从此时起师大的大批干部和教授就失去了人身自由。这一天启功先生没有日记，什么原因，不说自明。再看下面几则日记：

> 8月25日（星期四） 学校红卫兵通牒降工资登记，

去登记。

8月26日（星期五） 九三临时集谈退社、解散事。下午红卫兵命令解散退社，限明日上午贴出大字报。

8月27日（星期六） 下午报告红卫兵，愿交出所有自存一切书籍等物，晚红卫兵到家查封书籍等。向系中红卫兵交代所封的书稿中有：旧小说、日文美术书、老舍《猫城记》、小牛牌、帽徽记不得、旧铜元两小包约几十个、银元一个、预支稿费还上、章家棉衣棉套一柳箱、刘盼遂书二套。

8月28日（星期日） 下午到邮局寄还中华书局前预付《中国书法》一稿稿费二百元。（此已报红卫兵，指示如此。）

先对日记所涉内容做些说明。1、其时红卫兵“勒令”“有问题”教授要“自愿”降低工资。据先生9月5日所记：“摘帽右派按人口每人15元，共领30元。”这恐怕连当时北京地区的最低生活费都不够。启功先生当时的月工资是177元，也就是说几乎被扣除了六分之五。2、其时红卫兵要民主党派的基础组织自行宣布解散，停止活动。启功先生的九三学社北京分社委员的职务已在1957年被打成右派后撤销，此时则连普通社员也不让当了。3、当时红卫兵“造反派”组织开始到一些教授家里抄家“破四旧”，先生甚为惶恐。中文系四年级有两位出身好的同学（王永敬、彭家瑾）得到消息，为了保护启功先生的书籍，提前到小乘巷先生家中问先生：“你这里有封资修的东西吗？”先生答曰：“无资、修，有封建的。”“有封，那就给你封起来吧。”就在书箱、柳条箱上贴了“红卫兵中文系大队”的封条，使得先生这些东西免遭“造反派”再来抄没。多年之后，先生还多次对我说要感谢这两位同学。“封箱”两个多月后，先生的大衣在扫楼道厕所时丢失，需要取出箱内他母亲的皮衣改制大衣以御寒，还必须经打报告请示获准后由红卫兵“启封”后方可拿出！ 4、其时“造反派”扬言教授写书是“散布毒素”，不准拿稿费，勒令教授们自报拿稿费情形并自动退还。当时中华书局约先生撰写《中国书法》一书并预付了部分稿费。于是先生寄还了稿费，在那种情况下书稿也无法完成了。这实在是中国文化史上的大不幸！

紧接着，一些老教授在接受批斗之际还被强迫组织起来参加校园、楼道的劳动。启功先生当时体弱多病，常常是在感冒发烧、恶心发冷、吃药打针之时开会挨批（有时还被点名赶出会场）、看大字报，同时带病参加劳动。在先生的日记里记载的就有打扫楼道、扫厕所、爬上窗台擦玻璃、洗刷主楼门面（中文系办公在6楼，故先生9月14日用“畏难，怕高”四字记述）等。仅9月16日—10月8日的日记提及“扫楼厕”就有10次之多！我曾经在文章里描述亲眼目见启先生在西北楼三楼扫厕所的情形，痛心之际，也为先生在那样的处境中仍镇定、乐观的精神而感动。

启功先生在“文革”日记中以沉静、淡然、简明的笔墨，写出了一些让今人触目惊心的事例。例如，因为家中书籍被封，引起粮站停发粮票，“询问为何封书，五七年右派是否摘帽，摘后是否再犯错误，以决定售粮标准”（10月6日记）。也就是说，“售粮标准”居然要与政治标准挂钩，可以让你少吃饭甚或不准吃饭。此事让我想起：1967年毕业分配，我自愿去新疆工作，1968年5月我们到乌鲁木齐报到接受集训，军代表认为我们这些大学生一定都是犯了错误才“发配”到边疆的，不仅天天开导我们“要接受犯错误的教训”，而且指定我们到建设兵团某食堂吃饭，去了才知道在那里用餐的都是背上或臂上缝了白布条，写明是“黑帮”、“牛鬼蛇神”之流者，这就是吃饭的“政治待遇”！当时虽引起我们这些大学毕业生的强烈反感，也无处讲理。

临近1967年初，“文革”的重心转移到“打倒党内走资本主义道路的当权派”并“夺权”，像启功先生这样的“死老虎”已不是“造反派”打击的主要目标。因此，自1966年12月14日起，启功先生和萧璋、陆宗达、叶苍岑、葛信益等几位教授一起被派至京郊周口店的一个生产队劳动，到1967年1月17日为止。相比其他时段日记的文字，启功先生这一个多月日记的内容是比较详细的，真实记录了在农村和社员一道劳动、开会的情形和自己的思想状况。应该说，当时的教授们虽然还处在那样沉重、动荡的政治氛围中，但毕竟暂时脱离了学校的批斗环境，而且农村干部与群众对他们大多比较友善，“农民以我们为客人”（12月17日记），“队长安排农活，非常体贴我等体力”（12月14日记），故即便劳动辛苦一些，心情还是相对较为舒畅的。有两则日记可以为证：

12月22日（初十日） 为大队买漆、印语录百条、笔等，赠送大队，萧、陆、叶、启每人17.36元。

1月8日（廿八日） 上午劳动，在饲养场铲牲口棚中粪土，甚疲。近午，几乎不支。何满仓说：“老启现在不行了吧，今日够呛。”又说“这还不算累，到了夏天热也把你热死。”此青年朴实诚恳，真是吾师。

前者虽花去原先半个多月的生活费，但是属于自觉自愿地为农民兄弟出钱出力，说明了当时的思想状况。后者反映了在劳动中和农民比较融洽、自由的关系。农民称其为“老启”；他也发出了日记中少有的评议之语。在周口店的劳动日记，除了能使我们了解“文革”初期京郊农村的一些情况外，也反映了当时启功先生愿意在与农民同劳动的实践中改造自己的真实心境，使我们在心酸之余感到些许的欣慰。此外，1967年10月8日至18日，启功先生还记有11天在北郊回龙观附近的劳动日记，那是学校号召下乡帮助秋收玉米、割豆子、摘棉花，中文系的教师几乎全部参加了，大概是在“革命师生”的监督下劳动，没有和社员一起干活，显然缺乏心情，记得十分简略。

启功先生在1966年12月13日的日记下专门“钞存”了一份《关于四个口袋问题》的“交代材料”。这是回应系里有几位教师大字报对他的揭发而写的，10月30日写就，12月10日才上交，可见先生的犹豫、无奈与慎重。因此，我需要根据自己的理解对此谈些感受。

所谓“四个口袋”，出自1962年系总支号召老教师为加强科研发挥“潜力”，各人谈自己的擅长时，启功先生对自己治学门径的介绍。启功先生在“交代”中解释说：

> 我的知识有四个方面，我这四个方面积累的材料各置一处。因平时有些零星札记或草稿，常放在纸袋中，所以我用“口袋”代表这四堆材料，我说我有四个口袋（其实纸口袋很多，每一类并不止一个口袋），这“四个口袋”一是古典文学的一些心得如注释等，包括拟作的诗律研究等；二是关于书法方面的笔记，这方面拟写关于怎样写字的文章；三是文物鉴别方面的笔记，如烦琐考证的《兰亭帖考》；四是清代掌故方面的，这方面写成《读红楼梦

札记》。

因为据说当时任系党总支副书记的刘漠主任，对启功先生的这种治学方法很赞同，而“文革”中刘漠被当作“黑帮分子”受到批判，有些教师自然就翻旧账以“揭发”启功先生。先生即在说明情况的前提下，不得已在这份“交代”的下半部分，做出了“我那种‘治学’观点，‘治学’方法、名利思想等等，应该详加批判”寥寥数语的检查。

其实，启功先生“四个口袋”的介绍，实事求是而又具体形象地道出了他视野广阔、求博求精、注重搜寻与积累材料、发挥专长的治学方法与特色。除了书画与诗词创作的勤勉与日益精湛外，启功先生在文史研究、诗文声律探求、敦煌文献整理、古代字体考索、《红楼梦》注释等方面都下了很大的功夫。即便是在1957年遭受了不公正的待遇之后，抱着一颗拳拳爱国之心，出于对学术文化事业的热爱与追求，启功先生仍然坚持勤奋治学。现在，有人贴大字报要揭发先生这方面的“罪恶”，将它与“黑帮”联系起来，先生只得在“交代”中说明：

> 当时并没听到那时旧总支的当权人物有什么回音，也没人告诉我“批准”我或“指示”我在哪方面着力。今年在大字报上才看到刘漠对于我这“四个口袋”的说法很欣赏。

明明是正常而正确的东西，却被扭曲为“毒害青年”“名利思想”，先生只得用“我的腐朽的一套罪恶货底”“罪不容逃”这样的词语来批判自己，在不得已的“违心”之中，也透出了无奈与愤懑。

刘漠是从延安革命根据地出来的干部，曾任延安鲁迅艺术学院干部、晋察冀边区联合中学文工团指导员。我在中文系学习的60年代初，他担任系主任兼党总支副书记期间，不仅狠抓教学与科研，而且作风朴实，很注意联系群众，发挥教师与学生两方面的积极性。他赞成“四个口袋”的说法是毫无过错的。我清晰地记得，大约就在“文革”初期的九十月间的某天，我刚走出西北楼大门，就看见惊心一幕：因古汉语考试不及格而从我们中五留级到中四的隋延堂，居然责令刘漠主任跪在他面前，说让他留级是“迫害工农子弟”！我当时气愤不过，用大声呵斥制止了隋的无理行为。当时我很不理解隋延堂为什么会有这样的举动。看了启功先生的“文革”日记，里面多次写及老教师要经常向隋延堂汇报思想，才知道这个“造反派”当时竟然成了“管教”老教师们的负责人！责令教授自降工资、退稿费、打扫楼道厕所和组织红卫兵抄家等，都与他有关。听说此人后来因贪污抄家物品而受处分，也是罪有应得。（先生1967年1月18日的日记中写“肖、葛昨晚见隋延堂。隋云今后不管我组学习了。”估计即与此有关。）

非常幸运的是，在经历了“文革”浩劫之后，一些体现启功先生治学精神，装了许多学术资料和手稿的“纸口袋”保存下来了。启功先生逝世后，他的家属在整理遗物时，就找出了若干个这样的大口袋。其中六七个口袋里，装满了50年代中启功先生和王重民、向达等先生一起整理《敦煌变文集》的校订稿、信件，还有启功先生撰写的《敦煌俗文学叙录》的手稿。这些都是敦煌学研究史上宝贵的资料。经我建议，章景怀先生将这些材料无偿地捐给了国家图书馆善本部入藏。其中24封王重民、王庆菽先生致启功的书信和《叙录》，经善本部敦煌吐鲁番学资料中心的研究人员整理后，已经在2009年第二期的《文献》杂志上刊布，完成了它们推进学术的使命。我想，这也是启功先生生前的期望。

今天，在“文革”起始45年之后，再来读启功先生写在当时的日记，真有恍若隔世之感。可是，那是些确确凿凿曾经在我们的校园里，在自己身边发生过的事！我忽然明白了为什么先生晚年常说：“不愿温习烦恼。”即便是在他的《启功口述历史》中，述及“文革”的遭遇也很少。按启功先生的性格，他绝非寡言少语、感情内敛之人，而是充满了热忱。他实在是不愿回首。我们知道：在那最艰难的日子里，他揪心地牵挂着恩师陈垣校长并多次去探视、安慰老人，他去看望他的绘画老师吴镜汀先生；老舍先生殉难后他途遇胡絜青先生，胡只说了两个字“惨哪”，他刻骨铭心，念念不忘，多年后还多次对我讲起。当时，他只能将思念、哀悼、愤懑之情都埋在心底。他为全民族、全中国的这场浩劫痛心疾首，以至于到晚年仍难以重温。当时彭德怀、张闻天、罗瑞卿等领导人被“揪到”师大操场、饭堂被残酷斗争的场面，许多师大老教授受迫害乃至惨死的事件（如刘盼遂教授被红卫兵按入水缸淹死、穆木天教授死在家中几天后才被发现、黄药眠等大批教授被挂牌戴高帽游街），日记中均未记载。数年之后，他的心情方有稍许的表露。如1973年12月10日在医院治病的日记中有这样一句：“梦援师来病房看我，我迎去抱住，见言笑如平时，似未知其已死，又似知其已死复来，故迎抱也，旋醒。”此梦境是对已逝世恩师的思念所致。1974年3月24日，在得知当年向陈垣先生推荐他的傅增湘先生之子、古玉专家傅忠谟先生去世后，在日记里用“不怡者竟夕”5个字说明了自己的心境。诚如我前面所述，他在“文革”初期的日记客观、冷静、简洁，几乎没有描述，没有形容，没有渲染，没有也不能有褒贬，连那些在高压下作的自我解剖、批判文字都显得平淡而冷峻。我想，这正是先生的睿智使然。因为惟其如此，这些文字才有可能在那场狂飙暴雨中保存下来，而且能经得住历史的考验，成为珍贵的历史资料。寻常文字不寻常，此时无声胜有声。在启功先生的“文革”日记中，我们听到了一个正直的知识分子的血泪心声与强烈抗争。

[ 2011 年 10 月　刊于《高山仰止——论启功》( 中华书局 2012 年 7 月出版 ) ]

# 《启功先生题签集》出版感言

为纪念启功先生一百零五周岁诞辰，丁酉岁初，编集启先生为中华书局所出图书题签的《启功先生题签集》工作启动，书局徐俊总经理嘱我协助，得以又一次温习先生那些蕴涵博大精深学养的墨宝，许多熟知的往事涌上心头。

为出版物题写书名，启功先生按本意写作“题籤”，所钤印文亦然，现简写为“题签”。启功先生为出版社图书题签，数量至钜，这同题写牌匾、机构名称等一样，是他书法艺术实践的重要内容之一。启功先生为中华书局图书题签，按出版时间算，最早始于20世纪60年代初，即“辛亥革命五十周年纪念论文集”一幅，该集1962年出版。70年代初，他奉命从北京师范大学借调到书局参加“二十四史”与《清史稿》的校点工程。当时能暂离校园“文革”风暴，脱身于批斗“臭老九”漩涡的启功先生，在庆幸自己能比较安心地在书局这一方小天地里奉献学问之际，更把书局称为自己的“第二个家”，自然愿为“自家”多做些力所能及之事——可惜当时书局也并非世外桃源，在掌权发号施令的“造反派”眼里，这批有着“反动学术权威”、“摘帽右派”等等身份的人，是不准“乱说、乱动、乱写”的；尽管启功先生当时为书局一些员工书写过条幅（大多是毛主席诗词），而题签甚寥，1973、1974、1975三年共6幅，且当时所出为数不多的图书中需学者题签者也不多。“文革”后，先生回师大继续任教，他在书法界的声名鹊起，随着书局出版的图书日益增加，无论是作者或编辑请启功先生题签的要求也持续不断。先生则一如既往地热诚允诺，及时书写，在 1977、1978 年所出图书中各有两幅，而改革开放伊始的 1979 年则有 12 幅，为书局的文史类出版物增添了光彩。

1978 年，作为“文革”后招收的第一届研究生，我从新疆考回母校北师大中文系师从启功、郭预衡、邓魁英、聂石樵、韩兆琦等教授研读中国古代文学。1980 年，作为撰写《岑参边塞诗研究》硕士论文的基础工作，我撰写了一些考辨西域地名的短文，呈给启功先生批阅。启先生看了以后，特意写信给书局傅璇琮先生，将其中的《“瀚海”辨》一文推荐给创刊不久的《学林漫录》，肯定我这篇文章有新意，适合在这个辑刊发表。1981 年初，拙文便刊登在《学林漫录》第二集中——而该集的书名即是启功先生所题。这一年，书局图书有启先生题签 14 幅，可谓数量空前。1981 年秋季我毕业分配时，启功先生又推荐我到书局进入文学编辑室工作。这个时期书局的文学编辑室，老中青三代编辑人才济济，出版古代文学典籍整理本与相关学术论著亦呈现一个小高潮，别的编辑室出版物也有较大增长，我因常回师大看望启功先生，即充当了频频请先生题签的“联络员”。据我统计，从 1982

年到1987年的六年中，启功先生为书局题签70幅，占这个题签集所收总计175幅的40%，几乎每月一幅。自1987年夏秋之际我调到《文史知识》编辑部工作后，虽有时也依然会承担一些责编向启功先生求题书签的任务，但毕竟不像之前那么便捷了，加上其他原因，先生题签的数量也减少了许多。1988至1999的十二年间，书局出版物中有先生题签的47幅，约平均每年4幅。2000年至去世前一年的2004年，先生因身体原因，尤其是目疾严重，用毛笔书写已相当困难，但对书局的题签之请，则改用硬笔勉力而为，还书写了8幅。以上所述，只是题签数量上的统计，而启功先生的题签，还有更多感人的故事。对此，本集所附启先生的大弟子来新夏教授的《启功老师题书签》一文（原载《文汇读书周报》）中有生动的叙述。下面我再根据自己的切身感受作些补充。

与当下有些书家为图书题签开价取酬迥异，启功先生为书局题签始终不收分文。记得有一回书局领导想给启先生的题签开"润笔"，让我了解别的出版社相关标准并征求先生意见。先生听我报告后，十分严肃地说："书局是我第二个家，为自家干活天经地义，理所当然，岂可获取报酬啊？"启先生不仅对书局出版物题签"有求必应"（程毅中先生语），还常常主动为设计图书封面的美编着想，在题签前仔细询问书的开本大小、封面配图、繁体简体、竖排横排等情况，以便于安排字体的繁简、大小与位置。那时书局设计封面基本上靠美编自己绘图，而先生则对书局几位美编的一些专业特长也有所了解，有时题签还会尽量因人而宜来书写。有一次，他觉得已印好的某本书封面还不尽如人意，不无遗憾地对我说："某人画风细弱，这本书的封面要让我来设计就好啦！"常常有的作者或编辑没有讲明白求签书内容的繁简、版式，先生就会主动提出繁、简、竖、横各题一幅，以备选用；有时，同样的书名他题写几幅之后，会眯起眼睛细看，考问我：“哪条好些啊？”若他觉得还不太满意，就马上做圈补调整，甚至揉掉重写。我每次看先生题签，不仅仅是能够欣赏到他秀美、隽永的书法艺术风格，还能从他严肃认真、不厌其烦、精益求精的态度中获得教益。当然，启功先生不仅是对书局出版物书名的题写如此细心，对其他出版社的求签也同样如此，有时及时题、立等可取，有的约时待写也绝不拖延，外地的乃至自己费心封缄付邮。

我到书局文学编辑室担任的第一本古籍整理书是《罗隐集》。1982 年，我还在对书稿进行编辑加工时，启先生就预先为该书写好了题签，整理者雍文华（与我同届的社科院研究生）听说后十分欣喜。1983 年，室领导让我担任已故王重民先生《敦煌遗书论文集》的责编，启先生在书写题签时，专门给我讲述了 50 年代中他和王先生等学者一道编著《敦煌变文集》的一些往事，为在“文革”中受迫害的重民先生过早弃世而叹息不已，嘱咐我一定要编好此书。书名题写后，美编王增寅几易设计稿，并预先印好样张让我呈启先生审定，该书于 1984 年 4 月出版，获得了学界的好评。之后，与我编辑工作关系密切的一些书，如《古代小说戏曲论丛》《元诗选》《敦煌文学作品选》《文学二十家传》《宋诗纵横》《晚清小说理论》等，也都是先生主动提出题签的。2001 年，启功先生因眼睛黄斑病变和前列腺病等身体原因，用毛笔书写已经十分困难，但只要书局有题签需求，仍勉力用硬笔书写。2002 年，北大荣新江、朱玉麒二位合著的《仓石武四郎中国留学记》由我担任责编，书名即请启先生用硬笔题写。在此之前，先生特意将他从日本东京旧书店购得的一函中村不折《禹域出土墨宝书法源流考》送我，指出此书资料珍贵，在东瀛已经印行大半个世纪，中国读者却难得阅读，很有必要译成中文出版，嘱我找人翻译。我遂请国家图书馆敦煌资料中心的李德范女士翻译全书，并配了图版，列入汉学编辑室的“世界汉学论丛”，于 2003 年 8 月正式出版。是书印制前，启先生特地用硬笔在宣纸上题写书名，因书名较长，不便与该论丛的其他书配套，便将先生的题签单印制于扉页之中。还有，法国汉学家戴廷杰先生费十年之功用中文撰著的《戴名世年谱》，是我退休前担任责编的最后一本书。我曾陪作者两次拜访启先生，先生很赞赏这位汉学家孜孜不倦的治学态度，在身体衰弱的情况下，还用硬笔为此书题写了书名（遗憾的是这次印制漏了此幅）。当时先生俯身低首执笔题签的情景，一直深深地刻印在我的脑海之中……

丁酉岁杪，《启功先生题签集》正式印行。启先生为中华书局出版物的题签，是他书法作品的重要组成部分，也是他留给“第二个家”的一份宝贵的文化遗产。作为保护与传承这份遗产的必要举措，该书的出版，其意义非同一般，其影响定将深远。

（2018 年元月 7 日定稿，后刊登于《文汇报》）

# 启功先生的浙江情缘

众所周知，作为著名教育家、文化巨匠的启功先生虽是北方满族人、清朝皇室后裔，却绝无丝毫狭隘民族主义的偏见，也没有地域差异的隔阂，对浙江、对杭州这座历史文化名城有着特殊的感情。他认为秀美西湖景观所蕴含的文化内涵，是由各民族创造的优秀文化积淀而成，远自秦汉、吴越、唐宋，近至明清、民国、现当代，江浙地区杰出人才济济，湖山之间名胜古迹迭出，都与各民族文化交流密切相关，即便是西湖景点中比比皆是的康熙、乾隆题署，亦是满汉蒙文化交融的结晶。启功先生广博精深的文史知识、杰出的书画成就、高超的文物鉴定本领，除了他自身的天赋和勤苦努力，也与他众多的浙江籍师友相关。

作为启功先生教导多年的学生，我存有一页他亲笔撰写的《启功简历》手稿，其中写道："曾读小学，中学未毕业。从戴绥之先生读书，学文史词章，又从贾羲民、吴镜汀先生学画。廿岁后经傅沅叔先生介绍，受业于陈援庵先生。"戴绥之（姜福）先生为江苏昆山人，似为桐城派代表人物戴名世（南山）后裔，他的教学为启功先生打下了深厚、扎实的文史功底。启功先生从贾羲民先生学画时，贾已年迈，遂于1929年推荐17岁的启功到吴镜汀先生（1904—1972）门下学习画艺及书画鉴定知识。吴先生系浙江绍兴人，出生于北京，年长启功8岁，青年时已因其扎实的国画功力和吸收众长后形成的清劲画风而享誉画界，他对山水画基本功的强调和细心指导对启功先生影响极大。启功先生曾撰文回忆道：

> 吴先生教画法，极为耐心，如果我们求教的人画了一幅有进步的作品，先生总是喜形于色地说："这回是真塌下心去画出的啊！"先生教人，绝不笼统空谈，而是专门把极关重要的窍门提出，使学生不但听了顿悟，而且一定行之有效。先生如说到某家某派的画法，随手表演一下，无不确切地表现出那一家、那一派的特点。

启功先生曾为吴镜汀的六幅山水小景题诗六首，感喟吴画"山川浑厚树华滋，遗法耕烟世莫知"，赞叹其"李唐可比李思训，健笔嶒崚今过之"。1982 年，启功先生 80 岁时，还专为吴先生画稿《江山胜览图卷》题跋，曰："长卷江山胜览图，层崖险峻树扶疏。门生白首瞻遗墨，掩泪难为跋尾书。"末署"受业启功敬题"。敬思缅怀恩师之情，跃然纸上。

启功先生对恩师陈垣（援庵）老校长的感恩之情至真至挚，常为学界熟知并称道，此不赘述。在陈校长的三位得意门生（启功、刘乃和、柴德赓）中，德赓（青峰）先生（1908—1970）是浙江诸暨思安乡柴家村人，数十年与启功先生切磋学术，学谊深厚，他在"文革"中备受折磨，身心摧残，不幸病逝。启功先生含泪撰写挽联云："节概见生平业广三余众里推君才学识，切磋真苑友心伤永诀梦中索我画书诗。"充溢推许、悼念之真挚情谊。

在启功先生于辅仁大学 40 年代授业的学生中，萧山籍的南开大学教授来新夏先生（1923—2014）堪称他十分器重的大弟子，二人保持了半个多世纪的师生友谊。来新夏教授曾回忆：在辅仁上学之时，启功先生常鼓励他共同作画。来新夏学生生活清苦，启功先生叫他每周日到自己家里改善生活。有时候衣服掉扣子、破口子了，老太太和启师母也帮他们补补钉钉。来新夏教授20世纪60年代含冤受审查，很多人都疏远了，启功先生仍殷切关怀。1996年有一次，来新夏去启功家看望，启先生忽然问来新夏："你几岁了？"来新夏说你不知道我几岁吗，我73了。启功大笑，说："你七十三，我八十四,一个孔子，一个孟子，都是'坎儿'，这么一挤一撞，就都过了'坎儿'了，这不值得大笑吗？"启功先生曾在给来新夏的一封信中写道："回忆前尘，几乎堕泪。以不佞亦曾自言'王宝钏也有今日'之语，虽然身世各自不同，而其为患难则一，抵掌印心，倍有感触，半世旧交，弥堪珍重！"启功先生为来新夏及其先祖著作题写了不少书签，来先生曾写有专文述及。2002年，天津史学界为来先生庆贺八十大寿，其时启功先生因目疾书写困难，仍用硬笔写了一首七律贺诗让我转呈，诗云："难得人生老更忙，新翁八十不寻常。鸿文浙水千秋胜，大著匏园世代长。往事崎岖成一笑，今朝典籍满堆床。拙诗再作期颐颂，里句高吟当举觞。"

故宫博物院朱家溍先生（1914—2003），亦祖籍萧山，启功先生在朱先生去世后追思会上的书面发言一开头就说："我的外祖家和朱先生的外祖家有通家之谊。我母亲的伯祖（荣绮）是朱先生的外祖（张仁黻）的科举业（座）师，我的先母和朱先生的母亲常在一起玩耍，两家小孩的一同玩耍的友谊是最坚固、最友好的。"（朱传荣：《父亲的声音》，中华书局，2018年9月版，第20页）启功先生在追念朱先生的文章中还专门提及他们师从的辅仁大学文学院沈兼士教授（1887—1947），沈先生是浙江吴兴人，著名语言学家。沈先生去世时，启先生提笔为故宫博物院缅怀沈先生的专刊撰写了《跋郸河伊拉里氏跳神典礼》一文以尽弟子之意。就在这一年，35

岁的启功因时任故宫博物院院长马衡先生（1881—1955）的赏识，被聘为故宫博物院专门委员。马衡先生是浙江鄞县人，著名的考古学家、金石篆刻名家，也是杭州西泠印社的第二任社长（1927—1955）。启功先生自青年、中年时期即结识并交往的浙江籍著名学者还有叶恭绰先生（1881—1968，浙江余姚人）、丰子恺先生（1898—1975，浙江桐乡人）、唐兰先生（1901—1979，浙江嘉兴人）、赵万里（裴云）先生（1905—1980，浙江海宁人）等。词学宗师夏承焘先生（1900—1986，浙江温州人）、曾任西泠印社副社长的钱君匋先生（1907—1998，浙江桐乡人）亦与启先生多有交往；钱君匋艺术馆即藏有启功先生为钱氏书写的两首诗。1957年，启功先生南下上海考察时，获丰子恺先生题赠弘一大师（李叔同）像及弘一手书“南无阿弥陀佛”横幅一帧，珍藏终生。

作为书画大师的启功先生在20世纪八九十年代为浙江友人的题咏几难胜数，可谓多矣。仅据我所知，如1981年4月，启功先生为祝贺浙江美院陆俨少教授的画集出版题诗云：“云委山弥峻，秋深树未黄。俨翁吾所敬，画笔最清苍。”后又曾为《陆俨少梅声轩图》赋诗二首。1992年秋，先生为《吴湖帆画册》题跋，称“湖帆先生画清秀天成，为三百年来吴门六法嫡嗣，其拟大痴，尤见千春衣钵”。西泠印社执行社长、浙江美院刘江教授为启先生至交，1982年秋，启先生为刘江题赠条幅，又在其所治印册后题跋，赞许刘治印“镕徽浙之长，复畅以蜀江气魄”，开启了“印林新面”。1985年夏，启功先生还专门致信日本书法教育家今井凌雪，荐举刘江教授到日本高校担任客座教授，进行文化学术交流，称道刘江“于金石书法篆刻俱有成就”、“人品朴实，教学极其尽责”。在杭州，多次得到启先生指教并获赐先生墨宝的还有吴龙友先生及我在杭高初中时同班学友丁云川、唐诗祝等位。1994年11月8日，启功先生在北京寓所接待一位杭州来的客人，应请为其册页题诗一首云：“笔底发高歌，中华瑞气多。西湖应最美，禹域好山河。”末署：“福庭同志自浙来，喜谈西湖发展近况，出册索题，拈此求教，一九九四年深秋。”

启功先生结交诸多浙籍师友，绝非偶然。19 世纪末至 20 世纪初，文化底蕴深厚的浙江涌现出一批既致力于传承中华优秀传统文化，又能放眼西洋、东瀛，站立文化教育革新潮头的教育家、学术大师，如蔡元培、马叙伦、马寅初、沈钧儒等（也包括虽“政治保守”却学术开放的国学大师王国维和开拓现代农学与近代考古学的罗振玉），首先影响了许多浙籍志士仁人。启功先生出生于民国元年，他自己曾明确表示：我绝非清王朝的遗老、遗少。他从青年时期起就有志于文化艺术创新，这种内心的“动因”，加上在辅仁教学、故宫考察的经历，得以和众多浙籍先进“结缘”为伍，成就其浙江情缘，也就很自然了。

杭州的西泠印社创办于 1904 年，作为我国近现代著名金石篆刻研究学术社团，素有“天下第一名社”之誉。其发展历程，与百年来传统金石篆刻、书画艺术的传承与创新密不可分。启功先生投身其中近三十年，亦是缘分。

1979 年 12 月，启功先生应沙孟海先生（1900—1992）之邀，赴杭州参加庆祝西泠印社建社 75 周年活动，并在理事会上被推选为副社长。启先生与沙老一见如故，对沙老十分敬重。沙老在杭州龙游路的旧居，离我家在白沙街的老房子仅百米之距（我弟、妹儿时常进院玩耍，我却不知）。现在进沙老旧居观瞻，首先入眼的就是客厅正壁沙老与启功先生亲切握手的巨幅照片。沙老自号“石荒”，启功先生即专为其《石荒图》题诗二首：

柔毫铁笔用无殊，腕力沙翁继缶庐。
点染名都助佳丽，奇章妙迹满西湖。
龙马精神意气扬，西泠欣见鲁灵光。
虚心常记先贤语，画比书绅写石荒。

多年之后，启先生又不仅为即将出版的《沙孟海论书文集》题签，还特地撰写贺诗一首，高度评价了沙老的书法成就：

艺圃钦南斗，词林仰大宗。
襟期同止水，风范比长松。
绛帐英才聚，霜毫笔陈雄。
学书求得髓，熟读自登峰。

启功先生1979年冬初访西泠印社，即为社中同好题“西泠鸿雪”“自强不息”留念，又书苏东坡的《望湖楼醉书》之五：“未成小隐聊中隐，可得长闲胜暂闲。我本无家更安往？故乡无此好湖山！”借苏诗赞叹了西湖胜景。他年逾古稀之后，为西泠印社挥毫题署也是最多的。如1983年秋题“荷叶披披一浦凉”七言诗；又如1986年9月11日，启功先生为《西泠艺报》题诗云：“湖山胜览首西泠，石好金佳备艺能。岂独越中增纸价，寰区同与播芳馨。”1988年冬，为西泠印社创建85周年题：“万绿西泠，金石维馨。八秩有五，松寿竹青。”1992年1月24日，再次为西泠印社一手卷题署“西泠鸿雪”，并作诗一首：“鸿爪当年到处留，西泠旧梦几经秋。阖簪每忆拈毫乐，一卷琳琅纪胜游。”尾署曰：“昔在西泠偶拾素纸，僭题引首，岁月不居，宝绘遂盈一卷，重现欣得眼福，再玷纸尾。启功”1993年，他又题诗祝贺西泠印社成立90

周年："西泠结社忆前修，石好金佳九十周。无尽湖山人共寿，钱塘江水证长流。"表达了期盼西泠与湖山共寿、文脉长存的愿望。1997年，为迎接香港回归，西泠印社百名社员创作"迎香港回归百印图"。启功先生获知消息后，即抱病用硬笔题签《百印图》，并特意写上了"迎接香港回归祖国"八个字。

启功先生对西泠印社的关爱，绝非一般的"偏好"，而诚如他晚年所题"西泠情愫"四字所蕴含的，是一种出自对祖国优秀传统文化由衷热爱、对象征西湖胜览的艺术团体倾情赞许的初心、本心。2002年10月，在杭州举行的西泠印社六届五次理事会上，启功先生当选为西泠印社第六任社长，可谓实至名归。

启功先生的浙江情缘，还体现在他与浙江图书馆、浙江博物馆以及岳王庙等文化机构与名胜古迹的关系中。1986年秋，启功先生在浙江博物馆鉴赏了元代名家黄公望名作《富春山居图》的遭焚劫烬余幸存的前半段遗卷（称"剩山图"），遂题诗云："一掬香煤宝轴开，痴翁妙墨映苍苔。西湖换劫人丰乐，胜看残山短卷来。"因该图所存后半部分（称"无用师卷"）藏在台北的"故宫博物院"中，未曾合璧共展，早在20世纪90年代中，启功先生就让我传话给浙博工作人员，是否可考虑两家安排合作共展此画？以后又请其他人转达他的建议。2002年6月，九十高龄的启功先生仍惦记此事，提笔为浙江华宝斋复制《富春山居图》题跋："未完画本先题记，异世遗踪被火烧。可恨藏家轻亵渎，吴门弟子罪难逃。此卷传至明末，为吴彻如所焚，又经梁诗正题为伪迹，竟使痴翁九天为之一叹。影本流传，得还千古面目，科技所赐，真堪泥首。"后又几经周折，在有关领导的支持下，2011年6月1日，"山水合璧——黄公望与《富春山居图》"特展开幕式终于得以在台北故宫晶华三楼宴会厅举办。遗憾的是此时已距启功先生仙逝近六载了！1987年，启功先生又曾为浙博题诗一首："懒游偏好望江南，处处登临迹未删。最喜西泠桥畔路，故乡无此好湖山。"末句借用东坡诗，以赞叹西子湖山之美及文物古迹之丰。

启功先生对浙江图书馆亦情有所钟。他对曾任浙图馆长的著名学者张宗祥（1882—1965）和曾任浙江通志馆馆长的著名书画家余绍宋（1883—1943）均敬佩有加。在浙图古籍部任职的余子安先生是余绍宋之长孙，启功先生不仅多次应子安之请为《余绍宋日记》等著作题签，而且十分关切他的工作及研究状况。1989 年，启先生将两年前所作西湖诗十首之十写成条幅赠给余子安："占断湖山美，林深偃月堂。行人虚指点，何处贾平章？"《浙江图书馆馆藏书画选》一书的书名，也是启功先生应子安先生之请所题。浙图古籍部主任谷辉之博士是词学专家吴熊和教授的高足，启功先生不仅为她及家人书写立轴，还从专业进修及进行国际学术交流的需求出发，专门写信推荐她到哈佛大学做博士后，为提携后学晚辈操心尽力。

1996 年 4 月 5、6 两日，由国务院参事室副主任王海容带队，启功先生赴杭州出席"中华艺园西湖春会"。先生与大陆及港台与会书画家合作巨幅国画，题诗曰："踏青名媛俯清流，共赏湖山卉木稠。证得时和共物阜，百昌相颂乐悠悠。"又为《浙江日报》"周末文荟"题四言诗云："周末文荟，众艺之最。湖山可钟，群贤所萃。"会后 7、8 两日，即由我和章景怀、丁珊等陪同，两次参访浙江图书馆善本部，在余子安、王效良、黄良起等人陪同下，观看碑廊，研读藏品，促膝交流心得。启先生还对在浙图善本部工作的碑刻家黄良起先生高超的刻碑及摹拓技艺赞赏有加，不仅建议浙图领导要充分发挥其特长，还欣然为其收藏的名家册页题跋。参访结束后，启先生还邀请我父母亲和浙图友人及师大校友沈晖、沈敏等一道在楼外楼聚餐，餐后合影留念，十分难得。启功先生特意为图书馆碑廊书匾曰："文澜石墨"，为碑廊增添了光彩。

那两天，我还陪着启功先生在龙井搅水观纹、小憩品茶；又漫步植物园、到玉泉观鱼，启功先生在玉泉谈笑风生，音容笑貌，恰与悬挂在鱼池旁先生手书的"鱼乐人亦乐，泉清心共清"楹联相映照；又进岳庙参拜，大殿里悬挂着先生1979年书写的楹联"遗烈镇栖霞醴酒重瞻新庙貌，大旗悬落日撼山愿学古军容"和"忠义常昭"匾额；又往灵隐寺礼佛，先生在殿前顶礼跪拜的形象给我们这些同行者留下深刻印象，久久难忘……我们知道，在杭州，启先生为"平湖秋月"题匾；为雷峰塔所出经卷题咏，后又为复建雷峰塔题匾；为净慈禅寺书联，登玉皇山赋诗，几番为玛瑙寺葡萄作画题诗；书写自撰的一首《论书绝句》赠杭州邵芝岩笔庄；撰诗祝贺"楼外楼"餐馆建立150周年；题写"龙井问茶"与"龙井御茶园"，为世界文化遗产西湖的文化传承、弘扬做出了不可磨灭的贡献。

启功先生与作为我国书法渊薮之一的绍兴兰亭所结"墨缘"，也在书法史上留下佳话。1982年10月29日—11月7日，启功先生到杭州、绍兴拍摄书法电视教学片。在杭州住宿浙江美院留学生楼。11月4日到绍兴，参观鲁迅纪念馆、三味书屋、青藤书屋、秋瑾故居。在咸亨酒店喝酒，到福山饭店午餐，下午到兰亭鹅池等处拍摄。在兰亭碑亭，他与并不相识的游客合影，还信笔写下一首充满幽默的《观鹅口占》诗："不待羲之笔入神，低头早拜路边尘。写经难怪无人换，鹅鸭当前认未真。"1987年4月9日，启功先生在杭州饭店小礼堂主持召开了"中日书法讨论会"；第二天，启先生再次到绍兴，在兰亭右军祠参加了第三届兰亭书法节和"中日兰亭书会"，后又在"曲水"旁即兴集《兰亭序》之字口占绝句云："临风朗咏畅怀人，情有同欣会有因。可比诸贤清兴咏，水流无尽岁长春。”先生在这次兰亭举办的40余位中日第一流书法家聚集的书会上特撰联语“俯察仰观有崇山峻岭茂林脩竹，高朋胜友见物华天宝人杰地灵”，此联即在兰亭刻石，立于沙老所书“兰亭碑林”碑一侧。回杭州时，先生住新新饭店，又撰写了《兰亭集会后至西湖小住十首》，第一首云：“逸少兰亭会，兴怀放笔时。那知千载下，有讼却无诗。”其余九首写观赏西湖景物，花港、云栖、岳庙、放鹤亭、白堤、苏堤、断桥、吴山等均一一入诗。启先生这次赴杭，除到绍兴参加兰亭雅集外，因还承担与中国古代书画鉴定组同仁鉴定浙博、浙图、西泠印社、浙江美院及省内有关单位收藏的古代书画的任务，所以在杭州住了近一个月，加深了西湖印象。

启功先生对敦煌莫高窟藏经洞所出古代写本尤为重视，从20世纪40年代起，即主要从研究书法字体之角度搜集选购流散于民间、厂肆的敦煌写经残卷，颇多收获，既珍藏于北师大小红楼之坚净居，不仅多所题署、研究，又常示之同仁友好。我参与敦煌学研究，不仅得以多次经眼先生所藏，又常常得到先生鼓励、指点。先生曾将他珍藏的两个较完整的敦煌写本捐赠给中国印刷博物馆，还教诲我要多关注流散的敦煌写卷，不可懈怠。20世纪90年代末，我曾陪同饶宗颐、冯其庸两位先生到浙图观看所藏“唐人写经”，意识到浙江所藏敦煌写本散藏浙图、浙博、灵隐寺等处，长久“藏在深闺人不识”，亟待整理、印行。经报告启功先生，先生极为支持，不仅马上写好了《浙藏敦煌文献》的题签，还同意担任此书顾问，表示有需要他协助之处一定尽力。之后，经京、浙两地敦煌学专家及出版社同行的齐心协力工作，此书得以在2000年正式出版，成为在莫高窟藏经洞文献发现一百周年的纪念会上首发的献礼图录。先生去世后，他的内侄章景怀先生将先生收藏的部分敦煌经卷交我整理，其中粘贴的两册碎片交北师大出版社收入《启功丛帖》

影印出版；另有一个似为《佛说十王经》残卷（32行，行17字），我请国家图书馆善本部专家细心修复后，因考虑浙江大学古籍所系敦煌学研究的重要基地之一，但并无敦煌写本真品收藏，似一缺憾，遂建议章景怀先生将此残卷捐赠给浙大古籍所，供师生鉴赏、教学、研究之用。景怀兄欣然同意，浙大为此举行了隆重的捐赠仪式，这也是实现了启功先生平生的一个愿望，是契合先生的敦煌写本情结与浙江情缘之举。

自青年时期起，启功先生的浙江情缘贯穿终生。我以为这正生动地说明了："天时、地利、人和"是多元文化形成、发展、繁荣的基础；而多民族文化的交流互鉴、交融创新是人类文明进步的必要条件。浙江地区自五代吴越国以降，经过多少代各民族仁人志士与黎民百姓的不懈努力，成为经济繁荣的"文化大省"。这也证明：文化传承、创新、发展的核心是"人"，是不断创造文化亦不断需要文化滋养的"人"。而教师，担负着传承、弘扬文化的光荣使命，是提高国民人文、道德修养的重要保障；民众的人文素养则是一个国家文化自信的根基。启功先生作为一位百年文化巨匠、杰出的教育家，以他一生的辛勤教学、创作和研究，真正实践了他为北师大写的校训："学为人师，行为世范"。他的浙江情缘，即源于此心、此情、此朴实而崇高的理想境界。

（2018年11月—2019年1月）

# 启功先生与中华书局

我的老师启功先生（1912—2005）诞生7个多月前的1912年元旦，中华书局在上海创办，所以我们称启功先生是“中华书局的‘同龄人’”。又因为20世纪六七十年代的“因缘际会”，启功先生常说：“中华书局是我的‘第二个家’。”本文即拟从以下几个方面叙述自己的一些感受。

## 启功家世的启示

启功的九世祖为爱新觉罗·胤祯，即清雍正皇帝，八世祖和亲王弘昼系乾隆（弘历）胞弟，但是到他的曾祖父溥良（礼部尚书，广东、江苏学政）和祖父毓隆（典礼院学士、安徽学政）则已不靠世袭取得爵位，而是凭真才实学获取功名；他父亲恒同更因华年病逝而家境困窘。所以启功先生常强调：我出生于民国元年，既非清朝遗老，亦非遗少。少年时，他因家境困难无法读完中学，在留给我的一份自撰简历手稿上特意写明“曾读小学，中学未毕业”。启功先生的“外家”系蒙古族阿鲁特氏后裔，如外高祖赛尚阿曾任首席军机大臣，外曾祖崇纲为驻藏帮办大臣（其弟崇绮是清朝唯一一位蒙古族状元），母亲克连珍也是蒙古族。所以启先生常讲自己生长于“一个民族融合的大家庭”。他虽是北方满族人、清朝皇室后裔，却绝无丝毫狭隘民族主义的偏见，对祖国大好河山、西域边疆，对历史文化名城，对得中外文化交流风气之先中华书局的先后所在地上海、北京有着同样亲切的感情。他认为中华优秀的文化传统，是由各民族创造的优秀文化积淀而成。这就启示我们要从各民族文化交流、互鉴及融会贯通的视角来认识启功先生，来理解先生和中华书局的因缘。启功先生自1934年起历任辅仁大学附中、辅仁大学美术、国文教员，北京师范大学中文系副教授、教授、博士生导师，执教七十年。作为海内外知名的诗书画大师、文物鉴定大家，他更是一位杰出的教育家，也是中华书局杰出的作者和师友，为中国的教育事业，为中华优秀传统文化的传承、创新、发展做出了杰出的贡献。

## “第二个家”的缘由

作为中华书局的同龄人，启功先生常说这样一句话：“中华书局是我的第二个家”。启先生青年时代阅读了大量古籍及相关的整理本与学术研究著作，当然对中华书局的出版物情有独钟；1962年，他曾应约为书局出版的《辛亥革命五十周年纪念论文集》题写了书名；但是，据我了解，他真正与书局的直接交往，应该始于20世纪60年代中。当时，启先生的书法造诣已为学界公认，书局遂邀约先生撰写《中国书法》一书，并预付了200元稿酬（这在当时几乎等于先生两个月的薪资）；可惜因为其时不可预料的原因而未能撰写出版，成为一大憾事。据他1966年8月28日的日记记载："下午到邮局寄还中华书局前预付《中国书法》一稿稿费二百元。（此已报红卫兵，指示如此。）"当时，启功先生的第一部著作《古代字体论稿》已在文物出版社印行；第二部书稿《诗文声律论稿》正在撰写之中，先生希望书局能出版此书，已经请他的恩师陈垣老校长题写了书名。

1971年8月下旬某日，我母校北京师范大学的一位驻校军宣队员通知正在校园劳动的启功先生："你到系里去一下，要借调你到24师去。"先生闻言大吃一惊，十分疑惑："为何要我去部队呀？"8月30日，先生到系里开借调介绍信，才得知是中央下达文件，要在各高校及研究机构抽调一些文史专家集中到中华书局去做二十四史和《清史稿》的古籍整理工作；先生的心方由忐忑不安转为又惊又喜，为自己能换一个环境去做自己喜欢之事而高兴。先生当天就急忙赶到位于王府井36号的书局办公楼去报到了。当时，为了这些专家能够减少来回奔波之劳，可以安排一些专家住在办公楼的临时宿舍里，这样也可节省时间，提高工作效率。启功先生很快就住进了大楼，成为这个"大家庭"中的一员。当时，尽管启功先生的夫人因病住院，他还得抽出时间去探视，除了经常必须参加的政治学习和业务会议外，他还是尽力抓紧时间进行分配给他的点校《清史稿》的工作。我下面选录了他当年9月份其中7天的日记如下：

9.6：上午《清史稿》组开会，分工，我先点志（舆服、礼、选举）三种。

9.13：上午上班，清史组商讨标点事，下午点书3200字。傍 晚到医院，《选举志一》点毕，自今日点书始入正轨。

9.18：今日点志五毕三半，共计已点四卷半，自9号起至今共9个单元共点37440字，计每半日点4160字。

9.25：今日共点十五页，共11700字。

9.27：上下午点书，今日点9300字。

9.29：上下午点书。今日点约一万字，到协和。

9.30：上午点书约五千字，下午扫除，到北京医院看咳嗽，到协和。

我约略计算，在这半个月的日子里，启功先生已经点校了8万余字，工作效率是很高的。据当时一道参加点校工作的书局几位年轻编辑回忆，当时启先生和大家同吃、同住、同工作，既认真负责，又风趣幽默、乐观大度，仿佛给大家带来了和煦的春风，感到十分愉快。启功先生也常说：从1971年夏到1977年秋，在中华书局参加《清史稿》点校工作的六年，是他比较稳定、舒心、顺利的时期，书局真正成了他的“第二个家”。在这个大家庭里，先生享受到能为国家古籍整理事业贡献力量的快乐，也感受到了学者、同事之间互相关心和爱护的温暖。有一次，书局找出了一幅当时参加点校工作的人员1973年在办公楼四楼平台上的合影，让我拿给启功先生去看，先生不仅准确地辨认出每个人，而且马上用毛笔将姓名注写在每个人影像旁，还写明了拍摄的时间，使这幅照片成为书局也是中国古籍整理史上的珍贵资料。

就在 1977 年秋，启功先生的手写本《诗文声律论稿》几经波折，终于在中华书局正式出版——这是他在中华书局出版的第一部专著。此书后经先生修订，至今在书局已有几个版本问世，总印数超过了 20 万册。也是从这个时期开始，启功先生为中华书局出版的图书题写书名趋于“高峰”，只要是书局编辑或作者提出请有书法盛名的启功先生题签，他不仅会欣然允诺，而且会主动替美编的封面设计考虑，询问写繁体字还是简体字？横排抑或竖排？有时还各写几幅以备选用，甚至自己跑邮局寄给编辑。据我不完全的统计，他为中华书局的题签总数近 200 幅。2018 年初，中华书局出版了《启功先生题签集》，刊发了启功先生为书局的题签影印真迹 170 余件。书后附录了书局现在的掌门人徐俊执行董事题为《中华版图书他题签最多》的文章，叙述了启先生为书局出版物题签的一些生动故事和他的切身感受；书后还附录了先生 20 世纪 40 年代的大弟子来新夏教授的文章《启功老师题书签》。启功先生的题签以及来、徐二位的文章，都是值得我们认真捧读温习的佳作和佳话。还有一个值得一提的小故事：八九十年代，因为启功先生的书法作品的市场价值越来越高，有一回，书局领导觉得不付先生题签费说不过去，让我去问先生给多少合适。不料先生听我一问，很不高兴地反问我：“书局是我的第二个家，难道给家里人写字也要钱吗？”为书局出版物题签分文不取，是启先生坚定一贯的态度。2000 年，书局出版了启功先生主持并指导北师大几位教师共同校注的《红楼梦》，受到读者好评；先生也是坚持将稿酬支付给那几位老师，自己不取分文。

## 启功先生推荐我到中华书局做编辑

恢复高考后的1978年，我在新疆任教十年后考回母校北京师范大学中文系读研，启功先生是我们9名中国古代文学研究生的导师之一，也是我和其他两位撰写唐宋诗文论文的指导教师。其实，先生并不赞成将唐代文学作品截然分为初、盛、中、晚段的主观而生硬的做法，常常告诫我们要全面、贯通的研究古代文学，他同时也十分热心地指导撰写研究其他历史时期文学作品论文的同学。因为我有在新疆生活、工作的经历，读研期间关注唐人边塞诗歌作品，1979、1980年暑期还专门到南、北疆进行实地考察，写了几篇考辨西域地名的短文。1980年秋天返校后，习作呈请启功先生审阅，先生认为有发表的价值，便提笔给时任中华书局副总编的傅璇琮先生写了一封信，信中推荐了古汉语专家俞敏教授的《金文略说》和我的两篇西域地名考辨文章，特别强调"柴文尤望赐以指正"。先生对我说："傅先生和张忱石、许逸民在书局办了个学术集刊《学林漫录》，刚出版了初集，在学界颇有人气，我答应为他们提供一些随笔、题跋类短文，觉得你的文章也可以在该刊发表。"第二年初，拙文《"瀚海"辨》便刊登在《学林漫录》第二集中；不仅这一集的书名便由启先生题写，而且第一篇文章就是他撰写的纪念恩师陈垣先生的文章《夫子循循然善诱人》。春末我们的毕业论文答辩前，启先生又给傅先生写了一封信云："师大柴剑虹同志毕业论文，关于岑参者，敬求我公为校外审查，赐予评定，并参与答辩，其文公已大致看过，过目当不多费时间也。"当时还有其他几位同学论文答辩的校外委员，也是启功先生写信邀请的，所以傅先生来参加我的论文答辩，并没有引起我们特别的想法。其实，当时启功先生已经有推荐我进中华书局工作的想法，只是因为我是从新疆的教师岗位上带薪来读研的，还不清楚我毕业后的动向，所以没有跟我明说。研究生毕业了，师大规定我们几位从外地考来的研究生不能留校工作，我也觉得应该回新疆继续任教，但先生不赞成；后来，我有了留京指标，先生即推荐我到中华书局工作，体现了对我的关爱和对“第二个家”的衷情。

1981 年秋，我进中华书局古代文学编辑室工作。是冬某日，先生打电话来讲他要带一些研究生到故宫博物院参观，要我也参加。我知道，启功先生在他三十多岁时就担任过故宫博物院的专门委员，对院藏文物可谓烂熟于心。他认为做文史研究一定要有实地考察文物的经历与心得，做编辑亦如此，而我读研时并无此机会，因此特地给我一个补课的机会。那次跟着先生看故宫文物，给我留下深刻印象，有同学拍摄了我在考察间隙时向先生求教的一张照片，成为永久的纪念。

我在书局文学编辑室担任责编的第一本古籍整理著作是《罗隐集》，先生知道后，马上题写了书签。后来，我担任王重民先生《敦煌遗书论文集》的责编，启功先生不仅也为此书题写了书名，又给我详细诉说了 50 年代中和王先生等编撰《敦煌变文集》的一些往事，鼓励我要通过编书了解敦煌与敦煌写本，指出中华书局的一个重要特色是培养“学者型编辑”，要注意学术积累，要在学界有“发言权”，对我日后参与敦煌学的研究工作是莫大的启示和教诲。先生在 1985 年 9 月 10 日第一届教师节时有一幅题辞：“得天下英才而教育之一乐也。”我体会，这种出自内心期盼学生成材、学术进步和书业兴旺的“辛勤快乐”，伴随了先生 70 年的教师生涯，也是一位高尚教育家的心灵独白。从 80 年代开始，启功先生出于对中华书局的信任与挚爱，几乎把他重要的著述都交由书局编辑出版。如他最为看重的《启功丛稿》论文、题跋、诗词、艺论四卷，他的“捅马蜂窝”之作《汉语现象论丛》以及他和金克木、张中行先生合著的《说八股》等，还有他曾参与点校的二十四史与《清史稿》等，都为提升书局品牌效应起到了很好的作用。

除了对书局出版高质量学术著作的支持，启功先生也十分重视普及类知识读物的编辑出版工作。书局80年代初创办的《文史知识》杂志在文化、教育界有很大的影响，启功先生在刊物创办五周年时题辞勉励办刊编辑：“五年有如一日，宏扬文史知识。诸公再展新猷，学人受惠无极。”该刊百期纪念时，我正担任《文史知识》编辑室主任，先生又欣然题写了一首五言贺诗：“民族凝聚力，首在知文史。理工还要办，自亦识厥始。百册今初盈，千里此一跬。题辞祝宏猷，不自愧其俚。”表达了他对书局刊物提高民众文史修养的高度肯定。

进入21世纪后，启功先生因年迈体弱，已不便用毛笔书写。即便如此，他还是坚持用硬笔为书局出版物题签。其时我在汉学编辑室工作，策划编辑出版“世界汉学论丛”译著，先生特地将他多年前从东京旧书肆上购得的线装《禹域出土墨宝书法源流考》一函交给我，说此书对研究日藏敦煌文书等很重要，但无中文译本，希望我找人翻译后出版。我遵嘱请国家图书馆敦煌资料中心的李德范研究馆员翻译完成，此书出版时先生还专门用硬笔题写了书名。2002年春，书局举办纪念创办九十周年活动，先生不仅专门为纪念册题署，还不顾天气寒冷，再一次到位于丰台区太平桥西里的书局的办公楼看望老朋友。先生指导的博士朱玉麒和北大荣新江教授合作译注了日本的《仓石武四郎中国留学记》，在书局出版前先生也用硬笔题签。法国汉学家戴廷杰费十年之功编著了《戴名世年谱》，启先生不仅两次与他面谈自己对戴氏《南山集》的认识，也为之题写书名，这是我在书局退休前担任责编的最后一本书。

## “行百里者半九十”

启功先生晚年时，曾多次临写颜鲁公所书“行百里者半九十，言晚节末路之难也。”将它作为警示自己的治学指南。他对自己著述的不断修订以精益求精，对读者意见的重视，对书局编辑工作中疏忽的提示，都充分体现了这一点。如书局准备将北师大出版社印行的《启功韵语》《启功絮语》《启功赘语》合编为《启功丛稿·诗词卷》时，启先生特意寄来原《韵语》的校字本和《赘语》的清样，写信告诉我如何编排，如何插补，告知总序的写作，商量扉页的安排，使担任责编的我和刘石编审心中有数。2004 年春，《启功丛稿·艺论卷》校样排出后，先生不顾因眼睛黄斑病变造成的视力障碍，仍坚持亲自核看校样。又如有一位周姓读者写信给书局指出启功先生的手写本《诗文声律论稿》中似有讹误。我将信转给先生后，他非常认真地进行核查，很快便给我写信就读者指出的误字予以确认，一一予以改正，并要我回信转告这位读者，表示：“周君校出，深可感谢！”《说八股》一书印行后，先生在校阅中发现有一页他的文章里的一段话居然完全重复了，而责任编辑并没有发觉，成为“一大笑话”，要我一定叮咛那位年轻的责编重排时将此页“改正为祷！”这也是先生对编辑工作中粗心大意的批评，足以使我们引以为戒。

还有一个最典型的例子是启先生的《诗文声律论稿》已印行多年，学界反响也很好，但是先生自己却仍不满足，一直在做修改补正的思考。在他年届九十之时，遂对该书手写本进行了一次较大的修订。当时负责此书修订的责编是语言编辑室的陈抗主任，也是一位非常专业而细心的编审，在编辑之前的认真通读中也提出了一些具体的意见和建议。启先生非常重视，十分高兴，连着给陈抗写了7封信，体现了诚恳、谦逊的精神，也高度称赞了陈抗及其他书局责编的工作作风。有一封信的开头写道："今晨承示拙稿蒙仔细校勘所见诸疵累，既深感荷，又见编辑工作之细入毫发的注意力。不但鄙人衷心佩服，又见无数作者未必俱能亲自体会，而读者草草过眼，又无人能见到、觉到、乃至意识到尚有无名英雄在背后曾付出极大精力；而作者争稿酬、出版社扣效益，不知责编获得一句由衷的良心话否？"我相信，先生在话中对编辑工作的肯定，不仅仅是对陈抗个人的赞扬，也会使书局其他编辑"于我心有戚戚焉"！如前所述，先生晚年因视力衰减等原因，已不便用毛笔书写，但他为了便于手写本《诗文声律论稿》的修订，硬是用硬笔在若干绵纸上书写了修补内容，并一一注明补放在何处。当他把这一叠耗费了极大心血的绵纸交给我时，我真是满含热泪，感动不已。先生早年曾发表过论述《千字文》的论文，晚年时听说发现了敦煌藏经洞所出文献中有多件《千字文》唐写本后，就让我提供其中最完整的影印本，说要根据这些新材料写新的考论文章。可惜先生当时身体已衰弱到无法拿起纸笔撰写文章，这个愿望没能实现。

启功先生在他85周岁时曾就教师的职责写过一幅字云："先圣言人之患在好为人师。今吾职业已为师矣，将如何以免其患？惟有心无所欺行无所愧，不强不知以为知，庶几有免患之望。"这是执教70多年的一位教育家的真实心声。

## 启功著作绵延不绝

2004 年夏日，我几次到师大小红楼启功先生家里探望，告诉老师我已年届花甲，即将从书局如期退休。启先生非常惊讶，一遍又一遍地问："你为什么要退休啊？""你还要编书吗？"我当然知道，老师是心中不希望我从他看重的书局编辑岗位上退下来。我则向先生保证：即便退休了，我还愿意为编辑事业多做些力所能及的工作，特别是应该为像他这样的前辈学者专家出书贡献力量。2004 年 9 月，我应邀到位于祖国宝岛台湾台北市阳明山上的中国文化大学担任一个学期的专任教授，讲授敦煌文化与敦煌学，期间还和启功先生通过几次电话，知道他急切地盼我回京见面。2005 年 1 月 13 日，我回京后到先生寓所探望，他的身体已十分衰弱，不久即住院治疗。一次我们去医院探视时，他在病床上忽然跟我说："咱们的出版印刷工艺要赶上日本的二玄社，真想跳起来大干一场！"我知道，他仍关注着咱们的出版事业，尤其对他特别关注的中华书局、文物出版社、荣宝斋寄予厚望。

启功先生仙逝后，我协助一些年轻编辑先后在书局出版了《启功给你讲书法》《启功给你讲红楼》《启功讲唐代诗文》《启功韵语精选》（线装本）和《启功日记》《启功谈中国名画》《启功给你讲宋词》等先生的著作；也为商务印书馆编辑出版了《启功谈艺录》，为人民文学出版社编辑出版了《启功说唐诗》；参与了母校出版社编辑《启功全集》的工作。2012 年，为纪念启功先生一百周年诞辰，书局不仅重印了先生的若干著作，还特地推出了一套《启功三绝》的宣纸影印本，我也特地请先生家属为此书提供了先生的书画作品影印件，提供了我保存的先生手稿复印件；其中最吸引读者眼光的是启功先生为祝贺 1985 年第一个教师节绘制的朱竹图长卷复制品。启功先生在中华书局出版的著述有学界和广大读者公认的特点，即积淀丰厚，亦庄亦谐，平实易懂，雅俗共赏。据我约略统计，到今年 7 月，书局累计出版的启功先生著作已经超过 50 万册，其中《启功给你讲书法》的普及本和典藏本，特别受到广大读者青睐，多达近 30 个印次，总印数累计也达到了 30 多万册。我想，这是中华书局对自己的一位“家人”、也是亲密师友最好的纪念。

## 传承文化的主体“人”和重要载体“书”

2006 年，在启功先生逝世一周年之际，北京、香港两地商务印书馆出版了我写的《我的老师启功先生》一书。我在书中特别提出我能得到像启功先生这样好老师的教导，是一生的幸运。通过这几十年跟随启功先生，我对“好老师”的理解和感受不外乎几个方面：第一，是他自己有真学问；第二，他有把自己学问教给学生的好方法；第三，他不仅教给学生做好学问，而且也教给学生做人的道理。这样的好老师，当然也是出版社最欢迎的作者。我是想把我的老师的教学方法、做人的态度告诉大家。其实，这也是启功先生从他的几位老师贾羲民、吴镜汀、戴姜福等先生，特别是恩师陈垣老校长那里学到并传承给我们的。2012年，在纪念中华书局和启功先生百周年之际，我又在中华书局书局出版了《高山仰止——论启功》一书，想进一步将自己多年来“阅读启功先生这本大书”的点滴心得告诉年轻的朋友。我的认识：中国传统文化教育当中的师承关系，私塾也好，蒙学也好，有它的精华。我们过去总是在讲，中国的封建教育，如何腐败，如何落后，如何不好，一棍子打死。就像恩格斯讲的，把洗澡水和婴儿一块倒掉。我们的传统文化中，是有“洗澡水”，有脏的东西，但是它的内核，它的核心，有许多有价值的东西，有精彩的东西，如果能取其精华，并不断汲取现当代教育的营养，就可以焕发出新时代的光芒。

2012年3月22日，在中华书局创办百周年之际，时任中共中央总书记、中国国家主席、中央军委主席胡锦涛致信中华书局，指出：中华书局恪守传承文明职责，秉持守正出新宗旨，在一代又一代员工的不懈努力下，整理、出版了一大批古籍经典和学术新著，为弘扬中华文化、促进学术繁荣、提高民族素质、推动社会进步做出了重要贡献。我体会到：“守正出新”是传承中华优秀传统文化的宗旨，而对于我们出版社来讲，“守正”，是遵循出版方针，遵守学术规范；“出新”，是要追求文化创新，推进出版事业。文化传承、创新的主体是“人”，教师与出版人“学为人师，行为世范”，是提高国民人文素养、道德修养的重要保障，也是文化自信的根基。而“图书”（包括数字出版物）则是文化传承、创新的重要载体。1924年，中华书局的创办人陆费逵先生在《书业商会二十周年纪念册·序》中开宗明义地指出：“我们希望国家社会进步，不能不希望教育进步；我们希望教育进步，不能不希望书业进步；我们书业虽然是较小的行业，但是与国家社会的关系却比任何行业为大。”近百年来，中华书局与启功先生之间的因缘故事，生动地印证和实践了这位书局创办人的殷切期盼。

（2020年9月26日）

## 纵横百家丛书书单

01《我的父亲顾颉刚》 顾潮著 88.00元

02《沈尹默传》 郦千明著 88.00元

03《梁启超和他的儿女们》(修订本) 吴荔明著 88.00元

04《但有温情在世间：爸爸丰子恺》 丰一吟著 98.00元

05《九十年沧桑：我的文学之路》 乐黛云著 79.00元

06《字字有文化》 张闻玉著 69.00元

07《一个教书人的心史：宁宗一九十口述》 宁宗一口述、陈鑫采访整理 99.00元

08《乾隆帝：盛世光环下的多面人生》 郭成康著 118.00元

09《但愿世界会更好：我的父亲梁漱溟》 梁培恕著 88.00元

10《中国的人文信仰》 楼宇烈著 68.00元

11《"李"解故宫之美》 李文儒撰文、李少白摄影 88.00元

12《法律、立法与自由》(三册) [英]弗里德里希·奥古斯特·冯·哈耶克著 258.00元

13《戴逸看清史1：破解三百年历史谜团》 戴逸著 59.00元

14《戴逸看清史2：看清历史走向与细节》 戴逸著 59.00元

15《太和充满：郑欣淼说故宫》 郑欣淼著 108.00元

16《变局之下：晚清十大风云人物启示录》 迟云飞著 88.00元

17《我的老师启功先生》(增订本) 柴剑虹著 78.00元

18《中国经济改革进程》(修订本) 吴敬琏著 88.00元